创新创业基础

肖杨 主编

刘莹 孙静 副主编

清华大学出版社

北京

内 容 简 介

本书的读者对象为高校开展创新创业基础教育的大学生,包括选修创新创业基础课程的学生、报名参加"互联网+"大赛的学生以及对创新创业理论和实践感兴趣的学生。本书的主要内容是:创新和创新精神、TRIZ理论基础、创新思维和创新技法、创业和创业精神、创业团队建设和商业计划书的撰写及路演。本书的特色是:将TRIZ理论和创业教育有机结合,通过对TRIZ基础理论的学习,培养大学生创新思维和创新技法,以创新引领创业为目标,以专创融合为方向,以创新创业大赛为载体,开展创新创业基础教育。

图书在版编目(CIP)数据

创新创业基础/肖杨主编. —北京:清华大学出版社,2022.9(2025.1重印)
ISBN 978-7-302-61797-6

Ⅰ.①创… Ⅱ.①肖… Ⅲ.①大学生-创业-高等学校-教材 Ⅳ.①G647.38

中国版本图书馆CIP数据核字(2022)第164878号

责任编辑:贾 斌
封面设计:何凤霞
责任校对:胡伟民
责任印制:宋 林

出版发行:清华大学出版社
   网 址:https://www.tup.com.cn,https://www.wqxuetang.com
   地 址:北京清华大学学研大厦A座   邮 编:100084
   社 总 机:010-83470000   邮 购:010-62786544
   投稿与读者服务:010-62776969,c-service@tup.tsinghua.edu.cn
   质量反馈:010-62772015,zhiliang@tup.tsinghua.edu.cn
   课件下载:https://www.tup.com.cn,010-83470236
印 装 者:天津安泰印刷有限公司
经 销:全国新华书店
开 本:185mm×260mm 印 张:13.25   字 数:335千字
版 次:2022年9月第1版   印 次:2025年1月第3次印刷
印 数:3501~4000
定 价:49.80元

产品编号:098960-01

前　言

PREFACE

　　随着移动互联网的发展，当今社会呈现快速多变的特点，全球经济已经由管理型经济过渡到创新创业型经济，亟需大量具有创新创业精神和创新型能力的人才。党的十九届五中全会提出，坚持创新在我国现代化建设全局中的核心地位，把科技自立自强作为国家发展的战略支撑，面向世界科技前沿、面向经济主战场、面向国家重大需求、面向人民生命健康，深入实施科教兴国战略、人才强国战略、创新驱动发展战略，完善国家创新体系，加快建设科技强国。推进大众创业万众创新是深入实施创新驱动发展战略的重要支撑，深入推进供给侧结构性改革的重要途径。建设创新型国家，高校是承担培养创新型人才的主力军，如何优化学生创新创业能力已经成为高校面临的重要课题。创新创业教育是高校人才培养的重要基石，创新教育与创业教育应统筹兼顾，协调发展，专创融合，突出特色，致力于学生创新创业精神的培养和能力的提升。

　　本书是针对高校创新创业课程编写的实用型教材，既能加强对高校创新创业教学课程体系建设，又能对创新创业大赛的培训提供指导和帮助。本书将创新理论、创新思维和创新方法与创业有机结合，尤其以 TRIZ 理论和方法为重点，引导学生发现痛点、分析痛点、解决痛点，以创新引领创业，鼓励学生参与创新创业大赛，为学生搭建创新创业理论与实践并重的教育平台。

　　本书由肖杨担任主编，刘莹、孙静担任副主编。具体编写分工如下：第 1～3 章由肖杨编写；第 4～7 章由刘莹编写；第 8～11 章由孙静编写；第 12 章由肖杨编写。本书的写作得到了辽宁大学创新创业学院领导和同事的关心和支持。张向东、杜玲丽为本书的编写提供了宝贵的指导和建议。参加本书编写前期准备工作的还有刘广月、高翔、江晶、邓彤、夏朋、李丽。

　　在本书的编写过程中，我们参考了国内外的著作和相关学习资料，在此对所有引用和借鉴成果的作者表示感谢。

　　本书的知识体系、教学内容、教学方法等需要不断更新和完善，书中难免存在遗漏与偏颇之处，衷心希望各位读者能够提出宝贵意见。

编　者

2022 年 6 月

目　录

CONTENTS

第1章　创新和创新精神 ·· 1
　1.1　创新的含义与特征 ··· 1
　　1.1.1　创新的含义 ·· 1
　　1.1.2　创新的特征 ·· 3
　1.2　创新的价值 ·· 4
　　1.2.1　创新与社会发展 ······································ 4
　　1.2.2　创新与国家/地区竞争力 ································ 6
　　1.2.3　创新与企业发展 ······································ 7
　1.3　创新引领创业 ·· 9
　　1.3.1　创新与创业的关系 ····································· 9
　　1.3.2　创新型创业 ··· 10
　1.4　创新精神 ··· 10
　　1.4.1　创新精神的内涵 ····································· 10
　　1.4.2　创新精神的培养方式 ·································· 12

第2章　典型创新方法 ··· 14
　2.1　试错法 ··· 14
　2.2　头脑风暴法 ··· 15
　　2.2.1　头脑风暴法的基本规则 ································ 16
　　2.2.2　头脑风暴小组的成员 ·································· 17
　　2.2.3　头脑风暴法的实施 ···································· 19
　　2.2.4　头脑风暴法的使用技巧 ································ 20
　　2.2.5　头脑风暴法的优点及其局限性 ·························· 20
　2.3　形态分析法 ··· 21
　　2.3.1　形态分析法的特点 ···································· 22
　　2.3.2　形态分析法的实施 ···································· 22
　　2.3.3　形态分析法的优缺点 ·································· 23
　2.4　和田十二法 ··· 24
　2.5　六顶思考帽法 ··· 26
　　2.5.1　六顶思考帽法的概念 ·································· 26

      2.5.2　六顶思考帽法的过程 ⋯⋯⋯⋯⋯⋯⋯⋯⋯⋯⋯⋯⋯⋯⋯⋯ 27

      2.5.3　六顶思考帽法与创新思维 ⋯⋯⋯⋯⋯⋯⋯⋯⋯⋯⋯⋯⋯⋯ 27

第3章　TRIZ 基础 ⋯⋯⋯⋯⋯⋯⋯⋯⋯⋯⋯⋯⋯⋯⋯⋯⋯⋯⋯⋯⋯⋯⋯⋯⋯⋯ 29

  3.1　TRIZ 的起源与发展 ⋯⋯⋯⋯⋯⋯⋯⋯⋯⋯⋯⋯⋯⋯⋯⋯⋯⋯⋯⋯ 29

      3.1.1　经典 TRIZ 的理论体系结构 ⋯⋯⋯⋯⋯⋯⋯⋯⋯⋯⋯⋯⋯ 29

      3.1.2　TRIZ 的发展历程 ⋯⋯⋯⋯⋯⋯⋯⋯⋯⋯⋯⋯⋯⋯⋯⋯⋯ 30

      3.1.3　TRIZ 理论的含义 ⋯⋯⋯⋯⋯⋯⋯⋯⋯⋯⋯⋯⋯⋯⋯⋯⋯ 32

      3.1.4　TRIZ 的特点与优势 ⋯⋯⋯⋯⋯⋯⋯⋯⋯⋯⋯⋯⋯⋯⋯⋯ 32

  3.2　发明的五个级别 ⋯⋯⋯⋯⋯⋯⋯⋯⋯⋯⋯⋯⋯⋯⋯⋯⋯⋯⋯⋯⋯⋯ 32

      3.2.1　发明的创新水平 ⋯⋯⋯⋯⋯⋯⋯⋯⋯⋯⋯⋯⋯⋯⋯⋯⋯⋯ 33

      3.2.2　发明级别的划分 ⋯⋯⋯⋯⋯⋯⋯⋯⋯⋯⋯⋯⋯⋯⋯⋯⋯⋯ 33

      3.2.3　发明级别划分的意义 ⋯⋯⋯⋯⋯⋯⋯⋯⋯⋯⋯⋯⋯⋯⋯⋯ 35

  3.3　TRIZ 的核心思想与未来发展 ⋯⋯⋯⋯⋯⋯⋯⋯⋯⋯⋯⋯⋯⋯⋯ 37

      3.3.1　TRIZ 的核心思想 ⋯⋯⋯⋯⋯⋯⋯⋯⋯⋯⋯⋯⋯⋯⋯⋯⋯ 37

      3.3.2　TRIZ 在其他领域应用的发展趋势 ⋯⋯⋯⋯⋯⋯⋯⋯⋯ 37

      3.3.3　TRIZ 的未来发展 ⋯⋯⋯⋯⋯⋯⋯⋯⋯⋯⋯⋯⋯⋯⋯⋯⋯ 38

第4章　创新思维方法 ⋯⋯⋯⋯⋯⋯⋯⋯⋯⋯⋯⋯⋯⋯⋯⋯⋯⋯⋯⋯⋯⋯⋯⋯ 40

  4.1　思维定式 ⋯⋯⋯⋯⋯⋯⋯⋯⋯⋯⋯⋯⋯⋯⋯⋯⋯⋯⋯⋯⋯⋯⋯⋯⋯ 40

      4.1.1　四种思维定式 ⋯⋯⋯⋯⋯⋯⋯⋯⋯⋯⋯⋯⋯⋯⋯⋯⋯⋯⋯ 40

      4.1.2　泛化思维视角 ⋯⋯⋯⋯⋯⋯⋯⋯⋯⋯⋯⋯⋯⋯⋯⋯⋯⋯⋯ 42

  4.2　创造性思维方式 ⋯⋯⋯⋯⋯⋯⋯⋯⋯⋯⋯⋯⋯⋯⋯⋯⋯⋯⋯⋯⋯⋯ 43

      4.2.1　发散思维与收敛思维 ⋯⋯⋯⋯⋯⋯⋯⋯⋯⋯⋯⋯⋯⋯⋯⋯ 43

      4.2.2　横向思维与纵向思维 ⋯⋯⋯⋯⋯⋯⋯⋯⋯⋯⋯⋯⋯⋯⋯⋯ 46

      4.2.3　正向思维与逆向思维 ⋯⋯⋯⋯⋯⋯⋯⋯⋯⋯⋯⋯⋯⋯⋯⋯ 49

      4.2.4　求同思维与求异思维 ⋯⋯⋯⋯⋯⋯⋯⋯⋯⋯⋯⋯⋯⋯⋯⋯ 50

  4.3　创造性思维技法 ⋯⋯⋯⋯⋯⋯⋯⋯⋯⋯⋯⋯⋯⋯⋯⋯⋯⋯⋯⋯⋯⋯ 52

      4.3.1　多屏幕法 ⋯⋯⋯⋯⋯⋯⋯⋯⋯⋯⋯⋯⋯⋯⋯⋯⋯⋯⋯⋯⋯ 52

      4.3.2　尺寸—时间—成本分析 ⋯⋯⋯⋯⋯⋯⋯⋯⋯⋯⋯⋯⋯⋯⋯ 56

      4.3.3　资源—时间—成本分析 ⋯⋯⋯⋯⋯⋯⋯⋯⋯⋯⋯⋯⋯⋯⋯ 57

      4.3.4　金鱼法 ⋯⋯⋯⋯⋯⋯⋯⋯⋯⋯⋯⋯⋯⋯⋯⋯⋯⋯⋯⋯⋯⋯ 58

第5章　功能分析和裁剪 ⋯⋯⋯⋯⋯⋯⋯⋯⋯⋯⋯⋯⋯⋯⋯⋯⋯⋯⋯⋯⋯⋯ 61

  5.1　系统功能分析概述 ⋯⋯⋯⋯⋯⋯⋯⋯⋯⋯⋯⋯⋯⋯⋯⋯⋯⋯⋯⋯ 61

      5.1.1　功能的概念 ⋯⋯⋯⋯⋯⋯⋯⋯⋯⋯⋯⋯⋯⋯⋯⋯⋯⋯⋯⋯ 61

      5.1.2　系统功能分析的作用 ⋯⋯⋯⋯⋯⋯⋯⋯⋯⋯⋯⋯⋯⋯⋯⋯ 62

  5.2　功能描述 ⋯⋯⋯⋯⋯⋯⋯⋯⋯⋯⋯⋯⋯⋯⋯⋯⋯⋯⋯⋯⋯⋯⋯⋯⋯ 62

　　　5.2.1　功能描述的相关概念 ················· 62

　　　5.2.2　功能描述的原则 ····················· 63

　　　5.2.3　功能的分类 ························· 64

　　5.3　功能分析 ····························· 65

　　　5.3.1　功能分析的概念 ····················· 65

　　　5.3.2　组件分析 ························· 66

　　　5.3.3　相互作用分析 ····················· 67

　　　5.3.4　创建功能模型 ····················· 68

　　　5.3.5　功能建模实例 ····················· 69

　　5.4　系统裁剪 ····························· 70

　　　5.4.1　裁剪的重要作用 ····················· 72

　　　5.4.2　裁剪原理及过程 ····················· 72

　　　5.4.3　裁剪对象选择 ····················· 73

　　　5.4.4　裁剪法的实施策略 ··················· 74

　　　5.4.5　裁剪法实例——近视眼镜 ·············· 75

第6章　发明原理与应用 ························· 78

　　6.1　发明原理的由来 ························· 78

　　6.2　原理1 分割 ··························· 81

　　6.3　原理2 抽取 ··························· 82

　　6.4　原理3 局部质量原理 ····················· 83

　　6.5　原理4 增加不对称性原理 ·················· 84

　　6.6　原理5 组合(合并)原理 ··················· 84

　　6.7　原理6 多功能性(多用性、广泛性)原理 ········· 85

　　6.8　原理7 嵌套原理 ······················· 85

　　6.9　原理8 重量补偿原理 ····················· 86

　　6.10　原理17 空间维数变化(一维变多维)原理 ········ 87

　　6.11　原理18 机械振动 ······················ 88

　　6.12　原理22 变害为利原理 ··················· 89

　　6.13　原理30 柔性壳体或薄膜原理 ·············· 90

第7章　矛盾分析 ····························· 91

　　7.1　物理矛盾与分离方法 ····················· 91

　　　7.1.1　物理矛盾 ························· 91

　　　7.1.2　四种分离方法 ····················· 94

　　7.2　技术矛盾与矛盾矩阵 ····················· 98

　　　7.2.1　技术矛盾 ························· 99

　　　7.2.2　39个通用工程参数 ··················· 100

7.2.3 矛盾矩阵 ·· 103

7.2.4 分析技术系统 ···································· 104

7.2.5 定义技术矛盾 ···································· 106

7.2.6 解决技术矛盾 ···································· 106

第 8 章 创业与创业精神 ······································ 110

8.1 创业活动及其本质 ····································· 110

8.1.1 创业活动的特殊性 ·························· 110

8.1.2 创业的本质内涵 ···························· 111

8.1.3 创业的主要类型 ···························· 113

8.2 创业精神 ··· 115

8.2.1 创业精神的本质 ···························· 115

8.2.2 创业精神的特征 ···························· 116

8.2.3 大学生创业精神的培育 ··················· 117

第 9 章 创业者与创业团队 ···································· 118

9.1 创业者 ··· 119

9.1.1 创业者的内涵 ······························ 119

9.1.2 创业能力 ···································· 120

9.2 创业团队 ·· 121

9.2.1 创业团队的内涵 ···························· 121

9.2.2 创业团队的组建 ···························· 124

9.2.3 创业团队的管理 ···························· 127

第 10 章 创业机会与创业资源 ······························· 129

10.1 创业机会 ·· 129

10.1.1 创业机会的概念 ·························· 129

10.1.2 创业机会的识别 ·························· 131

10.1.3 创业机会的评价 ·························· 134

10.1.4 识别创业机会的风险 ···················· 136

10.2 创业资源 ··· 137

10.2.1 创业资源的概述 ·························· 137

10.2.2 创业资源的获取 ·························· 139

10.2.3 创造性利用有限的创业资源 ············· 141

10.2.4 创业融资规划 ···························· 142

第 11 章 商业模式 ·· 146

11.1 商业模式概述 ·· 146

　　11.1.1　商业模式的定义 ·································· 146

　　11.1.2　商业模式的逻辑 ·································· 147

　　11.1.3　商业模式的构成要素 ···························· 148

　　11.1.4　商业模式的类型 ·································· 148

　11.2　商业模式设计 ··· 151

　　11.2.1　商业模式设计的特点 ···························· 151

　　11.2.2　商业模式设计的具体过程 ························ 151

　　11.2.3　商业模式设计的工具 ···························· 152

第 12 章　商业计划书 ··· 160

　12.1　商业计划书概述 ··· 160

　　12.1.1　商业计划书的概念和作用 ························ 160

　　12.1.2　商业计划书的特征 ······························ 161

　　12.1.3　商业计划书的制作流程 ·························· 161

　　12.1.4　商业计划书的检查和制作技巧 ·················· 163

　12.2　商业计划书撰写 ··· 164

　　12.2.1　封面与目录 ···································· 164

　　12.2.2　摘要 ·· 165

　　12.2.3　项目目标 ······································ 165

　　12.2.4　商业机会与行业分析 ···························· 165

　　12.2.5　技术、产品与服务 ······························ 173

　　12.2.6　商业模式 ······································ 175

　　12.2.7　创业团队 ······································ 175

　　12.2.8　财务预测分析 ·································· 178

　　12.2.9　融资与资金使用计划 ···························· 180

　　12.2.10　风险控制与资本退出 ···························· 181

　　12.2.11　其他说明 ······································ 184

　12.3　商业计划书演示 ··· 185

　　12.3.1　演示内涵与功能 ································ 185

　　12.3.2　演示的商业逻辑 ································ 185

　　12.3.3　演示的注意事项 ································ 188

　12.4　商业计划书在创新创业大赛中的应用 ···················· 188

　　12.4.1　创新创业大赛常见的八大问题 ·················· 189

　　12.4.2　商业计划书突出九方面 ·························· 195

　　12.4.3　关注评审九大要点 ······························ 197

参考文献 ··· 200

创新和创新精神

本章学习目标

- 了解创新的含义与特征
- 了解创新的价值
- 理解创新引领创业的重要性
- 理解创新精神的重要性,掌握创新精神培养方法

1.1 创新的含义与特征

人类发展及科学技术进步中的每一次重大跨越和重要发现都与创新密切相关。离开了"创新",人类社会不可能向前迈进,科学技术也不可能有实质性的进步。创新已经成为现代社会发展与进步的基本动力。纵观人类发展历史,创新始终是推动一个国家、一个民族向前发展的重要力量,也是推动整个人类社会向前发展的重要力量。在激烈的国际竞争中,要实现经济的持续健康发展,必须依靠创新驱动,创新是引领发展的第一动力。

1.1.1 创新的含义

创新(Innovation)源于拉丁语,包括三层含义:一是更新,二是创造新的东西,三是改变。在新理念、新思潮、新范式不断迭代嬗变、市场竞争日益激烈、产品生命周期日益缩短、技术突飞猛进的当下,创新已成为时代最强音和主旋律。

创新不仅要有"新"意,更要有"创"劲。从"创"字的构造来看,偏旁的刀既是造成创伤的器物,又是创造的工具,于是,"创"就蕴含创伤、创造之意,还有"闯"之意。"创"意味着即便受伤、遭受挫折挫败乃至九死一生,也要勇往直前,义无反顾。将"创"和"新"结合在一起的创新,是一个民族进步的灵魂,是一个国家兴旺发达的不竭动力,是推动发展生生不息的内驱力量。创新更是新时代大学生应具备的基本素养,既要有敢闯的勇气,更要有会创的能力。

创新理论(Innovation Theory)最早是由奥地利经济学家熊彼特(J. A. Schumpeter, 1883—1950)于1912年在其成名作《经济发展理论》一书中首先提出来的。此书在1934年译成英文时,使用了"创新"(Innovation)一词。按照熊彼特的观点,"创新"是指新技术、新发明在生产中的首次应用,是指建立一种新的生产函数或供应函数,是在生产体系中引进一种生产要素和生产条件的新组合。他认为创新包括五方面的内容:

（1）引入新产品或提供产品的新质量；

（2）开辟新的市场；

（3）获得一种原料或半成品的新的供给来源；

（4）采用新的生产方法（主要是工艺）；

（5）实现新的组织形式。

熊彼特的创新概念包含的范围很广，不仅涉及技术性变化的创新，还包括非技术性变化的组织创新，在创新领域上具有开拓性，在整个西方经济学说史上占有重要的地位。但在当时，熊彼特的创新理论似乎被同期的"凯恩斯革命"理论所湮没，并未得到广泛的重视。直到 20 世纪 50 年代，随着科学技术的迅速发展，技术变革对人类社会和经济发展产生了极大的影响，人们才开始重新认识创新对经济增长和社会发展的巨大作用，并开始研究创新的规律。20 世纪 60 年代，美国经济学家华尔特·罗斯托（W. W. Rostow）提出了"起飞"六阶段理论和"技术创新"的概念，并把"技术创新"提高到"创新"的主导地位。随后，人们对技术创新进行了深入的研究，大体可分为以下三个阶段：

第一个阶段是 20 世纪 50 年代初到 60 年代末，在新技术革命浪潮推动下，技术创新研究迅速复兴，逐步突破新古典经济学的局限与束缚，开始兴起对技术的变革和技术创新的研究，迈尔斯（S. Myers）和马奎斯（D. G. Marquis）是主要的倡议者及参与者。在其 1969 年的研究报告《成功的工业创新》中将创新定义为技术变革的集合，认为技术创新是一个复杂的活动过程，从新思想、新概念开始，通过不断地解决各种问题，最终使一个有经济价值和社会价值的新项目得到实际的成功应用。到 70 年代下半期，技术创新的界定进一步拓宽，在 NSF 报告《1976 年：科学指示器》中，认为技术创新不仅包括将新的或改进的产品、过程或服务引入市场，并将模仿和不需要引入新技术知识的改进这两类创新划入技术创新的定义范围中。在这一阶段，创新尚处于新研究领域的开发阶段，研究比较分散，尚未形成完整的理论框架，研究方法以案例分析总结为主。

第二个阶段是 20 世纪 70 年代初至 80 年代初，有关技术创新的研究持续升温。在这一阶段，技术创新研究从管理科学和经济发展周期研究范畴中相对独立出来，初步形成了技术创新研究的理论体系。其中，厄特巴克（J. M. UMerback）的创新研究独树一帜。他在 1974 年发表的《产业创新与技术扩散》中提出，与发明或技术样品相区别，创新就是技术的实际采用或首次应用。缪尔塞（R. Mueser）则在 80 年代中期对技术创新概念做了系统的整理分析，他认为技术创新是以其构思新颖性和成功实现为特征的有意义的非连续性事件。英国著名学者弗里曼（C. Freeman）从经济学角度对技术创新进行了思考。他认为技术创新在经济学上的意义只是包括新产品、新过程、新系统和新装备等形式在内的技术向商业化实现的首次转化。在这一阶段，研究的具体对象开始逐步分解，出现了对创新不同侧面和不同层次内容的比较全面的探讨，包括对技术创新的定义、分类、起源、特征、过程机制与决策、经济与组织效应等，并逐步将组织管理行为理论、决策理论等多种理论和方法应用到技术创新研究中。

第三个阶段是 20 世纪 80 年代初至今。这一阶段，技术创新的研究呈现出研究综合化、重点专题深入研究、注重研究内容和成果对社会经济技术活动的指导作用三个特征。诸如技术创新的预测和创新活动的测度评价、创新组织建立的策略和规范、政府创新推动政策的跟踪分析、对某一行业的技术创新或某一项技术创新发生与发展的全过程的分析等实用性强的研究课题,受到普遍关注,并注重技术创新研究成果的转化。

虽然在相当长的一段时间内,人们将技术创新当作创新的所有内容。但是,技术创新不能代表所有的创新,技术创新只是创新的一种表现形式,是众多创新中的一种。我们认为,创新是指以现有的知识和物质,在特定的环境中,改进或创造新的事物(包括但不限于各种方法、元素、路径、环境等),并能获得一定有益效果的行为,而不仅仅包括工艺方法等技术创新。简单来说,创新有三层含义:一是更新;二是创造新的东西;三是改变现状,就是对原有的东西进行改造、改革和发展。创新的本质是突破,即突破旧的思维定式、旧的常规戒律。创新活动的核心是"新",它或者是产品的结构、性能和外部特征的变革,或者是造型设计、内容的表现形式和手段的创造,或者是内容的丰富和完善。

1.1.2　创新的特征

创新不是一般的重复劳动,更不是对原有内容的简单修补,它是突破性的实践活动,具有新颖性、目的性、变革性、超前性、价值性五个特征。

1. 新颖性

创新是对现有的不合理事物的扬弃,革除过时的内容,确立新事物。创新不是模仿、再造,因此,新颖性是创新的首要特征。具体来说,新颖性又包括三个层次:一是世界新颖性或绝对新颖性;二是局部新颖性;三是主观新颖性,即只是对创造者个人来说是前所未有的。

2. 目的性

任何创新活动都有一定的目的,这个特性贯穿于创新过程的始终。创新特别强调效益的产生,它不仅仅要知道"是什么""为什么",还要知道"有什么用""怎样才能产生效益"。所以,创新是一个创造财富、产生效益的过程。

3. 变革性

创新是对已有事物的改革和革新,是一种深刻的变革。创新是一个动态的过程。在知识经济条件下,唯一不变的就是一切都在变,而且变化得越来越快。因此,任何创新都不可能是一劳永逸的,而只有不断地变革和创新,才能适应时代的要求。

4. 超前性

创新以求新为灵魂,具有超前性。这种超前是从实际出发、实事求是的超前。因此创新可能成功,也可能失败,这种不确定性就导致了创新的风险。因此,在创新过程中,只准成功、不许失败的要求,实际上是不切实际的。只能通过科学的设计与严格的实施,来尽量降低创新的风险。

5. 价值性

创新有明显、具体的价值,对经济社会具有一定的效益。创新可以重新组合生产要素,从而改变资源产出,提高组织价值。而对于企业来说,创新利润是最重要、最基础的部分,也只有创新利润才能够反映出企业的个性。

1.2 创新的价值

1.2.1 创新与社会发展

创新是人类社会发展的固有特质,新创意、新方法、新结构、新产品和新服务都是催生组织生命力与社会发展的重要动力。人类社会发展的历史,就是一部创新的历史。特别是人类经济在近两百多年里产生了奇迹般的巨大飞跃。14 世纪的文艺复兴开启了新思维的解放;15 世纪的大航海拓展了人类文明的疆域;16 世纪启动的科学革命奠定了技术革命的基础;17 世纪初资本市场的出现延伸了社会金融活动的空间;18 世纪开始的工业革命推动了经济的飞速增长……虽然目前的经济学理论和其他学说很难完全解释这个现象,但许多学者从这个历史发展轨迹中发现了一个共同的元素——创新(Innovation)。

亚力克·福奇在《工匠精神:缔造强大美国的重要力量》一书中,将创新者——喜欢捣鼓小器具、小发明的业余爱好者、DIY 一族和发明家——称为"tinkerer"(书中译为工匠),认为正是他们造就了美国奇迹。"美国的工匠们是一群不拘一格、依靠纯粹的意志和拼搏的劲头,作出了改变世界的发明创新的人。"比如:本杰明·富兰克林、伊莱·惠特尼、塞勒斯·麦考密克、托马斯·爱迪生和怀特兄弟等,都是人类历史上杰出的创新者。

当前新一轮科技革命和产业变革蓄势待发,全球产业结构和竞争格局的深度调整正在孕育,未来可能取得突破的颠覆性创新对人类"技术—经济—社会"范式的变革具有重大意义。

2015 年 10 月底,美国国家经济委员会和白宫科技政策办公室联合发布了新版《美国国家创新战略》,主要大力支持以下九大战略领域的发展(如表 1.1 所示)。

表 1.1 《美国国家创新战略》关注的九大战略领域

序号	领 域	描 述
1	先进制造	推出国家制造业创新网络来恢复美国在高精尖制造业创新中的领先地位
2	精密医疗	在保护个人隐私的前提下,推动基因组学、大型数据集分析、健康信息技术的发展。协助临床医生更好地理解病人的健康水平、疾病细节和身体状况,更好地预测最有效的治疗方法
3	大脑计划	通过基因对大脑进行全方位认知,协助科学家和医生更好地诊断和治疗神经类疾病
4	先进汽车	在传感器、计算机和数据科学方面的突破,把车对车通信和简短自助技术投入商用

续表

序号	领　域	描　述
5	智慧城市	越来越多的社区管理者、数据科学家、技术人员和企业联合建立"智慧城市"
6	清洁能源和节能技术	部署和开发清洁能源技术,鼓励投资气候变化解决方案,在保证提升美国能源安全的前提下,继续保持新能源生产量的增加
7	教育技术	总统提议为 99%的学生在 2018 年之前接通高速宽带网络,2016 年将投资 5000 万美元建立教育高级研究计划局
8	太空探索	在 2017 年之前重点投资发展商业载人太空运输技术、辐射的研究、先进推进系统的研究,研发让人类在外太空生存的相关技术
9	计算机领域	2015 年 7 月制定的国家战略性计算机计划,将鼓励创建和部署前沿计算技术,提升政府经济竞争力,促进科学发现和助力国家安全

2013 年 5 月,麦肯锡研究院发布了《2025 年前可能改变生活、企业与全球经济的 12 项颠覆性技术》,据估算,到 2025 年这些技术对全球经济的直接影响将达 14～33 万亿美元,其中主要的技术与领域描述如表 1.2 所示。

表 1.2　12 项颠覆性技术描述

序号	领　域	描　述	到 2025 年对全球潜在的经济影响
1	移动互联网	移动计算设备更小、更强、更直观、可穿戴,装有许多传感器。使消费者获得医疗、教育等服务的改善,提升员工生产力	3.73～10.8 万亿美元
2	知识工作自动化	主要应用于:销售、客服、行政支持等普通业务工作,教育、医疗保健等社会服务业,科学、工程、信息技术等技术性行业,以及法律、金融等专业服务业	5.23～6.7 万亿美元,相当于增加 1.1～1.4 亿个全职劳动力
3	物联网	医疗保健业和制造业是其经济影响最大的应用领域,其他应用领域包括智能电网、城市基础设施、公共安全、资源开采、农业和汽车等	2.73～6.2 万亿美元
4	云技术	使数字世界更简单、更快速、更强大、更高效,不仅为消费者和企业创造巨大价值,还使企业能更有效、更灵活地管理信息	1.73～6.2 万亿美元
5	先进机器人	主要包括工业机器人、手术机器人、外骨髓机器人、假肢机器人、服务机器人和家用机器人	1.73～4.5 万亿美元
6	自动驾驶	可增加安全性,减少拥挤,节省时间,并降低燃料消耗和污染排放	0.23～1.9 万亿美元,可挽回 3～15 万人的生命
7	下一代基因组学	将推动生物学领域的快速进步,主要应用于疾病诊断和治疗、农业以及生物燃料生产等	0.7～1.6 万亿美元
8	储能技术	主要应用于电动和混合动力汽车、分布式能源、公用事业及储能	900～6350 亿美元

序号	领　域	描　　述	到 2025 年对全球潜在的经济影响
9	3D 打印	主要应用包括消费者使用、直接产品制造、工具和模具制造、组织器官的生物打印	2300～5500 美元
10	先进材料	先进纳米材料在医疗健康、电子、复合材料、太阳能电池、海水淡化、催化剂等领域具有广泛应用，但生产成本提高；纳米医用材料有很大潜力，可为癌症患者提供癌症靶向药物	1500～5000 亿美元
11	先进油气勘探开采	页岩气和轻质油勘探开采，主要应用于北美	950～4600 亿美元
12	可再生能源	到 2025 年，风能和太阳能光伏占全球电力产量的比例可能由目前的 2%增至 16%	1650～2750 亿美元，每年可减少碳排放 10～12 亿吨

资料来源：刘春平，"中国科协创新战略研究院"，《创新研究报告》，2016 年第 11 期。

1.2.2　创新与国家/地区竞争力

创新一直是国家、区域和城市形成长期竞争力的基础。工业化的历程告诉我们：越是创新活跃的地方，就越容易形成产业革命的广阔舞台，就越容易形成创新集群以及各类资源汇聚的经济中心；一旦创新活力丧失，就面临着在竞争中出局的危险。18 世纪以来，世界的科学中心和工业重心从英国转到德国、日本，再到美国，表面上是地理位置的更替，实质上是创新能力强弱转换的结果。2011 年，中国的工业生产总值达 2.9 万亿美元，美国为 2.4 万亿美元，这是美国登上世界工业产值第一以来第一次被超过。但这不代表中国的制造能力已经全面超过了美国，因为在创新方面，中国和美国相比仍旧存在很大的差距。

许多国家借助创新成为国家之间竞争的明星，尤其是一些在人口和国土面积意义上的小国，如瑞士、以色列、新加坡等。2007 年起，世界知识产权组织（WIPO）、美国康奈尔大学和英士国际商学院每年联合发布全球创新指数，通过量化指标展示各国创新能力的变化情况，该指数计算包括知识产权（Intellectual Property）申报率、移动应用开发、科技出版物和教育支出等在内的 80 项指标为依据。2019 年，全球创新指数在印度首都新德里发布，根据新发布的指数，前十名分别是瑞士、瑞典、美国、荷兰、英国、芬兰、丹麦、新加坡，德国、以色列。中国排在第 14 位，较 2018 年的第 17 位上升 3 位。中国排名上升的结果印证了世界知识产权组织总干事弗朗西斯·高锐的说法，因为多年来中国一直将创新纳入经济发展战略和方向，并在过去 40 年里建立了"一流的知识产权基础体系"。

国家层面在创新领域的竞争非常重要，而区域之间、城市之间同样如此。有些区域，如美国旧金山湾区、日本东京湾区、中国粤港湾大湾区等，称为世界级的创新中心。有些城市依托创新，成为城市竞争的胜利者，如美国洛杉矶、日本东京、中国深圳等（表 1.3）。

表 1.3　2017—2018 年福布斯中国最具创新力的城市

排名	2017 年	2018 年
1	深圳	深圳
2	北京	北京
3	上海	苏州
4	苏州	上海
5	广州	广州
6	成都	珠海
7	芜湖	东莞
8	杭州	中山
9	合肥	杭州
10	重庆	南京

资料来源：福布斯中文网，www.forbeschina.com/。

1.2.3　创新与企业发展

更有很多企业，凭借创新成为商业世界的领导者，如华为、三星、苹果、大疆、宜家、诺华等。在 2019 年《快速公司》"世界最创新公司"的榜单 20 强（表 1.4），中国有 6 家公司入选——突破历史纪录。中国正在形成一个创新生态系统，可能比硅谷更具竞争力。中国互联网三大巨头之二的阿里巴巴和腾讯，无不着眼于未来，即使是美国最优秀的公司也常常跟着这两家公司跑。许多人士在谈论微信和支付宝时表示，"美国现在还没有能与这两个应用相匹敌的公司，Facebook 或许能打败它们俩，但只是可能"。

表 1.4　"世界最创新公司"榜单 20 强（2019 年）

排名	公司名称	公司简介
1	亚马逊	产品更丰富，配送更快速，服务更智能
2	谷歌	开发图像式记忆技术
3	Uber	推动自动驾驶技术发展
4	苹果	智能手机生态链行业优势再扩大
5	Snap	开辟探索世界的新方式
6	Facebook	对的时间投放对的广告
7	Netflix	让浏览网页有趣起来
8	Twilio	让应用发出声音
9	Chobani	杂货店也可以激情四射
10	Spotify	用数据吸引艺术家
11	阿里巴巴	形成商业新中心
12	腾讯	再度让通信改头换面
13	小米	推动硬件设计的升级
14	步步高	开辟智能手机新市场
15	华为	迭代速度惊人
16	大连万达	打造自己的梦工厂
17	Airbnb	在指尖探寻世界的奥秘

续表

排名	公司名称	公司简介
18	BuzzFeed	掀起新闻热潮
19	Open Whisper Systems	为大众通信的安全保驾护航
20	照明娱乐公司	小黄人拉动大票房

资料来源:《快速公司》官网。

创新造就伟大的企业。无论是经济危机或是迅速发展的技术给企业带来的众多不确定性,又给企业带来了创新的机会,从某种意义上来看,创新是帮助企业摆脱危机的重要方式。例如,2000 年的互联网泡沫引发的危机和 2008 年金融海啸引发的危机,都引发了企业的创新潮,在倒闭了一大批企业的同时,也成就了一大批伟大的企业。

《商业周刊》的调查发现。1995—2005 年排名前 25 位的世界顶级创新企业的平均边际利润为 3.4%,而标准普尔全球指数中其他企业的平均边际利润仅为 0.4%,同样,这些企业在股票市场的年平均回报率为 14.3%,其他企业则为 11.3%。有数据表明,1970 年跻身《财富》全球 500 强之列的企业,到 1983 年竟然有 1/3 已经销声匿迹。这个排行榜上的企业从产生到衰亡,平均寿命只有 40~50 年。在日本和欧洲,企业的平均生命周期为 12.5 年;在美国,有 62% 的企业平均生命周期不到 5 年,存活能超过 20 年的企业只占企业总数的 10%,只有 2% 的企业能活 50 年。而在中国,企业的平均寿命只有 7~8 年,尤其是民营企业。不仅平均寿命只有 2.9 年,而且生存超过 5 年的不到 9%,超过 8 年的不到 3%。企业史上,有些曾经响当当的企业都在极度辉煌后霎时褪去了光鲜,昙花一现。与此相对应的却有另一些企业,历经百年不衰:在美国道琼斯指数涉及的企业中,有将近 60% 的公司寿命超过 100 年,将近 25% 到了 150 年,最长的是杜邦公司(始创于 1802 年) 218 年,最短的是微软公司,也有 40 年以上的历史。在中国,百年老店同仁堂(始创于 1669 年)拥有 350 多年的历史,北京全聚德(始创于 1864 年)已经有 150 多年的经营历史,烟台张裕葡萄酿酒股份有限公司(始创于 1892 年)也有 120 多年。美国 1900 年 1 月 1 日,《华尔街日报》报道了当时美国的十二大公司,到 20 世纪末就只有通用电气一家存在,通用电气是 1896 年道琼斯指数创立时的原始成分股之一,其间曾被剔除出道琼斯成分股,但自 1907 年以来,其成分股身份已延续 111 年,也是道琼斯指数中最后存在的一只原始成分股。而到了 2018 年,通用电气也失去了往日的辉煌,被剔除出道琼斯指数成分股。

在《长寿公司》中,阿里·德赫斯列举出 18 家寿命超过 200 年的公司。经过研究,他发现这些公司与普通公司的区别在于把自己看作一个有生命的人类生活共同体,而不是一个"赚钱机器"。《长寿公司》一书总结出长寿企业的四个共同特点:高度认同感、高容忍度、保守的财务策略以及对环境的高敏锐度。在对长寿企业的研究中,学者们发现了无论是大型企业,还是中小型的企业,其超强的生命力与其持续创新能力是密切相关的。这些来自世界各国的基业长青的企业已经学会了如何管理创新的过程,所以才能持续不断地创新,成为战胜企业生命周期的赢家。这样的企业并不少,有 3M、宝洁、西门子、飞利浦、拜耳这样的世界 500 强企业,也有来自日本、德国等国的大量中小型长寿企业。

此外从管理的角度来看,创新会对企业几乎所有职能提出新的要求,如营销——如何用创新吸引和保留消费者;人力资源管理——如何吸引创新人才,如何激励创新人才,如何保持公司的创新氛围;研发——研发投入密度的选择,如何在研发全球化和本土化做出新的平衡;生产运作——如何在生产过程中保护创新,如何全球布局以最大化创新收益;财务——如何为创新的高昂投入提供源源不断的资金支持等。几乎每一个创新成功的企业都会声称自己是组织变革的成功者,因为两者相辅相成,离开成功的变革,创新难以发生,更难以持续。

正是由于创新的重要性,在传统的计划、组织、领导、控制等职能外,创新成为企业家、管理者的重要职能。熊彼特认为创新应当是企业家的主要特征,企业家不是投机商,也不是只知道赚钱、存钱的守财奴,而应当是一个大胆创新、敢于冒险、善于开拓的创造型人才。德鲁克认为创新是企业家特有的工具,凭借创新,他们将变化看作开拓另一个企业或服务的机遇……企业家必须有目的地寻找创新的来源,寻找预示成功创新机会的变化和征兆。他们还应该了解成功创新的原理,并加以运用。

实际上,有更多原因让我们关注并重视企业的创新问题:①在消费者至上的背景下,创新的变化对消费者的影响无处不在并且立竿见影;②当今的商业世界,创新成为企业击败竞争对手取得成功的重要战略组成部分;③环境的多变性,导致创新不能一劳永逸,企业需要考虑持续创新的问题;④创新能给企业带来超额利润,可以形成创新的良性循环,不断改善消费者的福祉,不断推动社会的进步。

1.3 创新引领创业

1.3.1 创新与创业的关系

中国从2010年开始将创业教育纳入国家政策框架之内,并逐步将创业与国家创新战略协同并举。2015年,国务院印发了《关于大力推进大众创业万众创新若干政策措施的意见》,阐明了"双创"的重要意义,将创新、创业作为驱动经济发展的重要引擎,在全国迅速燃起大众创业、万众创新的热潮。

因为创业活动中的创新特质,从理论研究角度看,将创新与创业融合为一个新概念,并非偶然。在这样的大前提下,创业的产生与发展离不开创新。这正如创业研究的领军人物Timmons所言,创业不仅要筹集资金和创办企业,还要创新与创造。OECD(经济合作与发展组织)有关企业家行为的研究报告也显示,"进取心"或"企业家精神",意味着个体将自己的独特的才能、意图和动机联系起来,为自己创造新的机会和发展可能性。大量的实证研究都表明创业者比其他人更具有创新性,企业成功与创新性存在积极的正相关。

创新与创业是相辅相成、无法割裂的共生关系。没有创新,也就无从谈创业,创新与创业是一个整体。创新是创业的灵魂,而创业是创新的载体和实现途径。从某种意义上来讲,创新是创业的前提和基础,创新是"因",创业是"果"。创新的本质是敢于突破旧的思维和常规。创业是指创立新企业,开创新事业,以组织的方式实现创新。创业的本质是创新,创业的过程就是不断创新的过程。

1.3.2 创新型创业

创新型创业是指创业者突破传统的经营理念,通过自身的创新行为、创造性活动引导新市场的开发和形成,通过培育市场来营造商机的创业行为。创新型创业可以分为技术驱动型创业和创意驱动型创业。技术驱动型创业是指创业者以自己拥有的专业特长或已有技术成果为核心竞争力来进行的创业活动。创业者具备某一专业(技术)特长,或研制成功一项新产品、新工艺,同时发现潜在市场或利润空间,将拥有的专长或技术发明发展成新创企业,并成功推向市场。创意驱动型创业是创业者根据全新的运营理念或创新构想,探索新的商业模式的创业活动。此类创业模式可能是所有创业模式中难度最大的一类,但是一旦成功将拥有先发者优势。如果在创业过程中相关互补性资源迅速跟进,可以成为新辟市场的领导者,拥有标准和价格制定权,甚至可能出现"赢家通吃"的现象。此类创业需要创业者具有敏锐的市场眼光、独特的个性特征和旺盛的创业欲望,善于洞察商业机会并敢于冒险,是一种开创性价值创造型创业。

在信息社会和知识经济发展过程中,创新型创业越来越重要,并表现出三大重要特征:一是创新型创业以满足和开辟顾客新需求为首要任务。顾客需求是任何创新和创业活动的根本要求与动力,没有需求的创新和创业活动都是没有价值的。创新型创业活动,一方面可以从当前市场角度出发,通过一系列的技术创新,为顾客提供质量更高、性能更好的产品;另一方面知识经济拓展了工业经济时代人类需求的范围,新的需求不断衍生,创新型创业的一条重要实现途径就是顺应时代潮流,积极探索和开辟新的需求。二是创新型创业强调不断创新,善于把握和利用机会。创新型创业与传统创业最根本的差异就在于创新,正因为创新,为市场提供的产品或服务的附加值更高,具有更大的市场成长性。但是,创新是永无止境的,新的技术、新的管理模式、新的商业模式会不断诞生、不断升级换代。所以,通过创新型创业实现事业的不断壮大,必须不断跨越已有的范式,转换思维模式,要善于把握和利用各个维度的变迁机会。三是创新型创业不仅要注重技术创新,更要特别关注非技术创新的商业模式变迁。新的历史时期,新的业态不断诞生,这些新的业态的诞生不仅来自技术的进步,人类社会文明的进步和财富的积累创造的新的需求更为关键。新的需求可能来自已有技术、产品和服务的组合,创新型创业的成功要求创业者具有全新的思维模式和资源整合能力,才能实现开辟全新的"蓝海"的梦想。

1.4 创新精神

1.4.1 创新精神的内涵

2020年10月29日,党的十九届五中全会通过《中共中央关于制定国民经济和社会发展第十四个五年规划和二〇三五年远景目标的建议》(以下简称《建议》)。《建议》提出,"坚持创新在我国现代化建设全局中的核心地位,把科技自立自强作为国家发展的战略支撑"。《2021年国务院政府工作报告》也指出,"依靠创新推动实体经济高质量发展,培育壮大新动能。促进科技创新与实体经济深度融合,更好发挥创新驱动发展作用"。

从《建议》中可以看到,创新已被提升至统领全局的战略支撑地位。将创新作为引领发展的第一动力,将科技创新作为当前和今后较长时期引领全球经济发展的主要动能,符合新发展阶段的客观要求。

2020 年,党的十九届五中全会提出了到 2035 年基本实现社会主义现代化远景目标,其中首要目标是"我国经济实力、科技实力、综合国力将大幅跃升,经济总量和城乡居民人均收入将再迈上新的大台阶,关键核心技术实现重大突破,进入创新型国家前列"。这进一步凸显了创新在现代化建设全局中的核心地位以及创新引领发展的"牛鼻子"角色。

我们要锚定 2035 年基本实现社会主义现代化建设远景目标和创新型国家建设中长期战略目标,结合"十四五"时期我国面临的国际发展环境和国内发展条件的深刻变化,要加快推动中国创新发展战略从市场需求驱动为主的模仿与追赶,转向关键核心技术突破和原始创新供给为主、市场需求牵引为辅的全新战略,努力超越追赶实现引领。具体而言,在 2020—2035 年这一转折时期,尤其是"十四五"时期,在"百年未有之大变局"和党中央提出的推动形成"国内大循环为主体、国内国际双循环相互促进"新发展格局的新时代新形势下,中国亟须坚持"四个面向",锚定 2035 年基本实现社会主义现代化远景目标,深入推进以技术创新为核心的全面整合式创新,加快实现关键核心技术重大突破,培育世界一流企业,建设世界科技创新强国,进而全面塑造新时代新发展优势。

党的十九届五中全会提出,坚持创新的核心地位,国家的发展离不开科技的自立自强。面对世界科技经济发展形势、国家人民发展需要,我们要坚持创新驱动发展战略。人才是后发国家实现跨越式追赶的驱动力,高校是培育人才的重要基地,高校思想政治教育本质目标就是培育全面发展的人才,其中必然包含创新型人才。

国家目前处于发展前景的关键时期,发展又迈上了一个关键的台阶。高校必须做好人才储备力量的培育,培养符合国家创新发展的人才,承担着重要的使命和担当。创新精神的培育不能再放在教育的边缘,应作为重要教育目标进行活动开展,促进素质教育落地生根,提高人才培养质量。高校是培育未来国家栋梁的重要场所,应坚持基本办学原则,用正确的理论引导青年学生,始终坚持育人为本,将马克思主义理论作为教育的基础内容,保证质量地提升思想政治教育的效果。将习近平科技创新观贯穿到教育大学生学习理论全过程,用理想信念引导大学生建设科技强国、创新型国家,为国家未来发展腾飞注入新鲜的血液。

创新的主体是人才,人才才能真正激发创新活力,青年学生则是国家创新人才最充分的后备力量。对当代大学生来说,创新精神的培养是人才培养体系中的重要环节,那么创新精神的内涵都有哪些呢?

创新精神是一个国家和民族发展的不竭动力,也是一个现代人应该具备的素质。创新精神属于科学精神和科学思想范畴,是进行创新活动必须具备的一些心理特征,包括创新意识、创新兴趣、创新胆量、创新决心,以及相关的思维活动。创新精神是一种潜在的东西,可以从人平时的说话做事中都能够体现出来,创新能力强的人总是富有激情,能够另辟蹊径,给人耳目一新的感觉。创新精神是一种勇于抛弃旧思想旧事物、创立新思想新事物的精神。例如:不满足已有认识(掌握的事实、建立的理论、总结的方法),不断追求新知;不满足现有的生活生产方式、方法、工具、材料、物品,根据实际需要或新的情况,不断进行改革和革新;不墨守成规(规则,方法、理论、说法、习惯),敢于打破原有框框,探索新的规律,新的方法;不迷信书本、权威,敢于根据事实有自己的思考;不盲目效仿别人想法、说法、做法,不人云亦云,唯书唯上,坚持独立思考,说自己的话,走自己的路;不喜欢一般化,追求新颖、独特、异想天开、与众不同;不僵化、呆板,灵活地应用已有知识和能力解决问题……都是创新精神的具体表现。只有具有创新精神,我们才能在未来的发展中不断开辟新的天地。

现代社会是一个竞争激烈的社会,对人的素质要求越来越高,一个人要在现代社会中取得成功,必须具备一定的创新精神。在高校大学生创新创业教育中,首要的是创新素养和创新精神的培养。在大学生创业过程中,创新精神起着举足轻重的作用,它是大学生创业潜力和创业成功率的重要保证。在我们看到的大学生创业失败案例中,有很多是由于缺乏创新精神导致的。有的企业虽然一开始创业成功,但是由于后期创新能力不足,在以后发展过程中遭遇很多困难,没有办法长远经营下去。相反,如果有足够的创新能力,那么在以后的每次挑战中都能够抓住机会,使企业获得发展。

1.4.2　创新精神的培养方式

创新精神是人才培养体系中的重要内容,如何培养创新精神呢?

1. 对所学习或研究的事物要有好奇心

牛顿少年时期就有很强的好奇心,他常常在夜晚仰望天上的星星和月亮。星星和月亮为什么挂在天上? 星星和月亮都在天空运转着,它们为什么不相撞呢? 这些疑问激发着他的探索欲望。后来,经过专心研究,终于发现了万有引力定律。能提出问题,说明在思考问题。在学习过程中,自己如果提不出问题,那才是最大的问题。好奇心是包含着强烈的求知欲和追根究底的探索精神,谁想在茫茫学海获取成功,就必须有强烈的好奇心。正像爱因斯坦说的那样:"我没有特别的天赋,只有强烈的好奇心。"

2. 对所学习或研究的事物要抱有怀疑态度

不要认为被人验证过的都是真理 。许多科学家对旧知识的扬弃,对谬误的否定,无不是自怀疑开始的。例如,伽利略则始于对亚里士多德"物体依本身的轻重而下落有快有慢"的结论的怀疑,发现了自由落体规律。怀疑是发自内在的创造潜能,它激发人们去钻研,去探索。现有的理论知识体系是经过众多学者研究论证过的,我们确实应该认真地学习。但是,事物在不断地变化,有些知识这时候适用,将来不一定适用。而且,现有的知识不一定没有缺陷和疏漏。对待所学习或研究的事物,我们应做到:不要迷信任何权威,应大胆地怀疑。这是我们创新的出发点。

3. 对学习或研究的事物要追求创新的欲望

如果没有强烈的追求创新欲望,那么无论怎样谦虚和好学,都只能在前人划定的圈子里周旋。要创新,我们就要坚持不懈地努力,勇敢面对困难,要有克服困难的决心,不要怕失败,相信一点,失败乃成功之母。例如,著名学者周海中教授在探究梅森素数分布时就遇到不少困难,有过多次失败,但他并不气馁。由于追求创新的欲望和坚持不懈地努力,他终于找到了这一难题的突破口。1992 年,他给出了梅森素数分布的精确表达式。这项重要成果被国际上命名为"周氏猜测"。

4. 对学习或研究的事物要有求异的观念

求异的观念,就是不能盲目从众,更不要"人云亦云"。创新不是简单的模仿。要有创新精神和创新成果,必须要有求异的观念。求异实质上就是换个角度思考,从多个角度思考,并将结果进行比较。求异者往往要比常人看问题更深刻,更全面。

5. 对所学习或研究的事物要有冒险精神

安于现状、墨守成规,就难以实现创新。创新实质上是一种冒险,因为打破旧的观念的束缚,打破了约定俗成的框架,打破大家已经都认可的习惯,可能会招致公众的反对。在这里,我们认为创新的冒险不是那些危及生命和肢体安全的冒险,而是一种合理性的冒险,我们要最大程度地挖掘自己的创新潜能。

6. 对学习或研究的事物要做到永不自满

如果一个人取得了一定的成果,就故步自封,满足于现状,害怕去想另一种可能比这种成果更好的做法,或已习惯了一种成功的思想而不能产生新思想,那么创新也就会随之结束,难以取得更大的进步。

典型创新方法

本章学习目标

- 了解创新方法的作用
- 掌握五种典型创新方法的特点和应用

创新方法是创造学家根据创造性思维发展规律和大量成功的创造与创新的实例总结出来的一些原理、技巧和方法。其根本作用在于根据一定的科学规律,启发人们的创造性思维,提升人们的创新效率。从创新的特点出发,创新方法研究的目的不是寻找保证创新必然发生、必然成功的途径和方法,而在于通过研究不断挖掘和丰富可以提升创新效率的途径,可以使得人们尽可能地明晰创新所需要的条件,辨别不同的方法在不同创新环境下的适用性,从而尽可能地避免创新过程中的盲目性,提高创新成功的概率。

自近代科学产生,尤其进入 20 世纪以来,思维、方法和工具的创新与重大科学发现之间的关系更加密切。据统计,从 1901 年诺贝尔奖设立以来,有 $60\%\sim70\%$ 的奖项是由于科学观念、思维、方法和手段上的创新而取得的。例如,1924 年,哈勃望远镜的发明与应用揭开了人类对星系研究的序幕,为人类的宇宙观带来新的革命;1941 年,"分配色层分析法"的发明,解决了青霉素提纯的关键问题,使医学进入了抗生素防治疾病的新时代;20 世纪 70 年代,我国科学家袁隆平提出了将杂交优势用于水稻育种的新思想,并创立了水稻育种的三系配套方法,从而实现了杂交水稻的历史性突破。

英国著名哲学家卡尔·皮尔逊曾将科学方法看作"通向绝对知识或真理的唯一道路"。法国著名的生理学家贝尔纳曾经说过:"良好方法能使我们更好地发挥天赋的才能,而笨拙的方法则可能阻碍才能的发挥。"笛卡儿认为:"最有用的知识是关于方法的知识。"蔡元培先生在评价当时中国科学落后的原因时曾说过:"中国没有科学的原因在于没有科学的方法。"

在长期的自然与社会实践中,人们已经创造和发展了很多解决发明问题的典型方法,例如:试错法、头脑风暴法、形态分析法、和田十二法和六顶思考帽法等。典型的创新方法基本上都是以心理机制为基础的,它们的程序、步骤、措施大都是为人们克服发明创新的心理障碍而设计的。单独使用这些典型的创新方法可以收到较好的发明创新效果。

2.1 试 错 法

试错法,是指人们通过反复尝试运用各式各样的方法或理论,使错误(或不可行的方案)逐渐减少,最终获得能够正确解决问题的方法的一种创新方法,这是一种随机寻找解决方案的方法。

千百年来,人们一直在使用试错法来求解发明问题。当尝试利用一种方法、物质、装置或工艺来求解某一问题时,如果找不到问题的解决方案,就进行第二次尝试,如果还没找到问题的解决方法,则进行第三次尝试,以此类推。这就是试错法解决问题的思路和过程。

当用尽了所有常规方法后,就会尝试去猜想是否有正确的解决方案。这样要经过一个漫长的寻找过程,也可能碰巧走对路子并解决问题,但取得这种结果的概率是很小的。多数情况下,对所想到的可能方案均进行了尝试之后仍不能解决问题,需要考虑其他可能的解决方案。甚至因条件限制,尝试无法继续进行,只能精疲力竭地宣告终止。

TRIZ 理论的提出人根里奇·阿奇舒勒的学生与合作者尤里·萨拉马托夫对试错法做过这样的评价,"人类在试错法中损失的时间和精力,远比在自然灾害中遭受的损失要惨重得多"。20 世纪时,"在发达资本主义国家中,50%的研究刚刚开展,就因为没有发展前途而被迫终止了;在苏联时期,有 2/3 的研究根本无法进入生产领域"。由此可见,用试错法解决问题具有一定的盲目性,所付出的代价(人力与财力)是巨大的。

【例 2-1】　爱迪生为人类带来光明。

很多人都读过爱迪生(Edison)的发明故事。爱迪生(图 2.1)是位举世闻名的美国电学家和发明家,他除了在留声机、电灯、电话、电报、电影等方面有许多的发明和贡献以外,在矿业、建筑业、化工等领域也有不少著名的创造和真知灼见。相信每个人都知道爱迪生的那句名言:"天才就是 1%的灵感加上 99%的汗水。"爱迪生不仅有聪慧过人的头脑,更有不懈努力的精神,因此,他得到了巨大的成功。据记载,他在发明电灯时,他和他的助手们历经 13 个月,用过的灯丝材料有 1600 多种金属材料和 6000 多种非金属材料,试验了 7000 多次,终于找到了有实用价值的灯丝材料,为人类带来了光明。

爱迪生的发明,为人类的文明和进步作出了巨大的贡献。他勇于试验、不畏失败的探索精神和执着的研究态度,令人敬佩,值得人们学习。爱迪生发明电灯所采用的方法就是试错法。

对解决简单的发明问题,试错法效果明显,此时可能的解决方案的数目不超过 10 个或 20 个,找到正确的解决方案并不困难。而对于较复杂的发明问题,由于可能存在成百上千个可能的解决方案,试错法的效率就非常低,解决发明问题的周期较长,所付出的代价很高。

图 2.1　爱迪生发明灯泡

2.2　头脑风暴法

头脑风暴法是美国的奥斯本(Osborn)于 1939 年首次提出的,他于 1953 年在《应用想象》一书中正式发表了这种激发创造性思维的方法。

头脑风暴法也称为智力激励法、自由思考法或诸葛亮会议法,通常指一群人开动脑筋,进行自由的创造性的思考与联想,并各抒己见,在短暂的时间内提出解决问题的大量构想的一种方法。这种方法是当今最负盛名,同时也可以说是最具实用性的一种集体创造性地解决问题的方法。

"头脑风暴"的原意是"突发性的精神错乱",用来表示精神病患者处于大脑失常的状态。精神病患者最大的特征是在发病时无视他人的存在,言语与肢体行为随心所欲。这虽然不合乎社会行为礼节的规范,然而从创造思考的启迪与引发的目标来看,摆脱世俗礼教与旧观念的束缚,期望构想能无拘无束地涌现,还是有必要的,这正是头脑风暴法的精义所在。

从形式上来看,"头脑风暴法"是将少数人召集在一起,以会议的形式,对于某一问题进行自由的思考和联想,同时提出各自的设想和提案。头脑风暴法是一种发挥集体创造精神的有效方法,与会者可以在没有任何约束的情况下发表个人的想法,提出自己的创意。参与的人甚至可以提出看起来异想天开的想法。

2.2.1　头脑风暴法的基本规则

实施头脑风暴法会议之所以会导致大量新创意的诞生,主要有以下原因。一是在轻松、融洽的气氛中,每个人都能敞开想象,自由联想,各抒己见。二是能够产生互相激励、互相启发的效果。每个人的创意都会引起他人的联想,引起连锁反应,形成有利于解决问题的多种创意。三是在会议讨论时更能激发人的热情,激活思维,开阔思路,易于突破思维定式和旧观念的束缚。四是竞争意识使然。争强好胜的天性,会使与会者积极开动脑筋,发表独到见解和新奇观念。

在使用头脑风暴法解决问题时,为了减少群体内的社交抑制因素,激励新想法的产生,提高群体的创造力,必须遵守以下基本规则。

1. 暂缓评价

在头脑风暴会议上,会议主持人和会议参与者对各种意见、方案的正确与否,不要当场作出评价,更不能当场提出批评或指责。对现有观点的批评不仅会占用宝贵的时间和脑力资源而且容易使得与会者人人自危,发言更加谨慎保守,从而遏制新观点的诞生。因为所有的想法都有潜力成为好观点、好方法,或者能够启发他人产生新的想法。参与者着重于对想法进行丰富和拓展。这种将评论放在后面的"评价阶段"进行的"延迟评判"策略,可以产生一种有利的气氛,有助于参与者提出更多的想法。

2. 鼓励提出独特的想法

与会者在轻松的氛围下,就像与家人聊天一样,各抒己见,避免人云亦云、随波逐流、思维僵化,有利于提出独特的见解,甚至是异想天开的、荒唐的想法。这样便可能开辟新的思维方式,提供比常规想法更好的解决方案。若要产生独特的想法,可以反过来看问题,也可以换一个角度考虑问题,甚至可以撇开假设等。

3. 追求数量

如果追求方案的质量,容易将时间和精力集中在对该方案的完善和补充上,从而影响其他方案的提出和思路的开拓,也不利于调动所有成员的积极性。如果头脑风暴会议结束时有大量的方案,那就极可能发现一个非常好的方案。因此,头脑风暴法强调所有的活动应该以在给定的时间内获得尽可能多的方案为原则。为此,与会者应该解放思想,无拘无束地、独立地思考问题,并希望每个与会者都畅所欲言,而不必顾虑自己的想法或说法是否离经叛道或荒唐可笑。

4. 重视对想法的组合和改进

可以对他人好的想法进行组合、取长补短,进行改进,以形成一个更好的想法,从而达到 $1+1>2$ 的效果。与单纯提出新想法相比,对想法进行组合和改进可以产生出更好、更完整的想法。所以,头脑风暴法能更好地体现集体智慧。

现代发明创新课题涉及技术领域广泛,因而靠个别发明家单枪匹马式地冥思苦想来求得问题解决的方法将变得软弱无力,收效甚微。相比之下,类似头脑风暴法这种群体式的发明战术则会显得效果更好。

2.2.2 头脑风暴小组的成员

实施头脑风暴法要组织由 5～10 人参加的小型会议。在实施过程中,对小组成员和主持人的要求如下。

1. 头脑风暴小组人数的确定

奥斯本认为,参加人数以 5～10 人为宜,包含主持人和记录员在内以 6～7 人为最佳。头脑风暴法小组人数的多少取决于主持人风格、小组成员个体的情况等因素。小组人数太多或太少,效果都不太理想。人数过多时,则会使某些人没有畅所欲言的机会;过少时,则会场面冷清,影响参与者的热情。参与者最好职位相当,对所要解决的问题都感兴趣,但是不必皆属同行。

2. 小组中不宜有过多的专家

在进行"头脑风暴"的过程中,如果专家太多,就很难做到"暂缓评价"。权威人士在场必定会对与会者产生"威慑"作用,给与会者的心理造成压力,因此难以形成自由的发言氛围。

然而,在实际操作"头脑风暴"的时候,会议参加者往往都是从企业的各个部门汇集而来的各专业领域的专家里手。在这种场合,无论主持人还是参加者,都应注意不要从专业角度发表评论,否则会引起争议,打破暂缓评价的和谐局面,产生不良效果。

还有一点很重要,就是专家的人选应严格限制,以便参加者把注意力集中于所涉及的问题上,具体选取原则如下:

如果参加者相互认识,要从同一职位(职称或级别)的人员中选取,领导人员不应参加,否则可能会对某些参加者造成某种压力。

如果参加者互不认识,可从不同职位(职称或级别)的人员中选取。在这种情况下,不应宣布参加人员的职称或职务。与会者不论职称或职务级别的高低,都应同等对待。

参加者的专业应力求与所论及的决策问题相一致。这并不是专家组成员的必要条件,但是,专家中最好包括一些学识渊博,对所论及问题有较深理解的其他领域的专家。

3. 小组成员最好具有不同的学科背景

如果小组成员具有相同的学科背景,他们都是同一方面的专家,那么,很可能会沿着固有专业方向的常规思路来开发思想、产生观念。这样,同学科或相近学科的成员所产生的构想范围就会有限,而不能发挥头脑风暴的优势。相反,如果小组成员背景不同,他们就有可能从不同的层面、不同的方向、不同的角度提出千差万别的观点,从而更有利于获得"头脑风暴"效应。

4. 参与者应具备较强的联想思维能力

参与者具有较强的联想能力是头脑风暴法获得良好效果的重要保证。在进行"头脑风暴"时,组织者应尽可能提供一个有助于把注意力高度集中于讨论问题的环境。在头脑风暴会议上,有的人提出的设想可能是其他准备发言的人已经思考过的设想。其中一些最有价值的设想,往往是在已提出设想的基础上,经过"头脑风暴",迅速发展起来的设想,或对两个或多个设想进行综合所得到的设想。因此,头脑风暴法产生的结果是成员集体创造的成果,是头脑风暴小组成员互相感染激励、互相补充完善的总体效果。

5. 头脑风暴小组主持人的确定

只有主持人对整个头脑风暴过程进行适度控制和协调,才能减少头脑风暴的抑制因素,激励新想法,发挥小组群体的创造力,获得预期的效果。由此可见,头脑风暴小组中的主持人非常重要。

主持人必须能够做好以下三点:

(1) 能掌控会议,并使头脑风暴会议的成员严格遵循前述的头脑风暴法基本规则。

(2) 要使会议保持热烈而轻松的气氛。

(3) 要保证让全体参与者都能畅所欲言,献计献策。

头脑风暴小组会议的主持人必须具有丰富的经验,能够充分把握讨论问题的本质。主持人应乐于接受头脑风暴法所造成的奔放而接近狂热的会议气氛,努力使参加者忘却自我,从而能变得更加自由。主持人应及时地发现参加者朝哪个方向提出设想,并巧妙地将脱离正确方向的参加者引回到既定的目标方向上来。在某种程度上讲,主持人应该是演技相当细腻的演员,并在某些方面具备电视节目主持人的素质。

为了更好地掌控头脑风暴会议,主持人可以运用以下技巧,使头脑风暴达到既定目标:

(1) 在参加者发言气氛显得相当热烈时,可能会出现许多违背头脑风暴法基本原则的现象,如交头接耳、哄堂大笑,甚至公开评论他人意见等,此时主持人应当立即制止,并号召大家给予发言者鼓励。

（2）当许多灵感已被陆续激发出来，而参与者也开始表现为疲惫状态、灵感激发速度明显下降时，主持人可以用"每人再提两个点子就结束"之类的话语再次激发创意灵感。

（3）主持人应控制好时间，一般建议控制在 30 分钟左右，以免参加者太疲倦而产生反感甚至厌恶情绪。

（4）在会议结束时，主持人应对会议的成果表示肯定，对与会者表示感谢。

2.2.3　头脑风暴法的实施

头脑风暴法可分为会前准备、会议过程和创意评价三个阶段。

1）会前准备

（1）确定讨论主题。讨论主题应尽可能具体，最好是实际工作中遇到的亟待解决的问题，目的是为了进行有效的联想和激发创意。

（2）如果可能，应提前对提出初始问题的个人、集体或部门进行访谈调研，了解解决该问题的限制条件、制约因素、阻力与障碍以及任务的最终目标分别是什么。

（3）确定参加会议人选，并将这些问题写成问题分析材料，在召开头脑风暴会议之前的几天内，连同会议程序及注意事项一起，发给各位与会人员。

（4）举行热身会。在正式进行头脑风暴会议前，召开一个预备会议。这是因为在多数情况下，小组成员缺乏参加头脑风暴会议的经验，同时，要他们做到遵守"延迟评价"原则也比较困难。

所确定的讨论主题的涉及面不宜太宽。主持人将讨论主题告诉会议参加者，并附加必要的说明，使参加者能够收集确切的资料，并且按正确的方向思考问题。

在热身会上，要向与会人员说明"头脑风暴法"的基本规则，解释创意激发方法的基本技术，并对成员所做的任何有助于发挥创造力的尝试都予以肯定和鼓励，从而让参与者形成一种思维习惯来适应头脑风暴法，并尽快适应头脑风暴法的气氛。

2）会议过程

（1）由会议的主持人重新叙述议题，要求小组人员讲出与该问题有关的创意或思路。

（2）与会者想发言的先举手，由主持人指名开始发表设想，发言力求简单扼要，一句话的设想也可以，注意不要做任何评价。发言者首先要提出由自己事先准备好的设想，然后再提出受别人的启发而得出的思路。从这一阶段开始，就存在着"头脑风暴"的创造性思维方法。

（3）若是头脑风暴法进行到人人已到了山穷水尽的地步，主持人必须使讨论发言再继续一段时间，务必使每人尽力想出妙计，因为奇思妙计往往在挖空心思的压力下产生。主持人在遇到会议陷于停滞时可采取其他创意激发方法。

（4）创意收集阶段实质上是与创意激发和生成阶段同时进行的。执行记录任务的是组员，也可以是其他组织成员。可以根据提出设想的速度，考虑应配备的记录员数目。每一个设想必须以数字注明顺序，以便查找。必要时可以用录音机辅助记录，但不可以取代笔录。记录下来的创意是进行综合和改善所需要的素材，所以应该放在全体参加者都能看到的地方。

在小组人员提出设想的时候,主持人必须善于运用激发创意的方法。语言要妙趣横生,使气氛轻松融洽。同时主持人还要保证使参与者坚守头脑风暴法的基本规则,即任何发言者都不能否定和批评别人的意见,只能对别人的设想进行补充、完善和发挥。一次会议创意发表不完的,可以再次召开会议,直至将各种创意充分发表出来为止。

主持人必须充分掌握时间,时间过短,设想太少;时间过长,容易疲劳。最好的设想往往是会议快要结束时提出的。可以从已确定的会议结束时间再延长 5 分钟,因为在这段时间里人们容易提出最好的设想。

3)创意评价

先确定创意的评价和选取的标准,比较通用的标准有可行性、效用性、经济性、大众性等。在风暴会议之后,要对创意进行评价和选择,以便对要解决的问题,找到最佳解决办法。

对设想的评价不要在进行头脑风暴法的同一天进行,最好过几天再进行。

2.2.4　头脑风暴法的使用技巧

经过多年的研究和实践,人们总结了大量简便有效的经验,下面简单介绍一些小技巧,以便在实际操作中产生更好的实施效果。

(1)讨论问题的确定非常重要,问题设置不当,头脑风暴会议便难以获得成功。

在讨论内容的问题设置方面,应做到以下几点:

① 在设置问题时必须注意头脑风暴法的适用范围。

② 讨论的问题要具体、明确,不要过大。

③ 讨论的问题也不宜过小或限制性太强,例如不要出现讨论"A 与 B 方案哪个更好"之类的问题。

④ 不要将两个或两个以上的议题同时拿出来讨论。

主持人要对那些首次参加头脑风暴会议的人给予关注,让新参加者熟悉该类会议的特点,并能遵守基本规则。

(2)"停停走走"是头脑风暴法一个常用的技巧,即 3 分钟提出设想,然后 5 分钟进行考虑,接着用 3 分钟的时间提出设想……这样 3 分钟与 5 分钟过程反复交替,形成有行有停的节奏。

(3)"一个接一个"是头脑风暴法又一个常用的技巧,与会者根据座位的顺序一个接一个提出观点,如果轮到的人没有新构想就跳到下一个人。如此循环,直至会议结束。

(4)参加会议的成员应当定期更换,应在不同部门、不同领域挑选不同的人参加,这样才能防止群体形成固定的思维方式。

(5)参加会议成员的构成应当考虑男女搭配比例,适当的比例会极大地提高产生构想的数目。

2.2.5　头脑风暴法的优点及其局限性

头脑风暴法具有以下优点:

(1)消除了妨碍自由想象的清规戒律,使小组成员人人平等,在轻松愉悦的氛围中自由联想,有助于新创意的出现。

(2) 集体讨论能够满足人们进行社会交往的需要,能大大地提高工作效率。在相同的时间内,集体活动总比个体活动容易产生更多的创意,因而也就更有可能产生高质量的问题解决方案。

(3) 在集体中更容易创造出适合创造性思维的环境,成员间相互启发,能产生更多的高质量的创意。

(4) 充分体现集体的智慧。在头脑风暴环境下,有利于将他人的创意加以综合与发展,从而形成更有价值的问题解决方案。

头脑风暴法也有自身的一些局限性:

(1) 小组成员之间若有矛盾或冲突,就会形成不愉快的气氛,从而抑制了思维的自由性,抑制了新创意的产生。

(2) 有时因为头脑风暴会议的失控,使头脑风暴会议违背了"暂缓评价"的规则,出现消极的评价,甚至相互批评或谴责,这些必将使人们的创意热情受到"激冷",从而减少产生的创意数量,降低创意质量。

(3) 小组成员中的一些具有支配欲的人控制讨论进程的试图,会引起会议讨论方向偏离目标方向,并会减少其他人参与讨论的机会。

(4) 一些地位较高的人或权威人士,可能会对其他成员施加有形或者无形的压力,使他们很难产生突破性的创意。

(5) 集体讨论会花费更多时间,因此当要解决的事情很紧急时,集体创意方法可能并不适用。

虽然头脑风暴法在实施中存在一些问题,但是这些问题可通过一些措施加以解决。例如,通过选择一个有经验的会议组织者及会议主持人,就能够有效减少讨论中可能出现的不利情况,控制讨论进程和方向;通过恰当地选择与会人员,可以避免个别人或权威带来的不利影响,营造轻松自由的氛围。同时还可以运用一些技巧来减少或避免这些不利的情况。

头脑风暴法作为一种令人愉悦的活动,通常被参与者欣然接受。另外,人们还对头脑风暴法进行了改进,从而出现了一些头脑风暴法的变型。总体上说,头脑风暴法适合于解决那些相对比较简单,并被严格确定的问题,如研究产品名称、广告口号、销售方法、产品的多样化研究等。因此,头脑风暴法对于解决简单的发明问题是有效的。但在更加复杂的发明问题中,使用这种方法不可能立即猜想出解决方案,不是一种能快速"收敛"到发明结果的方法。

2.3　形态分析法

试错法、头脑风暴法等方法无法有效地解决十分复杂的发明问题。因此,20 世纪 50 年代末,出现了一种基于系式查找可能的解决方案的方法,即形态分析法。

形态分析法是一种从系统论的观点看待事物的创新思维方法。这种方法是由美国加州理工学院教授兹维基与矿物学家里哥尼合作创建的,它对搜索问题的解决方案所设置的限制很有用处,利用它可以对解决方案的可能前景进行系统的分析。

1943年第二次世界大战期间,兹维基参加了美国火箭研制小组,他把数学中常用的排列组合原理应用于新颖技术方案的设计中,他将火箭的各个主要部件可能具有的各种形态进行了不同的组合,得到了令人惊奇的结果:他在一周之内交出了576种不同的火箭设计方案,这些方案几乎包括了当时所有制造火箭的可能设计方案。后来才知道,就连美国情报局挖空心思都没能弄到手的德国正在研制的带脉冲发动机的F-1型和F-2型巡航导弹的设计方案也包括在其中。于是,兹维基的天才受到人们的关注。1948年,兹维基发表了他的构思技巧——形态分析法。

2.3.1 形态分析法的特点

形态分析法的特点是从系统论的角度看待事物。首先把研究的对象或问题分为一些基本组成部分。然后,对每一个基本组成部分单独地进行处理,分别提出解决问题的办法或方案。最后通过不同的组合,形成若干个解决整个问题的总体方案。为了确定各个总体方案是否都可行,必须采用形态学方法进行分析。

因素和形态是运用形态分析法时要用到的两个非常重要的基本概念。所谓因素,就是指构成某种事物各种功能的特性因子;所谓形态,是指实现事物各种功能的技术手段。例如,对于一种工业产品,可将反映该产品特定用途或特定功能的性能指标作为基本因素,而将实现该产品特定用途或特定功能的技术手段作为基本形态。

再如,对于机械上使用的离合器,可将其"传递动力"这个功能作为基本因素,那么"摩擦力""电磁结合力"等技术手段,就是该基本因素所对应的基本形态。

2.3.2 形态分析法的实施

形态分析法的操作程序如下:

(1)确定研究课题。这并不是提出一个准确的、具体的设想方案。

(2)因素提取。就是确定发明对象的主要组成即基本因素,把问题分解成若干个基本组成部分。确定的基本因素在功能上应是相对独立的。因素的数目不宜太多,也不宜太少,一般3~7个为宜。

(3)形态分析。即按照发明对象对诸因素所要求的功能,列出各因素全部可能的形态。完成这一步需要有很好的知识基础和丰富的工作经验,对本行业及其他行业的各种技术手段了解得越多越好。

(4)编制形态表,进行形态组合。按照对发明对象的总体功能要求,分别将各因素的不同形态方式进行组合而获得尽可能多的合理方案。

(5)优选。即从组合方案中选优,并具体化。

【例2-2】 确定汽车前照灯的设计方案。

汽车前照灯是汽车的重要部件之一(图2.2)。首先,前照灯是汽车的眼睛,是汽车漂亮时髦外表的重要特征。其次,有了可靠且性能良好的照明方能提高汽车的夜间行驶速度,同时对确保汽车的安全行驶非常重要。最后,汽车前照灯的结构形式直接影响到汽车前端的外形,对构建低空气阻力的流线型车身外廓极为重要。考虑到这些功能,要求对前照灯的外形、光源类型、散光玻璃类型、控制方式等因素的各种形态进行分析,编制形态表(见表2.1)。

(a) JEEP指南者-卤素灯

(b) 凯迪拉克XTS-氙气灯

(c) 奥迪A8L-LED灯

图 2.2　汽车前照灯

表 2.1　汽车前照灯形态表

形态因素	前照灯外形	前照灯光源	散光玻璃材质	控制方式
1	方形	卤素灯泡	玻璃	手控开关
2	圆形	气体放电灯	树脂	光感应
3	椭圆形	LED		
4	柳叶形			

根据表2.1,进行各种可能性组合,得到 $4 \times 3 \times 2 \times 2 = 48$ 种设计方案。然后,考虑生产成本、重量、可靠性与耐久性、消费者的认可度等,对这些方案分别进行分析对比,从中可选出最优的方案。

2.3.3　形态分析法的优缺点

形态分析法最大的优点是对每个总体方案都要进行可行性分析,有利于寻找到最佳的解决方案。

形态分析法的主要缺点是使用不便、工作量大。如果一个系统由 10 个部件组成(因素),而每个部件又有 10 种不同的制造方法(形态),那么,组合的数目就会达到 100。如果使用手工的方法来进行形态分析,则费时费力,极不方便。计算机可以完成这样数量级的组合,而人则无法分析数量如此巨大的信息。对大量的方案进行可行性分析往往会使发明的目标变得模糊。如果采用选择性形态分析,就可以忽略不恰当的组合。例如,在前述确定汽车前照灯的设计方案的例子中,可以根据车型和消费定位,去掉某些不合适的组合。若为微型家庭轿车设计前照灯,应尽量降低成本,所以氙气灯(气体放电灯)和光感应的自动开关控制这些高档配置就不需要考虑了。

形态分析法特别适用于下列几方面的观念创新:

(1) 新产品或新型服务模式。

(2) 新材料应用。

(3) 新的市场分割及市场用途。

(4) 开发具有竞争优势的新方法。

(5) 产品或服务的新颖推销技巧。

（6）新的发展机遇的定向确认。

但是，在仅存在唯一一种问题描述方法、开发项目规模很小、涉及问题的概念特性只有一方面等情况下，不宜采用形态分析法。

2.4　和田十二法

在介绍和田十二法前，我们先介绍一下稽核表法。稽核表法，或称为检核表法、检验表法，是由形态分析法演变而来的，就是用一张一览表对需要解决的问题逐项进行核对，从各个角度诱发多种创造性设想，以实现创造、发明、革新，或解决工作中某一问题的开发创意的方法。使用稽核表法时，为了获得解决问题所需的数据，需要构造问题列表。表中所提出的问题，可以是最意想不到的，这样有利于削弱思维定式。通过稽核表法，可以获得对问题的详述和查找规定问题解决方案的附加数据。早期最有影响力的稽核表是奥斯本于 1964 年设计的。奥斯本的稽核表提纲达 75 条之多，后来经过简化归纳为九方面（用途、类比、增加、减少、改变、代替、变换、颠倒、组合）。这种稽核表在后来的创意实践中又得到了修正与发展。

利用稽核表法进行构思创意，应从以下几方面（角度）进行思考：

（1）现有发明的用途是什么？是否可以扩充？

（2）现有发明能否吸收其他技术，引入其他创造构思？

（3）现有发明的造型、颜色、制造方法等能否改变？

（4）现有发明的体积、尺寸和重量能否改变？改变后的结果怎样？

（5）现有发明的使用范围能否扩大？寿命能否延长？

（6）现有发明的功能是否可以重新组合？

（7）现有发明能否改变型号或改变顺序？

（8）现有发明可否颠倒过来？

例如，为了开发职工的创新能力，美国通用汽车公司给每个职工发了稽核表，见表 2.2。

表 2.2　通用汽车公司的稽核表

序号	内　　容
1	可否利用其他适当的机械来提高工作效率
2	现有设备有无改进余地
3	改变流水线、传送带、搬运设备的位置或顺序，能否提高工作效率
4	为使各种操作同时进行，能否采用某些专用工具及设备
5	改变工序能提高零部件的质量吗
6	能否用低成本的材料来替代目前使用的材料
7	改变现有的材料切削方法，能否节省材料
8	能不能使员工的操作更安全
9	怎样能去掉无用的程序
10	现在的操作能否再简化

和田十二法，又叫"和田创新法则"或"和田创新十二法"，是我国学者许立言、张福奎在奥斯本稽核表基础上，借用其基本原理加以创造而提出的一种思维技法。它既是对奥斯本稽核表法的一种继承，又是一种大胆的创新。例如，其中的"联一联""定一定"等，就是一种新发展。同时，这些技法更通俗易懂，简便易行，便于推广。

"和田十二法"，即指人们在观察、认识一个事物时，考虑是否可以：

（1）加一加：加高、加厚、加多、组合等。

（2）减一减：减轻、减少、省略等。

（3）扩一扩：放大、扩大、提高功效等。

（4）变一变：变形状、颜色、气味、音响、次序等。

（5）改一改：改缺点、改不便、改不足之处。

（6）缩一缩：压缩、缩小、微型化。

（7）联一联：原因和结果有何联系，把某些东西联系起来。

（8）学一学：模仿形状、结构、方法，学习先进。

（9）代一代：用别的材料代替，用别的方法代替。

（10）搬一搬：移作他用。

（11）反一反：能否颠倒一下。

（12）定一定：定个界限、标准，能提高工作效率。

如果按这 12 个"一"的顺序进行核对和思考，就能从中得到启发，诱发人们的创造性设想。所以，和田十二法是一种打开人们创造思路、从而获得创造性设想的"思路提示法"。

"和田十二法"简洁、实用，我国在普及这种方法以来已取得了丰硕的成果，例如：加一加。小学生使用的铅笔橡皮组合，既能保证携带方便，又能避免遗漏；旅游出行推出洗护套装，将洗发水、沐浴露包装到一起，牙刷、牙膏包装到一起，很受消费者欢迎。

缩一缩：石家庄市第一中学的王学青同学发现地球仪携带不方便，便想到，如果地球仪不用时能把它压缩、变小，携带就方便了。他想若应用制作塑料球的办法制作地球仪就可以解决这个问题了。用塑料薄膜制作的地球仪，用的时候把气吹足，放在支架上，可以转动；不用的时候把气放掉，一下子就缩得很小，携带就很方便了。

联一联：澳大利亚曾发生过这样一件事，在收获的季节里，有人发现一片甘蔗田里的甘蔗产量提高了 50%。这是由于甘蔗栽种前一个月，有一些水泥洒落在这块田地里。科学家们分析后认为，是水泥中的硅酸钙改良了土壤的酸性，而导致了甘蔗的增产。这种将结果与原因联系起来的分析方法经常能使人们发现一些新的现象与原理，从而引出发明。由于硅酸钙可以改良土壤的酸性，于是人们研制出了改良酸性土壤的"水泥肥料"。

定一定：例如药水瓶印上刻度，贴上标签，注明每天服用几次，什么时间服用，服几格；城市十字路口的交通信号灯红灯停、绿灯行。这都是一些规定，有了这些规定人们的行为才能准确而有序。应该运用定一定的方法发现一些有益的规定并执行"规定"。

简单的 12 个字"加""减""扩""缩""变""改""联""学""代""搬""反""定"，概括了解决发明问题的 12 条思路。

2.5 六顶思考帽法

从过去的经验中,我们创造出各种标准,并对每一种新情况作出判断,再划入相应的标准。这样的思维方式在一个稳定不变的世界中是行之有效的,在稳定不变的世界里,过去的标准一成不变,但是在变化着的世界里,以往的俗套就行不通了。事实上,我们需要的是开辟而不是止步不前,我们需要思考"能够成为什么",而不仅仅是"是什么"。六顶思考帽法为我们解决这一问题提供了思路。"六顶思考帽"的创立者爱德华·德·博诺,牛津大学心理学、医学博士,剑桥大学医学博士,曾任职于牛津大学、伦敦大学、哈佛大学和剑桥大学。

2.5.1 六顶思考帽法的概念

作为一种象征,帽子的价值在于它指示了一种规则。许多人爱戴帽子,而帽子的一大优点则是可以轻易地戴上或者摘下,同时帽子也可以让周围的人看得见。正是由于这些原因,可以选择帽子作为思考方向的象征性标记。我们有六种颜色的帽子代表六种思考的方向,它们是白色、红色、黑色、黄色、绿色和蓝色。

白色思考帽:白色是中立而客观的。戴上白色思考帽,人们思考的是关注客观的事实和数据。

红色思考帽:红色代表情绪、直觉和感情。红色思考帽代表的是感性的看法。

黑色思考帽:黑色代表冷静和严肃。黑色思考帽意味着小心和谨慎,它指出了任一观点的危险所在。

黄色思考帽:黄色代表阳光和价值。黄色思考帽是乐观、充满希望的思考。

绿色思考帽:绿色是草地和蔬菜的颜色。代表丰富、肥沃和生机,绿色思考帽指向的是创造性和新观点。

蓝色思考帽:蓝色是冷色,也是高高在上的天空的颜色,蓝色思考帽是对思考过程和其他思考帽的控制与组织。

多年以来使用六顶思考帽的方法已经取得了越来越多的显著效果,主要表现在四个方面:一是效力。通过运用六顶思考帽,团队中所有人的智慧、经验和知识都得到了充分的运用,每个人都朝着同一个方向努力。二是节约时间。在水平思考中,每一时刻的思考者都向同一个方向看齐,所有的观点都平行排列出来。你不需要对最后一个人的看法作出回应,你只需要最后排列出你的观点。最后讨论的问题很快得到了全面的考察,由此可以节约大量时间。三是消除自我。人们总是倾向于在思考中维护自我,冲突和对立的思考加重了自我的问题,而六顶思考帽可以使思考者在每一顶帽子下面进行出色的思考,由此得出对事物的客观评价。四是一个时间做一件事情。六顶思考帽的方法要求我们同一时间内只做同一件事情。不同的颜色将彼此区分开来,一个时间用一种颜色,到了最后所有颜色的效果都会达到。

2.5.2 六顶思考帽法的过程

下面是六顶思考帽法在会议中的典型应用步骤：

(1) 陈述问题(白帽)。

(2) 提出解决问题的方案(绿帽)。

(3) 评估该方案的优点(黄帽)。

(4) 列举该方案的缺点(黑帽)。

(5) 对该方案进行直觉判断(红帽)。

(6) 总结陈述,作出决策(蓝帽)。

在运用六顶思考帽法时,必须时刻谨记以下几点要求,以便更好地使用六顶思考帽法。

(1) 纪律。讨论组的成员必须遵循某一时刻指定的某一顶思考帽的思考方法。任何一个成员都不允许随便地说:"这里我要戴上黑色思考帽思考。"否则就意味着又回到争论的模式。只有小组的领导、主席或者主持人才能决定使用什么思考帽。思考帽不能用来描述你想说什么,而是用来指示思考的方向。

(2) 计时。时间短能促使人们集中精力解决问题,减少了无目的的耍嘴皮的时间,一般而言,每个人讲一分钟左右比较合适。如果在规定时间过后还有很好的意见被提出来,可以延长一点时间。在计时方面,红色思考帽与其他思考帽不一样。红色思考帽只需要很短的时间,因为表达人的情感并不需要很多的解释,人们对感觉的表达应该简单明了。

(3) 指南。六顶思考帽的序列使用并没有一定的模式,凡在合适你的情况下都可以使用。一般而言,蓝色思考帽在讨论开始和结束的时候都必须使用。用完蓝色思考帽以后需要接着用红色思考帽。这种情况下,一般是因为讨论组的成员已经对问题有了强烈的感觉,红色思考帽的使用在讨论一开始就有助于把每个人的感受表达出来。但是很多情况下红色思考帽并不适于一开始就使用。例如,如果老板首先表达了他的感觉,那么其他人就会趋于赞成老板。而如果讨论组成员事先没有对问题产生强烈的感觉,也不适宜先用红色思考帽,过早地询问人们对问题的感觉是没有必要的。在进行评估的情况下,有必要先用黄色思考帽,再用黑色思考帽。如果戴上黄色思考帽思考不能发现问题的价值所在,那么讨论就不需要再进行下去。另外,如果黄色思考帽启示你发现了问题的很多价值,那么再运用黑色思考帽来找出困难和障碍之所在,这时你就会被激励着去克服困难。

2.5.3 六顶思考帽法与创新思维

六顶思考帽法可以通过以下四方面来激发人们的创新思维。

(1) 培养不同的思考方式。人的思维有一些障碍和误区,很多都是由习惯性思维造成的。这种思考方式第一个好处就是能克服习惯性思维,培养不同的思考方式。例如有的人生性比较谨慎,比较保守,考虑任何问题都会从最坏的可能性着手,这样形成习惯性思维的话,他看任何问题都将是灰色的。六顶思考帽法就是要培养一种积极向上的创新的思维方式,这个思考方式是培养出来的,不是天生的。

(2) 引导注意力。不同的人思考的方向会不同。六顶思考帽法是一个集体性的思维,它最大的好处是引导注意力,使集体的思考注意力集中到同一个方向。

(3)便于思考。众人都朝一个方向思考,想的都是一件事情,这样既便于思考,也便于交流。因为一开始就是在一个方向上努力,所以关键是怎样在这个方向上把问题看深、看透。

(4)计划性思考,而非反应性思考。这完全是一个主动的、按照计划有所安排的思考,而不是碰到一件事后的突然反应。所以说,这种思考方式更适合于为了某一个事实或事件而进行群体性、小组性或集体性的思考。

TRIZ 基础

本章学习目标

- 了解 TRIZ 的起源与发展
- 理解发明的五个级别的划分
- 理解 TRIZ 的核心思想

3.1 TRIZ 的起源与发展

TRIZ 源于"发明问题解决理论"的俄文单词的首字母缩写,按照国际标准 ISO/R9-1968E 的规定,把俄文转换成拉丁字母以后,就成为 TRIZ。因此,TRIZ 只是一个特殊缩略语,既不是俄文,也不是英文,其实际含义就是"发明问题解决理论"。

"发明问题解决理论"有两个基本含义,表面意思是强调解决实际问题,特别是发明问题;隐含的意思是由解决发明问题而最终实现(技术和管理)创新,因为解决问题就是要实现发明的实用化,这符合创新的基本定义。

1946 年,苏联军方技术人员、发明家根里奇·阿奇舒勒(Genrich S. Altshuller,如图 3.1 所示)和他的同事们,在研究了来自于世界各国的上百万个专利(其中包含二十多万个高水平发明专利)的基础上,提出了的一套体系相对完整的"发明问题解决理论",为 TRIZ 的问世和发展奠定了基础。

图 3.1 发明家阿奇舒勒

3.1.1 经典 TRIZ 的理论体系结构

阿奇舒勒在分析专利的过程中,从不同的角度,利用不同的分析方法对这些专利进行了分析,总结出了多种规律。如果按照抽象程度由高到低进行划分,可以将经典 TRIZ 中的这些规律表示为一个金字塔结构,如图 3.2 所示。

随着 TRIZ 的不断发展和完善,TRIZ 不仅增加了很多新发现的规律和方法,还从其他学科和领域中引入了很多新的内容,从而极大地丰富和完善了 TRIZ 的理论体系。

TRIZ 的理论体系可以表示为如图 3.3 所示的形式。

从图 3.3 中可以看出:

(1) TRIZ 的理论基础是自然科学、系统科学和思维科学。

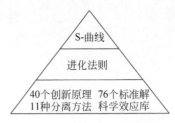

图 3.2　经典 TRIZ 中的规律

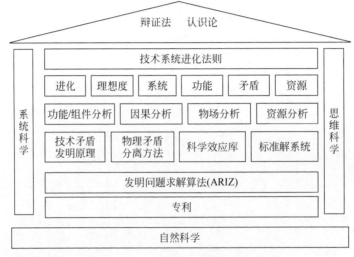

图 3.3　经典 TRIZ 的理论体系结构

（2）TRIZ 的哲学范畴是辩证法和认识论。

（3）TRIZ 来源于对海量专利的分析和总结。

（4）TRIZ 的理论核心是技术系统进化法则。

（5）TRIZ 的基本概念包括进化、理想度、系统、功能、矛盾和资源。

（6）TRIZ 的创新问题分析工具包括根本原因分析、功能分析、物场分析、资源分析和创新思维方法。

（7）TRIZ 的创新问题求解工具包括发明原理、分离方法、科学效应库、标准解系统和创新思维方法。

（8）TRIZ 的创新问题通用求解算法是发明问题求解算法（ARIZ）。

3.1.2　TRIZ 的发展历程

1946 年，年仅 20 岁的阿奇舒勒成为苏联里海舰队专利部的一名专利审查员，也就是从这个时候开始，他有机会接触并对大量的专利进行分析研究。在研究中阿奇舒勒发现，发明是有一定规律的，掌握了这种规律有助于做出更多、更高级别的发明。从此，阿奇舒勒共花费了将近五十年的时间，揭示出隐藏在专利背后的规律，构建了 TRIZ 的理论基础，创立并完善了 TRIZ。

在阿奇舒勒看来,人们在解决发明问题的过程中所遵循的科学原理和技术进化法则是一种客观存在。大量发明所面临的基本问题是相同的,其所需要解决的矛盾(在 TRIZ 中称为技术矛盾和物理矛盾)从本质上说也是相同的。同样的技术创新原理和相应的解决问题的方案,会在后来的一次次发明中被反复应用,只是被使用的技术领域不同而已。因此,将那些已有的知识进行整理和重组,形成一套系统化的理论,就可以用来指导后来者的发明和创造。正是基于这一思想,阿奇舒勒与前苏联的科学家们一起,对数以百万计的专利文献和自然科学知识进行了研究、整理和归纳,最终建立起了一整套系统化的、实用的、解决发明问题的理论和方法体系,这就是 TRIZ,如图 3.4 所示。

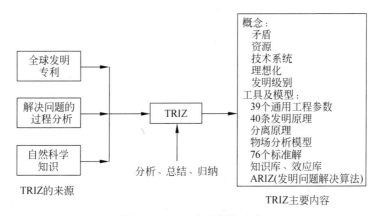

图 3.4　TRIZ 的来源与内容

在冷战期间,TRIZ 的内容并不为西方国家所掌握。直至前苏联解体后,在 20 世纪 90 年代初期、中期,随着部分 TRIZ 研究人员移居到欧美等西方国家,TRIZ 才系统地传到西方并引起了学术界和企业界的关注。特别是在 TRIZ 传入美国后,在密歇根州等地成立了 TRIZ 研究咨询机构,继续对 TRIZ 进行深入的研究,使 TRIZ 得到了更加广泛的应用和发展。

在我国学术界,少数研究专利的科技工作者和学者在 20 世纪 80 年代中期就已经初步接触 TRIZ,并对其做了一定的资料翻译和技术跟踪。在 20 世纪 90 年代中后期,国内部分高校开始研究和跟踪 TRIZ,并在本科生、研究生课程中介绍 TRIZ,在一定范围内开展了持续的研究和应用工作。进入 21 世纪,TRIZ 开始从学术界走向企业界。如今,作为一个比较实用的创新方法学,TRIZ 在我国已经逐步得到企业界和科技界的青睐,也得到了国家领导人的高度重视。自 2007 年开始,科技部和部分地方政府的科技厅已经展开了对 TRIZ 的大范围的推广与普及活动,这标志着中国人将为 TRIZ 的新发展做出重要的、具有里程碑意义的贡献。

2008 年,国家科技部、发展改革委、教育部、中国科协联合发布了《关于加强创新方法工作的若干意见》,明确了创新方法工作的指导思想、工作思路、重点任务及其保障措施等。到 2013 年,全国已分 6 批共 28 个省(区、市)开展了以 TRIZ 理论体系为主的创新方法的推广应用工作。

3.1.3　TRIZ 理论的含义

TRIZ 理论是一套技术创新理论与方法,也是解决各类工程技术问题的工具。TRIZ 理论认为,技术系统一直在不断地更新和发展。从表面上看,TRIZ 理论能解决发明过程中出现的实际问题,使系统和元件能不断地改进,但实际上,TRIZ 理论是通过解决这些问题来实现创新的。TRIZ 理论的含义可以从以下几方面进行理解:

(1) 从解决问题的角度看,TRIZ 理论主要是对发明过程中遇到的实际问题进行有效解决。其具体过程为:首先经过抽象化处理将一般问题转换为 TRIZ 理论能识别的标准问题,然后再利用 TRIZ 理论得到标准解,进而通过具体化分析来确定问题的特解。这是一个向理想逐步靠近的过程。

(2) 从发明的角度看,TRIZ 理论主要是指发明应该注重实际问题的解决,从而实现创新,并非为了发明而发明。

TRIZ 理论成功地揭示了创造发明的内在规律和原理,着力于理清和强调系统中存在的矛盾,其目标是完全解决矛盾,并获得最终理想解。TRIZ 理论是基于技术的发展演化规律来研究整个设计与开发过程的,不是随机行为。大量的实践证明,运用 TRIZ 理论,可大大加快人们创造发明的进程,并能帮助人们生产出高质量的创新产品。

3.1.4　TRIZ 的特点与优势

相对于传统的创新方法,比如试错法、头脑风暴法等,TRIZ 理论具有鲜明的特点和优势。

它成功地揭示了创造发明的内在规律和原理,着力于澄清和强调系统中存在的矛盾,而不是逃避矛盾,其目标是完全解决矛盾,获得最终的理想解,而不是采取折中或者妥协的做法,而且它是基于技术的发展演化规律研究整个设计与开发过程,而不是随机的行为。

实践证明,运用 TRIZ 理论,可大大加快人们创造发明的进程,而且能得到高质量的创新成果。它能够帮助人们系统地分析问题情境,快速发现问题本质或者矛盾,准确确定问题探索方向,不错过各种可能;而且它有助于突破思维障碍,打破思维定式,以新的视角分析问题,进行逻辑性和非逻辑性的系统思考;还能根据技术进化规律预测未来发展趋势,帮助人们开发富有竞争力的新产品。

3.2　发明的五个级别

在人类进化发展的历史长河中,无数的先贤们利用其创造力推动了人类社会的发展。今天,当回顾历史的时候,我们往往只注意到那些给人类社会发展带来巨大影响的发明创造,例如:制陶技术为人类提供了最早的人造容器;冶炼技术为人类提供了最早的金属制品——青铜器;十进位计数法为科学的发展奠定了基础;造纸术对人类文化传播产生了广泛、久远的影响;指南针对航海产生了深远的影响;火药改变了整个世界事物的面貌和状态等。但很少有人会注意到那些对已有事物进行的修修补补式的小发明、小创造。而正是由于有了这些小发明、小创造,才有了现在所看到的各种各样功能相对完善、结构相对简单的生产工具和生活用品。所以,伟大的发明给社会的发展提供了巨大的推动力,但是那些看似小得多的发明创造却是伟大发明的基础,只有在无数小发明、小创造的推动下,伟大的发明才能得以出现,并逐步趋于完善。

3.2.1　发明的创新水平

在 18 世纪,为了鼓励、保护、利用发明与创新成果,以促进产业发展,各个国家纷纷制定了专利法。

在阿奇舒勒开始对大量专利进行分析、研究之初,他就遇到了一个无法回避的问题:如何评价一个专利的创新水平?

众所周知,一项技术成果之所以能通过专利审查,获得专利证书,必定有其独到之处。但是,在众多的专利当中,有的专利只是在现有技术系统的基础上进行了很小的改变,改善了现有技术系统的某个性能指标;而有的专利则是提出了一种以前根本不存在的技术系统。显然,这两种专利在创新水平上是有差别的,但是如何制定一个相对客观的标准来评价它们在创新水平上的差异呢?

从法律的角度来看,专利的定义会随着时间的变化而改变。即使在同一历史时期,不同国家对专利的定义也有所不同。专利的作用就是准确地确定一个边界,只有在这个范围之内,用法律的形式对技术领域的创新进行经济利益的保护才是有意义的。但是,从技术的角度来看,判断一个产品或一项技术是否具有创新性,其创新的程度有多高,更重要的是要识别出该产品或技术的创新核心是什么,这个本质从来没有变过。

从技术角度来说,一项创新通常表明完全或部分地克服了一个技术矛盾。克服技术系统中存在的矛盾,一直是创新的主要特征之一。

3.2.2　发明级别的划分

发明的独特之处就在于解决矛盾,解决现有技术系统中存在的问题。但是在通过专利局审核并颁发了专利证书的专利当中,也有大量简单的、毫无意义的、类似于常规设计的专利。如何从多如牛毛的专利中将那些具有分析价值的专利找出来呢?阿奇舒勒在研究中提出了一种评价专利创新性的标准。按照创新性的不同,阿奇舒勒将专利分为 5 个级别,如表 3.1 所示。

表 3.1　发明的 5 个级别

发明级别	创新程度	知识来源	试错法尝试	比例/%
第一级	对系统中的个别零件进行简单改进的常规设计	利用本专业的知识	<10	32
第二级	对系统的局部进行改进的小发明	利用本行业中不同专业的知识	$10 \sim 100$	45
第三级	对系统进行本质性的改进,极大地提升了系统的性能的中级发明	利用其他行业中本专业的知识	$100 \sim 1000$	18

续表

发明级别	创 新 程 度	知 识 来 源	试错法尝试	比例/%
第四级	系统被完全改变,全面升级了现有技术系统的大发明	利用其他科学领域中的知识	1000～10 000	<4
第五级	催生了全新的技术系统,推动了全球的科技进步的重大发明	所用知识不在已知的科学范围内,是通过发现新的科学现象或新物质来建立全新的技术系统的	>100 000	<1

1. 第一级发明

这种发明是指在本领域范围内的正常设计,或仅对已有系统做简单改进与仿制所做的工作。这一类问题的解决,主要依靠设计人员自身掌握的常识和一般经验完成,是级别最低的发明,即不是发明的发明。利用试错法解决这样的问题通常需要进行 10 次以下的尝试。

例如:增加隔热材料,以减少建筑物的热量损失;将单层玻璃改为双层玻璃,增加窗户的保温和隔音效果;用大型拖车代替普通卡车,以实现运输成本的降低。

该类发明大约占人类发明总数的 32%。

2. 第二级发明

这种发明是指在解决一个技术问题时,对现有系统某一个组件进行改进,是解决了技术矛盾的发明。这一类问题的解决,主要采用本专业内已有的理论、知识和经验,设计人员需要具备系统所在行业中不同专业的知识。解决这类问题的传统方法是折中法。这种发明能小幅度地提高现有技术系统的性能,属于小发明。利用试错法解决这样的问题通常需要进行 10～100 次尝试。

该类发明约占所有发明的 45%。

例如:在气焊枪上,增加一个防回火装置;把自行车设计成可折叠等。

3. 第三级发明

这种发明是指对已有系统的若干个组件进行改进。这一类问题的解决,需要运用本专业以外但是一个学科以内的现有方法和知识(如用机械方法解决机械问题,用化学知识解决化学问题)。在发明过程中,人们必须解决系统中存在的技术矛盾。设计人员需要来自于其他行业的知识。

这些是解决了物理矛盾的发明。如果系统中的一个组件彻底改变,就是很好的发明(如改变某物质的状态,由固态变成液态等)。可以用一些组合的物理效应(可能是不为人们所熟知的)来解决这类问题,解决问题的过程中也可以巧妙地利用一些人们熟知的物理效应。

例如:利用电动控制系统代替机械控制系统;汽车上用自动换挡系统代替机械换挡系统;在冰箱中用单片机控制温度等。

这种发明能从根本上提升现有技术系统的性能,属于中级发明。利用试错法解决这样的问题通常需要进行 100～1000 次尝试。

该类发明约占所有发明的 18%。

4. 第四级发明

这种发明一般是在保持原有功能不变的前提下,用组合的方法构建新的技术系统,属于大发明,通常是采用全新的原理来实现系统的主要功能,属于突破性的解决方案,能够全面升级现有的技术系统。利用试错法解决这样的问题通常需要进行 1000～10 000 次尝试。

由于新的系统不包含技术矛盾,所以给人的错觉是新技术系统在发明过程中并没有克服技术矛盾。实际上并非如此,因为在原有的技术系统中是有技术矛盾的,这些矛盾通常是由其他科学领域中的方法来消除的,设计人员需要来自于不同科学领域的知识。需要多学科知识的交叉,主要是从科学底层的角度而不是从工程技术的角度出发,充分挖掘和利用科学知识、科学原理,来实现发明。

在解决第四级发明问题时所找到的原理通常可以用来解决属于第二级发明和第三级发明的问题。

例如:内燃机代替蒸汽机,核磁共振技术代替 B 超和 X 光技术,世界上第一台内燃机的出现、集成电路的发明、充气轮胎等。

该类发明在所有发明中所占比例小于 4%。

5. 第五级发明

这种发明催生了全新的技术系统,推动了全球的科技进步,属于重大发明。利用试错法解决这样的问题通常需要进行 10 万次以上的尝试。

问题的解决方法往往不在人们已知的科学范围内,是通过发现新的科学现象或新物质来建立全新的技术系统。

对于这类发明来说,首先是要发现问题,然后再探索新的科学原理来解决发明任务。本级发明中的低端发明为现代科学中许多物理问题的解决带来了希望。支撑这种发明的新知识为开发新技术提供了保证,使人们可以用更好的方法来解决现有的矛盾,使技术系统向最终理想解迈进了一大步。

设计人员通常没有能力解决这类问题。这一类问题的解决,主要是依据人们对自然规律或科学原理的新发现。例如,计算机、蒸汽机、激光、晶体管等的首次发明。再例如,轮子、半导体、形状记忆合金、X 光透视技术、微波炉、蒸汽机、飞机。

该类发明大约占人类发明总数的 1% 或者更少。

3.2.3　发明级别划分的意义

在以上 5 个级别的发明中,第一级发明其实谈不上创新,它只是对现有系统的改善,并没有解决技术系统中的任何矛盾;第二级和第三级发明解决了矛盾,可以看作创新;第四级发明也改善了一个技术系统,但并不是解决现有的技术问题,而是用某种新技术代替原有的技术来解决问题;第五级发明是利用科学领域发现的新原理、新现象推动现有技术系统达到一个更高的水平。

阿奇舒勒认为,第一级发明过于简单,不具有参考价值;第五级发明对于工程技术人员来说又过于困难,也不具有参考价值。于是,他从海量专利中将属于第二级、第三级和第四级的专利挑出来,进行整理、研究、分析、归纳、提炼,最终发现了蕴藏在这些专利背后的规律。

从来源上来看,TRIZ是在分析第二级、第三级和第四级发明专利的基础上,归纳、总结出来的规律。因此,利用TRIZ能帮助工程技术人员解决第二级到第四级的发明问题。而对于第五级的发明问题来说,是无法利用TRIZ来解决的。阿奇舒勒曾明确表示:利用TRIZ方法可以帮助发明家将其发明的级别提高到第三级和第四级水平。

阿奇舒勒认为:如果问题中没有包含技术矛盾,那么这个问题就不是发明问题,或者说不是TRIZ问题。这就是判定一个问题是不是发明问题的标准。需要注意的是,第四级发明是利用以前在本领域中没有使用过的原理来实现原有技术系统的主要功能,属于突破性的解决方法。所以,严格说来,第二级发明、第三级发明、第四级发明和第五级发明所解决的问题都是发明问题。

"发明级别"对发明的水平、获得发明所需要的知识以及发明创造的难易程度等有了一个量化的概念。总体上,对"发明级别"有以下几方面的认识。

(1)发明的级别越高,完成该发明时所需的知识和资源就越多,这些知识和资源所涉及的领域就越宽,搜索所用知识和资源的时间就越多,因此就要投入更多、更大的研发力量。

(2)随着社会的发展、人类的进步、科技水平的提高,已有"发明级别"也会随时间的变化而不断降低。因此,原来级别较高的发明,逐渐变成人们熟悉和容易掌握的东西。而新的社会需求又不断促使人们去做更多的发明,生成更多的专利。

(3)对于某种核心技术,人们按照一定的方法论对该核心技术的所有专利按照年份、发明级别和数量做出分析以后,可以描绘出该核心技术的"S曲线"。S曲线对于产品研发和技术的预测有着重要的指导意义。

(4)统计表明,第一级、第二级、第三级发明占了人类发明总量的95%,这些发明仅仅是利用了人类已有的、跨专业的知识体系。由此,也可以得出一个推论,即人们所面临的95%的问题,都可以利用已有的某学科内的知识体系来解决。

(5)第四级、第五级发明只占人类发明总量的约5%,却利用了整个社会的、跨学科领域的新知识。因此,跨学科领域知识的获取是非常有意义的工作。当人们遇到技术难题时,不仅要在本专业内寻找答案,也应当向专业外拓展,寻找其他行业和学科领域已有的、更为理想的解决方案,以求获得事半功倍的效果。人们从事创新,尤其是进行重大的发明时,就要充分挖掘和利用专业外的资源,正所谓"创新设计所依据的科学原理往往属于其他领域"。

TRIZ源于专利,服务于生成专利(应用TRIZ产生的发明结果多数可以申请专利),TRIZ与专利有着密不可分的渊源。充分领会和认识专利的发明级别,可以让人们更好地学习和领悟TRIZ的知识体系。

3.3　TRIZ 的核心思想与未来发展

3.3.1　TRIZ 的核心思想

阿奇舒勒发现：技术系统进化过程不是随机的，而是有客观规律可以遵循的，这种规律在不同领域反复出现。TRIZ 的核心思想是：

(1) 在解决发明问题的实践中，人们遇到的各种矛盾以及相应的解决方案总是重复出现的；

(2) 用来彻底而不是折中解决技术矛盾的创新原理与方法，其数量并不多，一般科技人员都可以学习、掌握；

(3) 解决本领域技术问题最有效的原理与方法，往往是来自其他领域的科学知识。

从来源上看，TRIZ 是在分析第二级、第三级和第四级发明专利的基础上，归纳、总结出来的。因此，利用 TRIZ 可以解决第一级到第四级的发明问题。但第五级发明问题则无法利用 TRIZ 来解决。这是 TRIZ 自身的一个局限性。阿奇舒勒曾经明确表示：利用 TRIZ 方法可以帮助发明者将其发明水平从第一级、第二级提高到第三级或第四级水平。

同时，阿奇舒勒发现，"真正的"发明专利往往都需要解决隐藏在问题当中的矛盾。于是，阿奇舒勒规定：是否出现矛盾，是区分常规问题与发明问题的一个主要特征。发明问题指必须要至少解决一个矛盾（技术矛盾或物理矛盾）的问题。

由于 TRIZ 的来源是对高水平发明专利的分析，因此通常人们认为，TRIZ 更适用于解决技术领域里的发明问题。

目前，TRIZ 已逐渐由原来擅长的工程技术领域，向自然科学、社会科学、管理科学、生物科学等多个领域逐渐渗透，尝试解决这些领域遇到的问题。调查资料显示，TRIZ 已在欧美和亚洲发达国家和地区的企业得到广泛的应用，大大提高了创新的效率。据统计，应用 TRIZ 的理论与方法，可以增加 $80\% \sim 100\%$ 的专利数量并提高专利质量；可以提高 $60\% \sim 70\%$ 的新产品开发效率；可以缩短 50% 的产品上市时间。

3.3.2　TRIZ 在其他领域应用的发展趋势

TRIZ 理论广泛应用于工程技术领域，目前已逐步向其他领域渗透和扩展。应用范围越来越广，由原来擅长的工程技术领域分别向自然科学、社会科学、管理科学、生物科学等领域发展。现在已总结出了 40 条发明创造原理在工业、建筑、微电子、化学、生物学、社会学、医疗、食品、商业、教育应用的实例，用于指导各领域遇到问题的解决。例如，摩尔多瓦在 1995—1996 年总统竞选的过程中，其中两个总统候选人就聘请了 TRIZ 专家作为自己的竞选顾问，并把 TRIZ 理论应用到具体的竞选事宜中，取得了非常好的效果。两人中一位总统候选人成功登上总统宝座，另一位亦通过总统竞选提高了自己在国内外的知名度。

罗克韦尔自动化(Rockwell Automotive)公司针对某型号汽车的刹车系统应用 TRIZ 理论进行了创新设计。通过 TRIZ 理论的应用，刹车系统发生了重要的变化，系统由原来的 12 个零件缩减为 4 个,成本减少 50%,但刹车系统的功能却没有变化。

福特汽车(Ford Motor)公司遇到了推力轴承在大负荷时出现偏移的问题。通过应用 TRIZ 理论,产生 28 个新概念(问题的解决方案),其中一个非常吸引人的新概念是:利用小热膨胀系数的材料制造这种轴承,克服了上述问题,最后很好地解决推力轴承在大负荷时出现偏移的问题。

克莱斯勒汽车(Chrysler Motor)公司于 1999 年应用 TRIZ 理论解决企业生产过程中遇到的技术冲突或矛盾,共获利 1.5 亿美元。

20 世纪 90 年代中期以来,美国供应商协会(ASI)一直致力于把 TRIZ 理论推荐给世界 500 强企业。在俄罗斯,TRIZ 理论的培训已扩展到小学生、中学生和大学生。寇瓦利克(Kowalick)博士在加利福尼亚北部教中学生 TRIZ,其结果是不可思议的,他们创造力迅猛提高,他们能用相对容易的方法处理比较难的问题,一些小学生也受到了训练。

3.3.3 TRIZ 的未来发展

TRIZ 的面世并不意味着发明创新理论的终结与完成。相反,它可以指导人们发现新原理和总结新知识,使 TRIZ 本身可以随着科学技术的发展和社会的进步而不断地完善。TRIZ 今后的研究和应用方向主要有两个:第一个是 TRIZ 本身的不断完善;第二个是进一步拓展 TRIZ 的应用领域。

(1) TRIZ 是前人知识的总结和升华,受到了一定的时代限制。如何适应新的时代要求,把它的内容和体系进一步完善,使其逐步从"成长期"过渡到"成熟期",一直是人们关注的焦点和研究的主要方向之一。如果把阿奇舒勒的所有理论成就定义为经典 TRIZ 的话,那么在阿奇舒勒去世后,TRIZ 已经派生出了不同的流派与分支,呈现出"百花齐放、百家争鸣"的局面。

(2) 进一步探讨和拓展 TRIZ 的理论内涵,尤其是把信息技术、生命技术、社会科学等方面的原理和方法融入 TRIZ 中。

(3) 将 TRIZ 与其他一些新兴理论(如本体论)有机地结合在一起,从而让 TRIZ 指导发明创新的能力变得更加强大。

(4) 全面拓展 TRIZ 的应用范围,从工程领域拓展到其他领域,使人们能够利用 TRIZ 去解决更广泛领域内的各种矛盾和发明问题,使 TRIZ 的受益面更广。

(5) 要把利用 TRIZ 解决实际问题的实践和方法进一步软件化和工具化,尽快开发出适合更广阔领域、满足各种不同专业用途的系列化软件。

(6) 在中国推广以 TRIZ 为核心的创新方法,还要涉及 TRIZ 本土化的问题。与电灯、汽车、计算机、微积分、进化论等科学技术一样,TRIZ 是"舶来品",如何让其适合中国的国情,根植于中国文化,在中国发扬光大,是研究与推广创新方法的首要任务之一。

(7) TRIZ 主要解决设计中如何(How)做的问题,但对设计中做什么(What)的问题未能给出合适的方法。大量的工程实例表明,TRIZ 的出发点是借助于经验,发现设计中的矛盾。矛盾发现的过程,是通过对问题的定性描述来完成的。其他的设计理论,特别是质量功能展开(Quality Function Development,QFD)法,恰恰能解决做什么的问题。所以,将两者有机地结合,发挥各自的优势,将更有助于产品创新。但是,TRIZ 与 QFD 法都未给出具体的参数设计方法,稳健设计则特别适合于详细设计阶段的参数设计。将 QFD、TRIZ 和稳健设计集成,能形成从产品定义、概念设计到详细设计的强有力的支持工具。因此,三者的有机集成,现已成为设计领域的重要研究方向。

　　相对于传统的创新方法,基于 TRIZ 的计算机辅助创新技术的出现,是 TRIZ 应用的全新发展。传统的创新方法大多停留在对创新的外围认识和创新技法技巧水平,从心理因素方面尽可能激发个人的创造性思维能力,而没有转化为真正的问题解决方法。它们在一定程度上显得比较抽象,可操作性差,创新效率比较低,无法面对当前各种各样大量的技术难题的解决和创新需求。而 TRIZ 则成功地揭示了创造发明的内在规律和原理。相对于传统的创新方法,它着力澄清和强调系统中存在的矛盾,其目标是完全解决矛盾,而不是采取折中或者妥协的做法;而且,它基于产品技术的发展演化规律,研究的是整个设计与开发过程,而不再是随机的行为。尤其是它采用了科学的问题求解方法,将特殊的问题归结为 TRIZ 的一般性问题,应用 TRIZ 寻求标准解法,在此基础上演绎形成初始问题的具体解决方案,充分体现了科学的问题求解思想和技术特征。

创新思维方法

本章学习目标

- 熟练掌握四种思维定式及泛化思维视角
- 掌握八种创造性思维方式
- 理解多屏幕法及尺寸—时间—成本分析
- 了解资源—时间—成本分析及金鱼法

本章先介绍四种思维定式及其泛化视角,再介绍创造性思维方式的形式,最后介绍创造性思维技法及使用方法。

4.1 思 维 定 式

创新思维是指以新颖独创的方法解决问题的思维过程,以求突破常规思维的界限,以超常规甚至反常规的方法、视角去思考问题,提出与众不同的解决方案,从而产生新颖的、独到的、有意义的思维成果。创新思维的本质在于将创新意识的感性愿望提升到理性的探索上,实现创新活动由感性认识到理性思考的飞跃。

创新思维的运用目的,就是让人们具有"新的眼光",克服思维定式,打破技术系统旧有的阻碍模式。一些看似很困难的问题,如果投以"新的眼光",站到更高的位置,采用不同的角度来看待,就会得出新奇的答案。

思维定式(Thinking Set),也称"惯性思维",是指由先前的活动而造成的一种对活动的特殊的心理准备状态,或活动的倾向性。在环境不变的条件下,定式使人能够应用已掌握的方法迅速解决问题。而在情境发生变化时,则会妨碍人们采用新的方法。消极的思维定式是束缚创造性思维的枷锁。

在长期的思维活动中,每个人都形成了自己惯用的思维模式,当面临某个事物或现实问题时,便会不假思索地把它们纳入已经习惯的思想框架进行思考和处理,即思维定式。思维定式有以下两个特点:一是形式化结构,思维定式不是具体的思维内容,而是许多具体的思维活动所具有的逐渐定型的一般路线、方式、程序和模式;二是强大的惯性或顽固性,不仅逐渐成为思维习惯,而且深入到潜意识,成为处理问题时不自觉的反应。

4.1.1 四种思维定式

思维定式有益于日常对普通问题的思考和处理,但不利于创造性思维,它阻碍新思想、新观点、新技术和新形象的产生,因此,在创造性思维过程中需要突破思维定式。思维定式多种多样,不同的人有不同的思维定式,常见的思维定式有从众型、书本型、经验型和权威型。

1. 从众型思维定式

从众型思维定式指没有或不敢坚持自己的主见,总是顺从多数人意志的一种广泛存在的心理现象。在生活中,从众型思维定式普遍存在,例如走到十字路口,看到红灯已经亮了,本应该停下来,但看到大家都在往前冲,自己也会随着人群往前冲。破除从众型思维定式,需要在思维过程中不盲目跟随,具备心理抗压能力;在科学研究和发明过程中,要有独立的思维意识。

2. 书本型思维定式

书本知识对人类所起的积极作用是显而易见的。现有的科学技术和文学艺术是人类两千多年来认识世界、改造世界的经验总结,其中的大部分都是通过书本传承下来的,因此,书本知识是人类的宝贵财富,必须认真学习与继承。对于书本知识的学习需要掌握其精神实质,活学活用,不能当作教条死记硬背,不能作为万事皆准的绝对真理,否则将形成书本型思维定式,这是把书本知识夸大化、绝对化的片面有害观点。

当今社会不断发展,而书本知识未得到及时和有效地更新,导致书本知识与客观事实之间存在着一定程度的滞后性。如果一味地认为书本知识都是正确的或严格按照书本知识指导实践的,将严重束缚、禁锢创造性思维的发挥。为了破除思维定式,需要认识到任何一般原理都必须与具体实践相结合,认识到对任何问题都应该了解相关的各种观点,以便通过比较进行鉴别。

3. 经验型思维定式

经验是人类在实践中获得的主观体验和感受,是通过感官对个别事物的表面现象、外部联系的认识,是理性认识的基础,在人类的认识与实践中发挥着重要作用。但经验并未充分反映出事物发展的本质和规律。经验型思维定式是指人们处理问题时按照以往的经验去办的一种思维习惯,照搬经验,忽略了经验的相对性和片面性,制约了创造性思维的发挥。

经验型思维有助于人们在处理常规事物时少走弯路,提高办事效率。要把经验与经验型思维定式区分开来,破除经验型思维定式,提高思维灵活变通的能力。

4. 权威型思维定式

在思维领域,不少人习惯引证权威的观点,甚至以权威作为判定事物是非的唯一标准,一旦发现与权威相违背的观点,就唯"权威"是瞻,这种思维习惯或程式就是权威型思维定式。权威型思维定式是思维惰性的表现,是对权威的迷信、盲目崇拜与夸大,属于权威的泛化。权威型思维定式的形成来源于多个方面:一方面是由于不当的教育方式造成的,在婴儿、青少年教育时期,家长和老师把固化的知识、泛化的权威观念采用灌输式教育方式传授下来,缺少对教育对象的有效启发,使教育对象形成了盲目接受知识、盲目崇拜权威的习惯;另一方面在社会中广泛存在个人崇拜现象,一些人采用各种手段建立或强化自己的权威,不断加强权威定式。

在科学研究中,要区分权威与权威型思维定式,破除权威型思维定式,坚持"实践是检验真理的唯一标准"。

4.1.2 泛化思维视角

思维定式束缚了创造性思维的发挥,从这个意义上讲,思维定式是一种消极的因素,它使大脑忽略了思维定式之外的事物和观念。而根据社会学、心理学和脑科学的研究成果来看,思维定式又是难以避免的,解决思维定式常见的方法是尽量多地增加头脑中的思维视角,拓宽思维的广度,学会从多种角度观察同一个问题,即扩展思维视角。

1. 改变思考方向

大多数人对问题的思考,首先是按照常情、常理、常规去想,或者是顺着事物发生的时间、空间顺序去想。常规的思考方向由于是沿着事物发展的规律进行的,容易找到切入点,解决问题的效率比较高,但也往往容易陷入思维误区,制约创造性思维,因此需要改变原有的思考方向,以获得更多的思维视角。常见的改变思考方向的方法有:

(1)变顺着想为倒着想。当顺着想不能很好地解决问题时,倒着想就是一种新的选择。例如:德国某造纸厂,因工人疏忽,生产过程中少放了一种胶料,制成了大量不合格的纸。用墨水笔在这种纸上写字,墨水很快就被吸干,根本形成不了字迹。报废会造成巨大损失,肇事者拼命地想,也没办法。一天,漫不经心的他将墨水洒在了桌子上,他随手用这种纸来擦,结果墨水被吸得干干净净。"变废为宝"的念头在他头脑中一闪而过,终于,这批纸被当作吸墨水纸全部卖了出去。这就是逆向思维中的"倒着想"。

(2)从事物的对立面出发。鉴于事物对立双方是既对立又统一的,改变这一方不行时,可改变另一方。例如:有位加拿大人叫格德,复印时不小心把瓶子里的液体洒在了文件上,被浸染过的那部分复印后一团黑。由此,他想到是否可以用这种液体浸染文件,避免文件被偷偷复印,后来他多次试验,发明了一种浸泡文件后就不能再复印的液体,成功解决了机密文件被人偷偷复印的问题。

(3)换位思考。是指思考者改变自己的位置,从其他角度看问题。例如过去用冰箱都是冷冻室在上面,冷藏室在下面。日本夏普公司进行了换位思考,发现用户对冷藏室用得较多,还是放在上面方便,于是设计时换了个位置。但由于冷空气往下走的特性,改变设计后冷冻室的低温不能很好地利用,比较费电。研究者又思考,如果想办法让冷空气往下走,问题不就解决了吗?于是,在冰箱内安上排风扇和通风管,把下面的冷空气提升到上面的冷藏室。经过条件转换思考,新型电冰箱既使用方便,又保留了原来省电的优点,受到了用户的欢迎。

2. 转换问题

在工程实践中,问题是多种多样的,但彼此之间有相通的地方。对于难以解决的问题,与其死盯住不放,不妨把问题转换一下。

(1)把复杂的问题转换为简单的问题。在解决复杂问题时化繁为简就会产生一种新的视角。

【例 4-1】　测量梨形灯泡的容积。

一次,爱迪生让其助手帮助自己测量一个梨形灯泡的容积。事情看起来很简单,但由于梨形形状不规则,计算起来相当困难。助手接过活,立即开始了工作,他一会儿拿标尺测量,一会儿又运用一些复杂的数学公式计算。可几个小时过去了,他忙得满头大汗还是没有计算出灯泡的容积。当爱迪生看到助手面前的一摞稿纸和工具书时,立即明白了是怎么回事。于是,爱迪生拿起灯泡,朝里面倒满水,递给助手说:"你去把灯泡里的水倒入量杯,就会得出需要的答案。"助手顿时恍然大悟。

(2)把自己生疏的问题转换为熟悉的问题。对于从未接触过的生疏问题,可将其转化为自己熟悉的问题,以利于问题的解决。例如:发明钢筋混凝土的既不是建筑业的科学家,也不是著名的工程师,而是一位法国的园艺师约瑟夫·莫里哀。他为了设计一种牢固坚实的花坛,把花坛的构造转换成植物的根系,把根系再转换为一根一根的钢筋,用水泥包住钢筋,就制成了新型的花坛。这样,不仅花坛造出来了,而且还发明了钢筋水泥,引起了建筑材料的一场革命。

(3)把直接变为间接。在解决比较复杂、困难的问题时,直接解决往往遇到极大的阻力。这时,就需要扩展思维视角,或退一步来考虑,或采取迂回路线,或先设置一个相对简单的问题作为铺垫,为实现最终目标创造条件。

【例 4-2】　机械表的动力。

目前机械表主要是通过用手上紧发条提供动力的,而美国的菲利浦先生研究了一种不提供外力就能够自己走的表。他考虑到,除了人的外力之外,外界环境能给它提供什么能量呢?经过分析,最值得关注的就是环境温度变化。什么东西能感受温度的变化并把它转化为能量呢?这就是目前广泛应用的双金属片,装在手表中的双金属片可以感受温度的变化,时而收缩,时而膨胀,就可以上紧发条,产生动力。菲利浦先生在 2002 年获得该发明专利权。

4.2　创造性思维方式

创造性思维方式是从创新思维活动中总结、提炼、概括出来的具有方向性、程序性的思维模式。在创造性思维活动中,发散思维与收敛思维、横向思维与纵向思维、正向思维与逆向思维、求同思维与求异思维这 4 组思维方式,看似对立但又辩证统一,它们相互联系、相互结合,共同作用。

4.2.1　发散思维与收敛思维

思想家托马斯·库恩认为,科学革命时期发散思维占优势,常规科学时期收敛思维占优势,一个好的探索者要在发散思维和收敛思维之间保持必要的张力。

1. 发散思维

发散思维是由美国心理学家 J. P. 吉尔福特在《人类智力的本质》中作为与创造性有密切关系的思考方法提出的,是对同一问题从不同层次、不同角度、不同方向进行探索,从而提供新结构、新点子、新思路或新发现的思维过程,见图 4.1。发散思维具有流畅性、灵活性和独特性的特点。

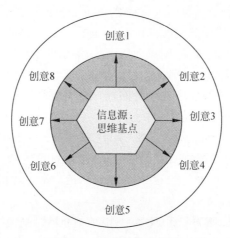

图 4.1 发散思维示意图

流畅性是思想的自由发挥,指在尽可能短的时间内生成并表达出尽可能多的思维观念以及较快地适应、消化新的思想概念,是发散思维量的指标。例如,在思考"取暖"有哪些方法时,可以从取暖方法的各个方向发散,有晒太阳、烤火、开空调、电暖气、电热毯、剧烈运动、多穿衣等,这些都是同一方向上数量的扩大,方向较为单一。

灵活性是指克服人们头脑中僵化的思维框架,按照某一新的方向来思索问题的特点。灵活性常常通过借助横向类比、跨域转化、触类旁通等方法,使发散思维沿着不同的方面和方向扩散,以呈现多样性和多面性。灵活性是较高层次的发散思维,使得发散思维的数量多、跨度大。

独特性表现为发散的"新异""奇特"和"独到",即从前所未有的新角度认识事物,提出超乎寻常的新想法,使人们获得创造性成果。

发散思维的具体形式包括用途发散、功能发散、结构发散和因果发散等。

用途发散是以某个物品为扩散点,尽可能多地列举材料的用途。例如把回形针经过材料发散可得到各种用途:把纸和文件别在一起;拉开一端,能在水泥板或泥地上画印痕;拉直了可用作纺织工的织针;可变形制作挂钩等。

功能发散是以某种功能为发散点,设想出获得该功能的各种可能性。例如对"物质分离"进行功能发散,可采用过滤、蒸发、结晶等方法来实现。再如对"照明"采用功能发散,可得到很多结果:开电灯、点蜡烛、点火把、用手电筒、用镜子反射太阳光等。

结构发散是以某个事物的结构为发散点,尽可能多地设想出具有该结构的各种可能性。例如由三角形结构发散,可以得到三角尺、三角窗、三角旗、屋顶的三角结构、金字塔等。

因果发散是以某个事物发展的结果为发散点,推测造成该结果的各种原因,或以某个事物发展的起因为发散点,推测可能发生的各种结果。例如对玻璃杯破碎进行因果发散,找寻原因,可得到:手没抓稳,掉在地上碰碎了;被某种东西敲碎了;冬天冲开水时爆裂了;杯子里的水结冰胀裂了等。

【例 4-3】 发散思维的应用。

"孔"结构在工程实例中广泛应用,利用发散思维,可用"孔"结构解决很多问题,例如:

(1)整版邮票用直线"齿孔"把一枚一枚分隔开来,零售时就方便多了,另一个优点是带齿孔的邮票比无齿孔的邮票美观。

(2)钢笔尖上有一条导墨水的缝,缝的一端是笔尖,另一端是一个小孔,最早生产的笔尖是没有这个小孔的,既不利于存储墨水,也不利于在生产过程中开缝隙。

(3)钢笔、圆珠笔之类的商品常常是成打(12 支)平放在纸盒里的,批发时不便一盒一盒拆封点数和查看笔杆颜色,有人想出在每盒盒底对应每一支笔的下面开一个较大的孔,查验时只要翻过来一看,就可知道够不够数,是什么颜色,省时又省力。

(4)有一种高帮球鞋两边也开有通风孔,有利于运动时散热。

(5)弹子锁最怕钥匙断在里面或被人塞纸屑、火柴梗进去,很难勾取出来。如果在制造锁时,在钥匙口对面预留一个小孔,再出现上述情况。用细铁丝一捅就出来了。

(6)电动机、缝纫机的机头上留小孔,便于添加润滑油。

(7)防盗门上有小孔,装上"猫眼"能观察门外来人。

采用发散思维,可以尽可能多地提出解决问题的办法,最后再收敛,通过论证各种方案的可行性,最终得出理想方案。

2. 收敛思维

收敛思维是将各种信息从不同的角度和层面聚集在一起,尽可能利用已有的知识和经验,将各种信息重新进行组织、整合,实现从开放的自由状态向封闭的点进行思考,从不同的角度和层面,把众多的信息和解题的可能性逐步引导到条理化的逻辑序列中,以产生新的想法,寻求相同目标和结果的思维方法,形成一个合理的方案,如图 4.2 所示。收敛思维具有封闭性、综合性和合理性的特点。

在收敛思维的过程中。要想准确地发现最佳的方法或方案,必须综合考察各种发散思维成果,并对其进行归纳、分析比较。收敛式综合并不是简单的排列组合,而是具有创新性的整合,即以目标为核心,对原有的知识从内容到结构上进行有目的地评价、选择和重组。

发散思维所产生的众多设想或方案,一般来说多数都是不成熟或者不切实际的。因此,必须借助收敛思维对发散思维的结果进行筛选,这需

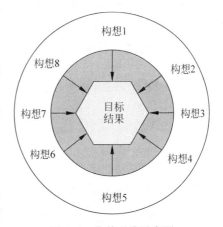

图 4.2 收敛思维示意图

要按照实用、可行的标准,对众多设想或方案进行评判,得出最终合理可行的方案或结果。

收敛思维的具体形式包括目标识别法、层层剥笋法、聚焦法等。

目标识别法就是确定搜寻目标,进行观察,做出判断,找出其中的关键,并围绕目标定向思维。目标的确定越具体越有效。

层层剥笋法就是在思考问题时,最初认识的仅仅是问题的表层,随着认识的深入,逐渐向问题的核心一步一步逼近,抛弃那些非本质的、繁杂的特征,揭示事物表象下的深层本质。

聚焦法是指人们思考问题时,有意识、有目的地将思维过程停顿下来,并将前后思维领域进行浓缩和聚拢,以便帮助人们更有效地审视和判断某一事件、某一问题、某一片段信息。聚焦法带有强制性指令色彩,对思维能力有两方面的影响:其一,可通过反复训练,培养定向、定点思维的习惯,形成思维的纵向深度和强大的穿透力,犹如用放大镜把太阳光持续地聚焦在某一点上,就可以形成高热;其二,由于经常对某一片段信息、某一件事、某一问题进行有意识的聚焦思维,自然会积淀起对这些信息、事件、问题的强大透视力,最后顺利解决问题。

图 4.3 隐形飞机

【例 4-4】 隐形飞机。

隐形飞机(图 4.3)的制造是一种多目标聚焦的结果。要制造一种使敌方的雷达探测不到、红外及热辐射仪等追踪不到的飞机,需要分别实现雷达隐身、红外隐身、可见光隐身、声波隐身 4 个目标,每个目标中还有许多具体的小目标,通过具体地解决一个个小目标,最终制造出隐形飞机。

4.2.2 横向思维与纵向思维

横向思维是一种共时性的思维,它截取历史的某一横断面,研究同一事物在不同环境中的发展状况,并通过与周围事物的相互联系和相互比较中,找出该事物在不同环境中的异同。纵向思维是一种历时性的比较思维,它是从事物自身的过去、现在和未来的分析对比中,发现事物在不同时期的特点及前后联系而把握事物本质的思维过程。横向思维与纵向思维的综合应用能够对事物有更全面的了解和判断,是重要的创造性思维技巧之一。

1. 横向思维

横向思维是由爱德华·德·波诺于 1967 年在其《水平思维的运用》中提出的。横向思维从多个角度入手,改变解决问题的常规思路,拓宽解决问题的视野,从而使难题得到解决,在创造活动中发挥着巨大作用,如图 4.4 所示。横向思维具有同时性、横断性和开放性的特点。

在横向思维的过程中,首先把时间概念上的范围确定下来,然后在这个范围内研究各方面的相互关系,同时性的特点使横向比较和研究具有更强的针

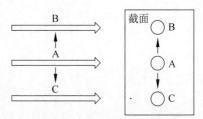

图 4.4 横向思维示意图

对性。

横向思维对事物进行横向比较,即把研究的客体放到事物的相互联系中去考察,可以充分考虑事物各方面的相互关系,从而揭示出不易觉察的问题。

横向思维突破问题的结构范围,是一种开放性思维,思维过程中将事物置于很多的事物、关系中进行比较,从其他领域的事物获得启示从而得到最终的结果。

爱德华·德·波诺提出了一些促进横向思维的技巧,例如,对问题本身产生多种选择方案(类似于发散思维);打破定式,提出富有挑战性的假设;对头脑中冒出的新主意不要急着做是非判断;反向思考,用与已建立的模式完全相反的方式思考,以产生新的思想;对他人的建议持开放态度,让一个人头脑中的主意刺激另一个人头脑里的东西,形成交叉刺激;扩大接触面,寻求随机信息刺激,以获得有益的联想和启发(如到图书馆随便找本书翻翻,从事一些非专业工作)等。

【例 4-5】　彼特·尤伯罗斯组织 1984 年洛杉矶奥运会。

彼特·尤伯罗斯(Peter Ueberroth, 1937—)因成功组织了 1984 年洛杉矶奥运会,被世界著名的《时代周刊》评选为 1984 年度的"世界名人"。在尤伯罗斯之前,举办现代奥运会简直是一场经济灾难,1976 年蒙特利尔奥运会亏损 10 亿美元,1980 年莫斯科奥运会用去资金 90 亿美元,第 23 届奥运会洛杉矶政府没有提供任何资金,居然获利 2.25 亿美元,令全世界为之惊叹。这个创举要归功于尤伯罗斯在奥运经费问题上采用了横向思维,如图 4.5 所示。

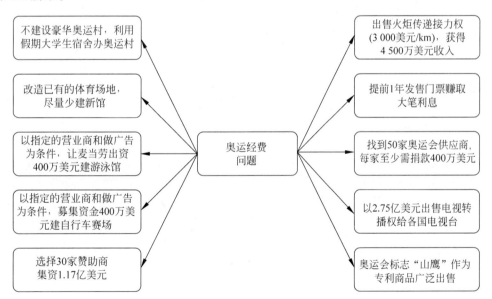

图 4.5　奥运会经费的横向思维

尤伯罗斯运用横向思维,通过拍卖奥运会的电视转播权、出售火炬传递接力权、引入新的赞助营销机制等方式,扩大了收入来源。在开源的同时,尤伯罗斯全力压缩开支,充分利用已有设施,不盖新的奥运村,招募志愿人员为大会义务工作。凭借着天才的商业头脑和运作手段,尤伯罗斯使不依赖政府拨款的洛杉矶奥运会盈利 2.25 亿美元,成为近代奥运会恢复以来真正盈利的第一届奥运会,尤伯罗斯也因此被誉为奥运会的"商业之父"。

2. 纵向思维

纵向思维被广泛应用于科学和实践之中。事物发展的过程性是纵向思维得以形成的客观基础,任何一个事物都要经历一个萌芽、成长、壮大、发展、衰老和死亡的过程,并且在这个发展过程中可捕捉到事物发展的规律性,纵向思维就是对事物发展过程的反映(图 4.6)。

纵向思维具有历时性、同一性和预测性的特点。

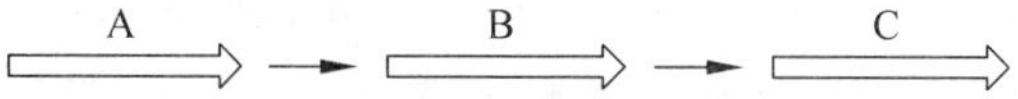

图 4.6　纵向思维示意图

纵向思维是按照由过去到现在、由现在到将来的时间先后顺序来考察事物的。历时性揭示事物发展的过程,在考察事物的起源和发生时具有重要作用。历时性思维方法被现代众多学科所运用,如各类发生学理论:人类发生学、认识发生学、思维发生学等。对那些周期性重复的事物,历时性考察是重要的方法。

纵向思维是在事物的历史发展中考察事物,考察的事物必须是统一的,具有自身的稳定性和可比性,而不可将被考察对象在某一阶段特有的性质或特点加入思考,如果违反纵向思维的统一性,思维的结果就会失真。

纵向思维对未来的推断具有预测性,纵向思维的预测结果可能符合事物发展的趋势。在现实社会中,通过对事物现有规律的分析预测未知的情况相当普遍,纵向思维方法在气象预测、地质灾害预测等领域广泛应用,对于指导人们的行为、决策和规划起着较大的作用。

纵向思维的关键是进行挖掘,包括向下挖掘和向上挖掘两种基本形式。

向下挖掘就是针对当前某一层次的某个关键因素,努力利用发散和联想并按照新的方向、新的角度、新的观点进行分析与综合,以发现与这个关键因素有关的新属性,从而找到新的联系和观点的方法。例如,冯·诺依曼(John von Neumann,1903—1957)提出"程序存储器"这一概念,就是针对"线性存储"这个因素,打破传统的按照存储方式划分存储器的思想,从存储内容这个新角度进行分析,从而综合出"数据存储"和"程序存储"的存储器划分新标准。

向下挖掘就是针对当前某一层次出现的若干现象的已知属性,按照新的方向、新的角度、新的观点去进行新的抽象和概括,从而挖掘出与这些现象相关的新因素的方法。冯·诺依曼提出"中央处理器"的概念,就是对运算器、存储器、控制器这个层次的属性,从"对整个系统的运算和控制"这个新视角进行抽象,发现除了运算器和控制器外,还有程序存储器(原属于存储器)也和整个系统的运算和控制有关,于是将程序存储器从存储器中划分出来,纳入了中央处理器(CPU)中。

发明家根里奇·阿奇舒勒通过对大量专利的分析发现:任何系统或产品都按生物进化的模式进化,同一代产品进化分为婴儿期、成长期、成熟期、退出期 4 个阶段,提出产品的分段 S 曲线。通过确定产品在 S 曲线上的位置,预测产品的技术成熟度,该预测结果可为企业决策指明方向：处于婴儿期和成长期的产品对应其结构、参数等进行优化，使其尽快成熟，为企业带来利润；处于成熟期与退出期的产品，企业赚取利润的同时，应开发新的核心技术并替代已有的技术，推出新一代产品，使企业在未来市场竞争中取胜。

4.2.3　正向思维与逆向思维

正向思维是按常规思路，以时间发展的自然过程、事物的常见特征、一般趋势为标准的思维方式，是一种从已知到未知来揭示事物本质的思维方法。逆向思维在思维路线上与正向思维相反，在思考问题时，为了实现创造过程中设定的目标，跳出常规，改变思考对象的空间排列顺序，从反方向寻找解决办法的一种思维方法。正向思维与逆向思维相互补充、相互转化，在解决问题中共同使用，经常取得事半功倍的效果。

1. 正向思维

正向思维法是依据事物发展过程建立的，是人们经常用到的思维方式。正向思维法虽然一次只对某一种或一类事物进行思考，但它是在已知对事物的过去、现在充分分析的基础上，推知事物的未知部分，提出解决方案的，因而它又是一种不可忽视的领导工作、科学研究的方法（图 4.7）。

正向思维具有以下特点：在时间维度上是与时间的方向一致的，随着时间的推进进行，符合事物的自然发展过程和人类认识的过程；认识具有统计规律的现象，能够发现和认识符合正态分布规律的新事物及

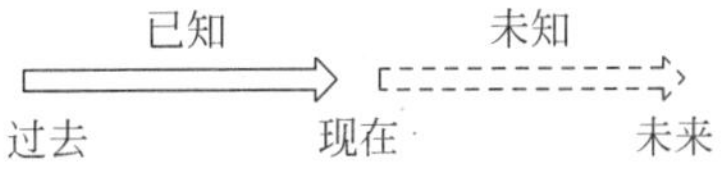

图 4.7　正向思维示意图

其本质；面对生产生活中的常规问题时，正向思维具有较高的处理效率，能取得很好的效果。

常用到的正向思维方法有缺点列举法和属性列举法等。

缺点列举法就是在解决问题的过程中，先将思考对象的缺点一一列举出来，然后针对发现的缺点，有的放矢地进行改进，从而实现问题的解决。

属性列举法是一种化整为零的创意方法，它将事物分为单独的个体，各个击破。

2. 逆向思维

逆向思维法利用了事物的可逆性，从反方向进行推断，寻找常规的岔道，并沿着岔道继续思考，运用逻辑推理去寻找新的方法和方案，如图 4.8 所示。逆向思维法的特点主要有普遍性、批判性和新颖性。

图 4.8　逆向思维示意图

逆向性思维在各种领域、活动中都有适用性。它有多种形式：性质上对立两极的转换（软与硬、高与低等）；结构、位置上的互换、颠倒（上与下、左与右等）；过程上的逆转（气态变液态或液态变气态、电转为磁或磁转为电等）。不论哪种方式，只要从一方面想到与之对立的另一方面，都是逆向思维。逆向思维的具体方式包括反转型逆向思维法、转换型逆向思维法和缺点逆向思维法。

反转型逆向思维法是指从已知事物的相反方向进行思考，产生发明构思的途径，主要

是指事物的功能、结构、因果关系三个方面。例如吸尘器的发明采用了功能反转型逆向思维方法。

转换型逆向思维法是指在研究问题时,转换解决问题的手段,或转换思考角度,使问题顺利解决的思维方法。

缺点逆向思维法是一种利用事物的缺点,化被动为主动、化不利为有利的思维发明方法。这种方法并不以克服事物的缺点为目的,相反是将缺点加以利用,从而找到问题的解决方法。例如金属腐蚀会对金属材料造成极大的破坏,但人们利用金属腐蚀原理进行金属粉末的生产,或进行电镀等其他用途。

4.2.4 求同思维与求异思维

英国心理学家、哲学家和经济学家约翰·穆勒(John Stuart Mill,1806—1873)在《逻辑学体系》(1843)中提出了后来以他的姓氏著称的穆勒五法,即契合法、差异法、契合差异并用法、共变法、剩余法。

契合法就是考察出现某一被研究现象的几个不同场合,如果各个场合除一个条件相同外,其他条件都不同,那么,这个相同条件就是某被研究现象的原因。这种方法是异中求同法,又叫求同法。

差异法是就是比较某现象出现的场合和不出现的场合,如果这两个场合除一点不同外,其他情况都相同,那么这个不同点就是这个现象的原因。这种方法是同中求异法,又称为求异法。

契合差异并用法就是如果某一被考察现象出现的各个场合只有一个共同的因素,而这个被考察现象不出现的各个场合都没有这个共同因素,那么,这个共同的因素就是某被考察现象的原因。该法的步骤是两次求同一次求异。此法又叫作求同求异并用法。

共变法就是在其他条件不变的情况下,如果某一现象发生变化另一现象也随之发生相应的变化,那么,前一现象就是后一现象的原因。

剩余法就是如果某一复合现象已确定是由某种复合原因引起的,把其中已确认有因果联系的部分减去,那么,剩余部分也必有因果联系。

1. 求同思维

求同思维是指在创造活动中,把两个或两个以上的事物,根据实际的需要,联系在一起进行"求同"思考,寻求它们的结合点,然后从这些结合点中产生新创意的思维活动。从已知的事实或者已知的命题出发,通过沿着单一方向一步步推导,来获得满意的答案以获得客观事物共同本质和规律的基本方法是归纳法;把归纳出的共同本质和规律进行推广的方法是演绎法。这些过程中,肯定性的推断是正面求同,否定性的推断是反面求同。

求同思维是沿着单一的思维方向,追求秩序和思维缜密性,能够以严谨的逻辑性环环相扣,以实事求是的态度,从客观实际出发,来揭示事物内部存在的规律和联系,并且要通过大量的实验或实践来对结论进行验证和检验。

运用求同思维可以按照以下步骤进行。

第一步:在各种不同的场合中找出两个或者两个以上的事物。

第二步：寻找这些事物存在的共同特征或联系。

第三步：根据实际需要，从某个"结合点"出发，将这些事物进行"求同"，产生新的创意。

求同思维进行的是异中求同，只要能在事物间找出它们的结合点，基本就能产生意想不到的结果。组合后的事物所产生的功能和效益，并不等于原先几种事物的简单相加，而是整个事物出现了新的性质和功能。

【例 4-6】　活版印刷机。

我国北宋平民发明家毕昇首先研究历代雕版印刷，发明了活版印刷机。在此之前，一本书在印刷前，需要雕刻很多块雕版，这些雕版排成一串，便组合成一本书。毕昇想，书可由很多块雕版组成，那么雕版可否用很多块小雕版组成呢？毕昇从"求同思维"出发，总结了历代雕版印刷的实践经验，经过反复试验，在宋仁宗庆历年间（公元 1041—1048）制成了胶泥活字，实行排版印刷，完成了印刷史上一项重大的革命。

图 4.9　毕昇发明活版印刷机

据考证，北宋科学家、政治家、学者沈括曾在《梦溪笔谈》中有一篇文章叫《活版》，其中详细介绍了活版印刷术的全过程，通俗易懂，非常详细。

2. 求异思维

求异思维法是指对某一现象或问题，进行多起点、多方向、多角度、多原则、多层次、多结果的分析和思考，捕捉事物内部的矛盾，揭示表象下的事物本质，从而选择富有创造性的观点、看法或思想的一种思维方法。

在遇到重大难题时，采用求异思维，常常能突破思维定式，打破传统规则，寻找到与原来不同的方法和途径。求异思维在经济、军事、创造发明、生产生活等领域广泛应用。求异思维的客观依据是任何事物都有的特殊本质和规律，即特殊矛盾表现出的差异性。要进行求异思维，必须积极思考和调动长期积累的社会感受，给人们带来新颖的、独创的、具有社会价值的思维成果。

在求异思维中，常用到寻找新视角、要素变换、问题转换等具体方法。

新视角求异法是指对一个事物或问题，要力争从众多的新角度去观察和思考它，以求获得更多的对事物的新认识，萌生和提出更多解决问题的新方法。

要素变换求异法是指从解决某一问题的需要出发，思考如何通过采取措施改变事物所包含的要素，从而使事物随之发生符合人的需要的某种变化。

问题转换求异法是指在思考过程中，把不可能办到的问题转换为可以办到的问题，或者把复杂困难的问题转换为简单容易的问题，或者把生疏的问题转换为熟悉的问题，从而找到解决问题的恰当可行或效率更高、效果更好的办法。

【例 4-7】　松下无绳电熨斗（图 4.10）。

在日本，松下电器的熨斗事业部很有权威性，因为它在 20 世纪 40 年代发明了日本第

图 4.10　无绳电熨斗

一台电熨斗。虽然该部门不断创新,但到了 20 世纪 80 年代,电熨斗还是进入滞销行列,如何开发新品,使电熨斗再现生机,是当时该部门头痛的一件事。

一天,被称为"熨斗博士"的事业部部长召集了几十名年龄不同的家庭主妇,请她们从使用者的角度来提要求。一位家庭主妇说:"熨斗要是没有电线就方便多了。""妙,无线熨斗!"部长兴奋地叫起来,马上成立了攻关小组研究该项目。

攻关小组首先想到用蓄电池,但研制出来的熨斗很笨重,不方便使用,于是研发人员又观察、研究妇女的熨衣过程,发现妇女熨衣并非总拿着熨斗一直熨,整理衣物时,就把熨斗竖立一边。经过统计发现,一次熨烫的最长时间为 23.7s。平均为 15s,竖立的时间为 8s。于是根据实际操作情况对蓄电熨斗进行了改进,设计了一个充电槽,每次熨后将熨斗放进充电槽充电,8s 即可充足,这样使得熨斗重量大大减轻。新型无绳电熨斗终于诞生了,成为了当年最畅销的产品。这个例子告诉我们,求异思维经常会产生意想不到的收获。

4.3　创造性思维技法

创造性思维技法是人们在创新实践的基础上提出的用于辅助人们产生创新思维的策略和手段,是有效、成熟创造性思维的规律化总结与结构化表达。有关创造性思维技法的研究,已走过近百年的发展历程,总结出来的创造性思维技法有数百种之多。

4.3.1　多屏幕法

多屏幕法是典型的 TRIZ"系统思维"方法,即对情境进行整体考虑,不仅考虑目前的情境和探讨的问题,而且还有它们在层次和时间上的位置和角色。多屏幕法具有可操作性、实用性强的特点,可以更好地帮助使用者质疑和超越常规,克服思维定式,为解决实践中的疑难问题提供清晰的思维路径。根据面对发明问题的难易不同,系统思维的多屏幕法分为普通多屏幕法和高级多屏幕法。下面重点介绍普通多屏幕法。

根据系统论的观点,系统由多个子系统组成,并通过子系统间的相互作用实现一定的功能,简称为系统。系统之外的高层次系统称为超系统,系统之内的低层次系统称为子系统。所要研究的、问题正在发生的系统,通常也称作"当前系统"(简称系统)。例如,如果把汽车作为一个当前系统,那么轮胎、发动机和方向盘都是汽车的子系统。因为每辆汽车都是整个交通系统的一个组成部分,交通系统就是汽车的一个超系统。当然,大气、车库等也是汽车的超系统,如图4.11所示。

子系统　　　　当前系统　　　　　　超系统

图 4.11　当前系统、子系统和超系统

当前系统是一个相对的概念。如果以轮胎作为"当前系统"来研究的话,那么轮胎中的橡胶、子午线等就是轮胎的子系统,而汽车、驾驶员、大气、车库等都是汽车的超系统。

在分析和解决问题的时候,多屏幕法不仅要考虑当前的系统,还要考虑它的超系统和子系统;不仅要考虑当前系统的过去和将来,还要考虑超系统和子系统的过去和将来,如图4.12所示。

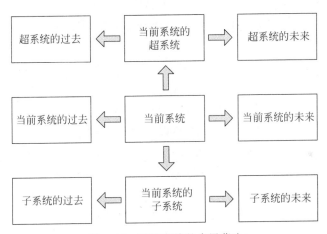

图 4.12　系统思维的多屏幕法

为了便于理解,以汽车为例来进行多屏幕法分析,如图4.13所示。

多屏幕法是理解问题的一种很好的手段,它可以帮助人们重新定义任务或矛盾,找出解决问题的新途径。它多层次、多方位地从一切与当前问题所在系统(如汽车)相关的系统去分析问题,这样才能更好地理解当前的问题并找到解决方案。

考虑"当前系统的过去"是指考虑发生当前问题之前该系统的状况,包括系统之前运行的状况、其生命周期各阶段的情况等,考虑如何利用过去的各种资源来防止此问题的发生,以及如何改变过去的状况来防止问题发生或减少当前问题的有害作用。

考虑"当前系统的未来"是指考虑发生当前问题之后该系统可能的状况,考虑如何利用以后的各种资源,以及如何改变以后的状况来防止问题发生或减少当前问题的有害作用。

当前系统的"超系统"元素可以是各种物质、技术系统、自然因素、人与能量流等。人

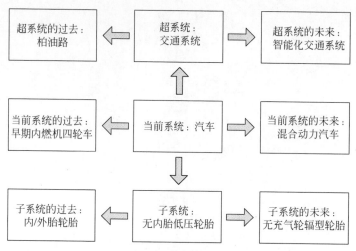

图 4.13　系统思维的多屏幕法举例——汽车

们通过分析如何利用超系统的元素及组合,来解决当前系统存在的问题。

当前系统的"子系统"元素同样可以是各种物质、技术系统、自然因素、人与能量流等。人们通过分析如何利用子系统的元素及组合,来解决当前系统存在的问题。

当前系统的"超系统的过去"和"超系统的未来"是指分析发生的问题之前和之后超系统的状况,并分析如何利用和改变这些状况来防止或减弱问题的有害作用。

当前系统的"子系统的过去"和"子系统的将来"是指分析所发生的问题之前和之后子系统的状况,并分析如何利用和改变这些状况来防止或减弱问题的有害作用。

进行这些分析后,再来寻找这个问题的解决方案,就会发现一系列完全不同的观点:新的任务定义取代了原有任务定义,产生了一个或若干个考虑问题的新视角,发现了系统内没有被注意到的资源等。

多屏幕思维方式是一种分析问题的手段,它体现了如何更好地理解问题的一种思维方式,也确定了解决问题的某个新途径。另外,各个屏幕显示的信息,并不一定都能引出解决问题的新方法。如果实在找不出好的办法,可以暂时先空着。但不管怎么说,每个屏幕对于问题的总体把握,肯定是有所帮助的。练习多屏幕思维方式,可以锻炼人们的创造力,也可以提高人们在系统水平上解决任何问题的能力。

【例 4-8】　太空钢笔。

据说,早期美国航天员在太空中用钢笔写不出字来,这是因为太空中缺乏重力的缘故。于是,美国航空航天局决定划拨 100 万美元的专款进行攻关:研究是在极其秘密的状态下进行的,经过半年多夜以继日的集中攻关,最后研制出了一款专用的、十分精密的"太空钢笔"。在庆祝会上,美国宇航局的一位官员突生疑问:我们如此费力,那么苏联航天员在太空中,是用什么笔写字的呢?

谍报人员费尽周折侦察之后,回来报告:苏联航天员用的是铅笔!

以上只是一则幽默。但是,它提醒人们不要固守一种思维定式,否则永远无法领略创新的真谛和魅力。

借研发太空钢笔这个问题来练习使用多屏幕思维分析。如图 4.14 所示,当前系统是普通钢笔,当前问题是在失重的情况下写不出字。

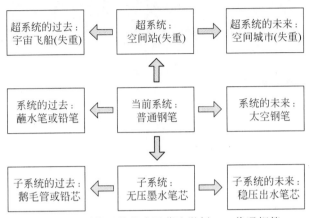

图 4.14　系统思维的多屏幕法举例——普通钢笔

由分析可见,钢笔"系统的过去"形式之一是铅笔;钢笔"子系统的过去"形式之一是铅芯。可以由图 4.14 得出结论:笔是一种留下书写痕迹的工具。普通钢笔在太空失重的情况下无法正常书写,而铅笔则不受重力影响,不管在太空还是地面都可以实现书写功能,而且结构简单,成本低廉。

但是,尽管在早期的太空活动中的美国宇航员也都是使用铅笔的,铅笔却不是理想的太空用笔。因为,铅笔书写后的字迹很容易被弄模糊,因此,保存字迹的可靠性不高;而且,铅笔尖容易折断,折断后的铅笔尖漂浮在空间站内,容易被吸入人体;还有,由于铅笔尖是导电的石墨材料,容易引发电器短路。

因发明了圆珠笔通用笔芯而致富的保罗·费舍尔,意识到宇航员使用安全、可靠的书写工具的迫切性,自掏腰包进行研制,花了两年时间和两百万美元费用后,于 1965 年研制成了能在太空环境下使用的圆珠笔太空笔(图 4.15)。其工作原理是:采用密封式气压笔芯,上部充有氮气,靠气体压力把油墨推向笔尖。经过严格的测试后,太空笔被美国宇航局采用,并于 1969 年 7 月 20 日跟随阿姆斯特朗和奥尔德林上了月球。

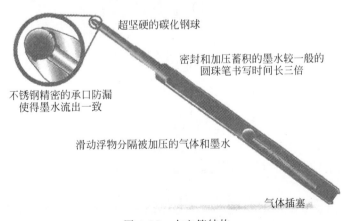

图 4.15　太空笔结构

太空笔是全天候的圆珠笔,除了太空环境,还可在其他各种极端恶劣(如寒冷的高山上和深海底)的条件下使用,并适用于各种角度书写,使用寿命长达几十年。

再回到图4.14,从"子系统的未来"中看到,稳压出水笔芯是太空钢笔的一个很好的解决方案。试想,如果在早期太空活动时,太空钢笔的研发人员能够使用多屏幕法来分析问题,也许太空钢笔的面世还要早几年。

4.3.2 尺寸—时间—成本分析

从物体的尺寸(Size)、时间(Time)、成本(Cost)三方面来做六个智力测试,重新思考问题,以打破固有的对物体的尺寸、时间和成本的认识,称为STC算子。它是一种让人们的大脑进行有规律、多维度思维的发散方法。它比一般的发散思维和头脑风暴能更快地得到人们想要的结果。

例如,使用活动的梯子来采摘果子的常规方法,劳动量是相当大的。如何让这个活动变得更加方便、快捷和省力呢?

为了解决这个问题,使用STC算子方法,从尺寸、时间和成本这三个角度来考虑问题。事实上,这三个角度为思考提供了一种思维的坐标系,使问题变得容易解决。这一坐标系具有很强的普适意义,可以在其他很多问题的解决中灵活运用。

如图4.16所示,在这种思维的坐标轴系统中,可以沿着尺寸、时间、成本三个方向来做6个维度的发散思维尝试。

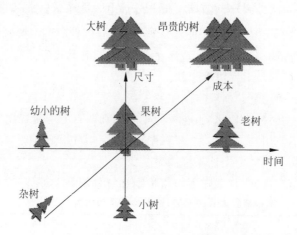

图4.16　按尺寸-时间-成本坐标显示的果树

(1) 假设果树的尺寸趋于零高度。在这种情况下,不需要活梯。那么,第一种解决方案,就是种植低矮的果树。

(2) 假设果树的尺寸趋于无穷高。在这种情况下,可以建造通向果树顶部的道路和桥梁。将这种方法转移到常规尺寸的果树上,就可以得出一个解决方案:将果树的树冠变成可以用来摸到果子的形状,如带有梯子的形状。这样,梯子形的树冠就可以代替活梯,让人们方便采摘果子。

(3) 假设收获的成本费用必须是不花钱的,即花费的钱为零。那么,最廉价的收获方法就是摇晃果树。

（4）如果收获的成本费用可以允许为无穷大，而没有任何限制，就可以使用昂贵的设备来完成这个任务。这种情况下的解决方案，就可以是发明一台带有电子视觉系统和机械手控制器的智能型摘果机。

（5）如果要求收获的时间趋于零，即必须使所有的果子在同一个时间落地。这是可以做到的，例如，可以借助于轻微爆破或者压缩空气喷射。

（6）假设收获时间是不受限制的。在这种情况下，不必去采摘果子，而是任由其自由掉落而保持完好无损即可。为此，只需在果树下放置一层软膜，以防止果子落下时摔伤就可以了。当然，也可以在果树下铺设草坪或松散土层。如果让果园的地面具有一定的倾斜角度，足以使果子在落地时滚动，则果子还会在斜坡的末端自动地集中起来。

总之，多角度地看待问题的思维方式，可以协助我们的思维进行有规律、多维度的发散而并非胡思乱想，最终让许多看似很困难、无从下手的问题变得非常简便，易于解决。而通过这些多角度提出的解决方案，也多是有效的创新方案。

4.3.3　资源—时间—成本分析

从物体的资源（Resource）或尺度、时间（Time）和成本（Cost）三方面重新思考问题，以打破固有对物体尺寸、时间等的认识，称为 RTC 算子。RTC 算子的作用并不是直接提供解决问题的方案，而是帮助人们找出解决问题新的思路。

资源是指可供人们在创新过程中能够自由选择创新尺度的一个空间，在这个空间里，人们同时放大物体三个维度的尺度直到无限大，或缩小物体的一个维度的尺度可小到零。如果这样还不能使物体的特性发生明显变化，就先固定一个维度的大小，而改变另两个维度的大小，直到满意为止。

时间是指逐步增加或减少物体完成功能过程的长短。

成本是指增加或减少物体本身功能所需的成本，以及物体完成主要功能所需辅助操作的成本。

执行 RTC 过程如图 4.17 所示，其操作主要包括以下 6 个维度的思维尝试：

（1）设想逐渐增大物体的尺度，使之自动超过真实物体的尺度，直至无穷大。

（2）设想逐渐缩小物体的尺度，使之自动小于真实物体的尺度，直至为零。在改变物体尺度时，应注意到每个物体都有三个维度，即长度、宽度和高度。通常放大或缩小物体的尺度，均在三个方向上同时进行。但如果这样改变尺度，还不能使物体有明显的特性变化，就需要先固定一个维度。放大或缩小其他两个维度，来观察物体特性的显著变化。

（3）设想逐渐增加物体作用的时间，使之自动

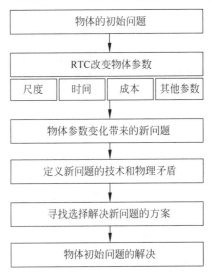

图 4.17　RTC 算子执行流程

超过真实作用的时间,直至无穷大。

(4) 设想逐渐减少物体作用的时间,使之自动少于真实作用的时间,直至为零。一般将物体完成有用功能所需要的时间,可理解为"时间"所指的时间。

(5) 设想增加物体的成本。使之自动超过现有物体的成本,直至无穷高的成本。

(6) 设想减少物体的成本,使之自动少于现有物体的成本,直至成本为零。

"成本"算子通常被理解为,不仅包括物体本身的成本,也包括物体完成主要功能所需各项辅助操作的成本。

应用 RTC 算子,需遵循下述原则:

(1) 不得改变初始问题。

(2) 上述 6 个过程需要全部进行,直至获得一种变化了的新特性。每个过程需要分阶段进行。在每个阶段,必须多次改变物体的参数,来观察和分析每一次改变所引起的物体特性变化。

(3) 必须完成各参数所有阶段的变更,不能因为中间找到了一个答案就停止,直到最后都要一直不断地反复比较。

(4) 可将物体分成几个单独的子部分,也可组合几个相似物体来进行分析。

4.3.4 金鱼法

在创新过程中,有时候产生的想法看起来并不可行甚至不现实,但是,此种想法的实现却绝对令人称奇。如何才能克服对"虚幻"想法的自然排斥心理呢?金鱼法(图 4.18)可帮助人们解决此问题。

金鱼法的基础是将一个异想天开的想法分为两部分:现实部分及非现实(幻想)部分。接着,把非现实部分再分为两部分:现实部分及非现实部分,继续划分,直到余下的非现实部分变得微不足道,而想法看起来却更加可行为止。

金鱼算法具体步骤是:

(1) 将不现实的想法分为两部分,即现实部分与非现实部分。精确界定什么样的想法是现实的,什么样的想法看起来是不现实的。

(2) 解释为什么非现实部分是不可行的。尽力对此进行严密而准确的解释,否则最后可能又得到一个不可行的想法。

(3) 找出在哪些条件下想法的非现实部分可变为现实的。

(4) 检查系统、超系统或子系统中的资源能否提供此类条件。

(5) 如果能,则可定义相关想法,即应怎样对情境加以改变,才能实现想法看似不可行的部分。将这一新想法与初始想法的可行部分,组合为可行的解决方案构想。

(6) 如果我们无法通过可行途径来利用现有资源,为看起来不现实的部分提供实现条件,则可将这一"看起来不现实的部分"再次分解为现实与非现实部分。然后,重复步骤(1)~(5),直到得出可行的解决方案构想。金鱼法是一个反复迭代的分解过程,其本质是将幻想的、不现实的问题求解构想,变为可行的解决方案。

【例 4-9】 让毛毯飞起来。

步骤 1:将问题分为现实和幻想两部分。

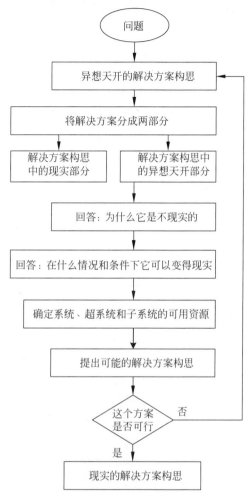

图 4.18 金鱼法流程

现实部分：毯子是存在的；幻想部分：毯子能飞起来。

步骤 2：幻想部分为什么不现实？

毯子比空气重，而且它没有克服地球重力的作用力。

步骤 3：在什么情况下，幻想部分可变为现实？

施加到毯子上向上的力超过毯子自身重力，或使毯子的质量小于空气的质量。

步骤 4：列出所有可利用资源。

① 超系统资源：空气；风（高能粒子流）；地球引力；阳光和重力。

② 系统资源：毯子的形状和质量。

③ 子系统资源：毯子中交织的纤维。

步骤 5：利用已有资源，基于之前的构想（步骤 3）考虑可能的方案。

① 毯子的纤维与太阳释放的粒子流相互作用可使毯子飞翔。

② 毯子比空气轻。

③ 毯子在不受地球引力的宇宙空间。

④ 毯子上安装了提供反向作用力的发动机。

⑤ 毯子由于下面的支撑力增加而悬在空中(气垫毯)。

⑥ 磁悬浮。

……

步骤6：构想中的不现实方案，再次回到步骤1。

选择不现实的构想之一：毯子比空气轻，回到步骤1。

步骤1：分为现实和幻想两部分。

现实部分：存在着质量轻的毯子，但它们比空气重；

幻想部分：毯子比空气轻。

步骤2：为什么毯子比空气轻是不现实的？

制作毯子的材料比空气重。

步骤3：在什么条件下，毯子会比空气轻？

制作毯子的材料比空气轻；毯子像尘埃微粒一样大小；作用于毯子的重力被抵消。

步骤4：考虑可利用资源。

① 超系统资源：空气；风(高能粒子流)；地球引力；阳光和重力；

② 系统资源：毯子的形状和质量；

③ 子系统资源：毯子中交织的纤维。

步骤5：结合可利用资源，考虑可行的方案。

① 采用比空气轻的材料制作毯子；

② 使毯子与尘埃微粒的大小一样，其密度等于空气密度。

③ 毯子由于空气分子的布朗运动而移动；在飞行器内使毯子飞翔，飞行器以相当于自由落体的加速度向上运动，以抵消重力。

步骤6：构想中的不现实方案，再次回到步骤1。

选择不现实的构想之一：采用比空气轻的材料制作毯子。继续回到步骤1进行分析，直到找到切实可行的解决方案。

功能分析和裁剪

本章学习目标

- 理解功能的概念
- 了解功能分析的作用
- 熟练掌握功能描述的原则及方法
- 掌握功能分析的步骤及方法
- 熟悉系统裁剪的实施策略及裁剪方法

本章先介绍功能的概念及功能分析的作用,再介绍功能描述的原则及方法,以及功能分析的步骤,最后介绍系统裁剪的实施策略及裁剪方法。

5.1 系统功能分析概述

19 世纪 40 年代,美国通用电气的工程师迈尔斯首先提出功能的概念,并把它作为工程研究的核心问题,他认为,顾客买的不是产品本身,而是产品的功能。功能是产品存在的目的,可能涉及产品的多方面。在设计科学的研究过程中,人们逐渐认识到产品设计中工作原理构思的关键,往往是满足产品的功能要求。

5.1.1 功能的概念

功能的由来有两种:一种是人们的需求,另外一种是人们从实体结构中抽象出来的。人们的需求是主动地提出功能,从结构中抽象是被动地挖掘出功能。如汽车、飞机的出现,最初不是人们想要利用其运载人或物,而是随着时代的发展,人们逐渐发掘出其功能。

因此,广义的功能定义为:研究对象能够满足人们某种需要的一种属性。

例如:冰箱具有满足人们"冷藏食品"的属性;起重机具有帮助人们"移动物体"的属性。企业生产的实际上是产品的功能,用户购买的实际上也是产品的功能。如:用户购买电冰箱,实际上是购买"冷藏食品"的功能。

在 TRIZ 中,功能是产品或技术系统特定工作能力抽象化的描述,它与产品的用途、能力、性能等概念不尽相同。功能一般用"动词+名词"的形式来表达,动词表示产品所完成的一个操作,名词代表被操作的对象,是可测量的。

例如:钢笔,它的用途是写字,而功能是存储墨水;铅笔,它的用途是写字,而功能是摩擦铅芯;毛笔,它的用途是写字,而功能是浸含墨汁。

任何产品都具有特定的功能,功能是产品存在的理由,产品是功能的载体;功能附属于产品,又不等同于产品。

功能分析应用范围目前主要包括两个方面,即新系统的设计及已有系统的改进。开发新技术系统时,首先需确定系统完成或实现的主要功能,然后将主要功能分解为子功能,即功能分解。改进已有技术系统时,是理清技术系统的主要功能及其辅助功能,以便理解系统,找出系统的问题所在。

5.1.2 系统功能分析的作用

1. 明确发明对象的功能

功能分析的最主要目的就是要搞清发明事物所应具有的全部功能。例如电冰箱,它应具备的两项基本功能是保鲜和制冷。

2. 为创造方案提供依据

有了明确的各级功能目标,可以为方案的创造或发明设想指明具体的方向。发明者必须具有"方法是为目标服务"的清醒认识。

3. 充分掌握各项功能之间的相互关系

功能分析的另一个重要作用就是要充分明确和掌握发明对象中内含的各项功能之间的逻辑关系和功能之间的相互影响。

4. 扩大方案创造的设计思路

以功能分析为核心进行方案的设计,能够有效地拓宽思路,构思出价值更高、效果更好的方案来。不以结构要素为思考点,而是从事物所应具有的功能为思考点。

5.2 功能描述

5.2.1 功能描述的相关概念

1. 功能

功能是使产品能够工作或使其能够被出售的特性。从生产者角度来看,功能的定义是产品能干什么,而从顾客角度来看,功能的定义是为什么购买。例如,从生产者角度看,空调的功能是调节温度;而从顾客角度来看,空调的功能是可以使空间舒适度更高。

2. 功能描述

功能描述就是指对分析对象及其组成部分所应具有的各种功能,用简明、准确的语言进行描述。需要强调的是,功能语言可以让我们看到问题的本质,虽然大多数情况下功能的描述与日常用语是相同的,但有些功能在描述时与日常用语是相当不同的。

比如,我们说开着的门是让人通过的。这是我们日常生活的用语,而如果用功能分析的语言来描述,则二者根本没有功能,因为开着的门与人并没有发生接触,不具备功能存在的条件。而门关上的时候,人就有可能与门有功能存在了,因为门阻挡了人。让人的运动轨迹发生了改变,或者说把人挡在门外的这个状态得到了保持。

3. 组件

组件就是指组成系统或超系统的一部分的物体。这里所指的物体是指广义上的物体,是指物质或者场以及物质和场的组合。物质是指具有静质量的物体,比如常见的车、车轮、牙刷、椅子、杯子、水、空气等都属于物质。场是指没有静质量,但可在物质之间传递能量的物体。比如电磁场、热量、重力、超声等都属于场。由此定义看出,组件是指组成系统或超系统的物质或场以及物质和场的组合。

一个功能如果存在,必须具备三个条件:

(1) 功能的载体和功能的对象都是组件,即物质或场。

(2) 功能的载体与功能的对象之间必须有相互作用,即二者必须相互接触。

(3) 功能对象的至少一个参数应该被这个相互作用改变或者保持。

从这三个条件中,我们不难看出,两个组件接触了并不一定有功能。因为功能更加强调结果,即参数的改变或保持。

5.2.2 功能描述的原则

功能描述对我们常规的思维来说是一种挑战。为了使功能描述变得更加简便易于理解和表达,特规定以下几项原则:

(1) 功能可以描述为工作＋对象(V＋O)。

例如: 电线的功能是传输电流,房子的功能是保持温度。更多的功能定义的直觉表达与本质表达如表 5.1 所示。

表 5.1　功能定义的直觉表达与本质表达

技术系统	直觉表达	本质表达
电吹风机	风干头发	蒸发水分
电风扇	凉爽身体	移动空气
放大镜	放大目标物	改变光线
白炽灯	照亮房间	发光
挡风玻璃	保护司机	防止车外物体撞击
二极管	整流电流	阻滞某极性电流

从表 5.1 中可以看出,直觉表达描述的不是功能,而是功能执行的结果。TRIZ 的功能定义尽量采用本质表达。

练习:规范地描述下列功能。

电线的功能:传输电流。

牙刷的功能：去除牙垢。

空调的功能：控制房间的温度。

眼镜的功能：折射光线。

活塞的功能：挤压气体。

水泵的功能：输送液体（水）。

汽车的功能：运载货物或人。

杯子的功能：装流体。

手表的功能：计时。

（2）功能受体至少要有一个参数受到影响，发生改变。

例如：传输电流意味着电流位置的改变。保持温度意味着温度高低的保持。

练习：规范地描述下列功能。

传输电流：电荷位置发生改变。

去除牙垢：牙垢空间位置发生改变。

控制房间温度：房间温度发生改变。

折射光线：光线长度发生改变。

挤压气体：气体密度（体积）发生改变。

输送液体：液体位置发生改变。

（3）禁止使用"不"替代否定动词。

不能说"陶瓷不能传导电流"，而要说"陶瓷阻碍电流"。

不能说"河堤缺口不能阻止河水"，而要说"河堤缺口引导河水"。

（4）功能受体必须是组件，不能是组件参数，并且需要针对特定条件下的具体技术系统进行功能陈述。

5.2.3 功能的分类

1. 根据组件在系统中的作用

按照组件在系统中起的作用的好坏，我们将功能分为有用功能、有害功能和中性功能。需要注意的是，组件在系统中的功能好坏是主观的。如果功能是我们期望的，就是有用功能；而与我们所期望功能相反，就是有害功能。

例如，作为台灯的白炽灯泡除了有用功能"发光"外，还有有害功能"发热"。而在孵化箱中，同样的灯泡"发热"的功能是有用的，"发光"则是中性的。

有用功能按照它的性能水平来分又可以有以下分类。如果一个有用功能所达到的水平达到了我们期望，与我们的期望值相符，则我们称这个功能是充分的功能；如果一个功能所达到的水平低于我们的期望值，则我们称这个功能是不足的功能；而如果一个功能所达到的水平高于我们的期望值，则我们称这个功能是过度的功能。

例如，空调的一个很重要的功能是制冷空气。人的体感温度在20℃至25℃是比较舒服的；在夏天的时候，室外温度达到了35℃以上，如果用空调制冷后，室内空气的温度达到了舒适体感温度的区间，则我们说空调制冷空气这个功能是充分的；如果空调已经制冷,但制冷后的温度只能达到 34℃,虽然与我们的期望一致,但没有达到所期望的水平,则我们说空调制冷空气的功能是不足的;而如果制冷后的温度太低,比如说达到了 0℃ 以下,已经超出了我们的期望,则这个功能就是过度的。

2. 根据功能级别

如果工程系统中的某个组件的某个功能是有用的,根据功能的作用对象的不同,还可以将其做如下分类,即主要功能、基本功能和辅助功能。

如果功能的对象是系统的目标,功能载体是技术系统本身,则这个功能是主要功能。如果功能载体是与系统作用对象直接作用的系统组件,则我们称这个功能是基本功能。如果载体是系统或超系统中的组件,则我们称这个功能是辅助功能。

这三类功能是不是同等重要呢?答案是否定的。

对于主要功能,因为它直接作用于工程系统的目标(主要功能的作用对象),则它的分数就最高,我们将其记为 3 分。

对于基本功能,其任务是保证完成主要功能的组件功能,因此它的功能得分次之,我们将其记为 2 分。

而对于辅助功能,其任务是保证完成基本功能的组件功能,对超系统的组件有所影响,但又不是系统的目标,因此其功能的得分也最低,我们将其记为 1 分。三种功能的特征如下:

1) 主要功能

(1) 反映系统的主要有用功能(系统功能)。

(2) 系统创建或设计的目的和目标。

(3) 功能载体是技术系统本身。

2) 基本功能

(1) 保证完成主要功能的组件功能。

(2) 技术系统组件的功能级别最高为基本功能。

(3) 功能载体是与系统作用对象直接作用的系统组件。

3) 辅助功能

(1) 保证完成基本功能的组件功能。

(2) 功能载体是系统或超系统中的组件。

5.3 功能分析

从某种程度上说,分析问题比直接解决问题更加重要。本节将介绍现代 TRIZ 理论中一个非常重要的分析问题的工具——功能分析,它是后续许多工具的基础,比如因果链分析、剪裁、功能导向搜索等,也是在世界许多著名大企业中应用最为广泛、最为有效的 TRIZ 工具。即使在利用经典 TRIZ 的工具解决问题的时候,如果能用功能的语言来描述问题,也将会使解决问题的过程有所简化。

5.3.1 功能分析的概念

功能分析是一个分析问题的工具,是一种识别系统和超系统组件的功能、特点及其成本的分析工具,主要用来识别后期需要解决的问题。

1. 基本概念

1) 工程系统

工程系统是指能够执行一定功能的系统。一般说来,它指的是我们整体的研究对象。比如,我们研究的对象是一辆自行车,自行车的功能是移动人或者移动物,则它就是一个工程系统。而如果研究对象是一个车轮,车轮能够执行的功能是支撑车架及移动车架等功能,则我们可以将车轮看成一个工程系统。工程系统的级别是相对的,根据我们的研究目的来确定工程系统的范围。

2) 超系统

超系统是指包含被分析的工程系统的系统,在超系统中,我们所要分析的系统只是其中的一个组件。组成超系统的组件,就是超系统组件。工程系统和超系统的划分没有严格的界限,完全取决于项目的需要,一般来说,被研究对象之外的组件,超出项目范围以外的组件,或者说在项目的限制内某个组件没有可调节的自由度,那么这些组件可以作为超系统组件。

2. 功能分析的步骤

功能分析分为三部分,即组件分析、相互作用分析和创建功能模型。

(1) 组件分析是指将系统和超系统的组件加以区分,并分类列出来。

(2) 相互作用分析是识别组件两两之间的相互作用,为以后建立功能模型打下基础。

(3) 建立功能模型是指识别组件之间的具体功能,并根据它们执行功能的性能加以评估,最后形成功能模型图。

5.3.2 组件分析

组件分析用于问题识别阶段,是功能分析的一部分,它用于识别工程系统的组件以及超系统中与工程系统有相互作用或者共存的组件。

1. 选择合适的组件分析层级

在做组件分析的时候,首先需要根据项目的目标和限制选择合适的层级。比如,如果我们的研究对象是车,那么分析到的部件层级可能是车架、车轮、齿轮、链条等。而如果研究的对象是车轮,则分析到的部件层级可能是内胎、外胎、轮毂、辐条等。需要注意的是,如果选择的层级过高,则将会遗漏掉某些细节,找不到问题的根源;而如果选择的层级过低,将会出现很多组件,会使系统变得非常复杂,分析也很费力。因此,需要根据项目的需要,选择合适的层级,将系统中存在的问题找出来。

然后,将这些组件根据系统组件和超系统组件进行分类。将系统组件放在一起,将超系统组件放在一起。

2. 组件分析的注意事项

在对组件进行分析时,需要注意以下问题:

（1）选择在同一层级上的组件,不要混杂。比如我们在分析车的时候,如果已经有了车轮这个组件,就没有必要将内胎、外胎、轮毂等列出来,因为它们不是在一个层级上的,内胎、外胎、轮毂等都已经包含在车轮这个组件中了。

（2）如果有多个相同的组件,可以将它们看作一个组件。比如汽车的四个车轮,如果在分析的时候,认为它们执行的功能是相同的,则只要将它们写为车轮就可以了,而不需要将它们区分为车轮 1 和车轮 2。当然,如果认为前轮和后轮执行的功能不同,则可以将它们加以区分为前轮和后轮。

（3）如果发现在一个组件需要更加详细的分析,则可将这个组件分开到更低的一个层级上重新进行组件分析。

（4）超系统组件是指超系统中的组件,它不是被研究工程系统的一部分,却与工程系统相互影响。比如,我们在研究自行车的时候,风、重力、道路等都属于超系统组件。

（5）我们从实际的项目中得出一些经验,在进行功能分析的时候,组件的数量不宜过多,尽量保持在 10 个以内。如果超过 20 个,建议将某一部分单独取出另行功能分析。

5.3.3　相互作用分析

在做完组件分析后,接下来是进行相互作用分析。相互作用分析是指两两识别工程系统或超系统组件的相互作用的分析。

1. 相互作用分析的步骤

相互作用的概念非常简单,两个组件相互接触了就算是相互作用。相互作用背后隐含着一个重要信息,即如果一个组件要对另外一个组件有某种功能,前提条件是二者必须相互接触才行。相互作用分析的输出是一个相互作用的矩阵。其具体操作步骤如下。

（1）在矩阵中,在第一行中列出组件分析中所得到的组件,在第一列中也列出组件分析中的组件,排列顺序要完全相同。

（2）两两分析组件,看二者有无相互作用,即接触,如果有相互接触,则在矩阵单元中写"＋"标记,如果没有则以"－"标记。

（3）重复以上操作,直到将所有矩阵表格填满,对角线上的元素除外。

（4）如果发现其中某个组件与其他任何组件都没有相互作用,则需要进行重新检查。如果确定与任何其他组件均无相互作用,则说明这个组件不会有功能,将这个组件去掉就可以了。

相互作用分析矩阵将相接触的部件标识出来,带"＋"的元素意味着可能有功能,后续需要分析具体功能是什么。而带"－"表示两者没有功能,后续功能分析中将不再考虑两者的功能。

2. 相互作用分析的注意事项

在做相互作用分析时,需要注意以下两个事项。

（1）有的组件是靠场相互接触的,容易被忽略。比如两块靠得很近的磁铁,有人会认为二者没有相互作用,因为二者并没有接触。实际上,磁铁之所以被称为磁铁,是因为它能够产生磁场,一个磁铁处于另外一个磁铁所产生的磁场中,所以二者是相互接触的。再比如在描述声音的时候,一个人说话另外一个人能够听到,有些人在做相互作用分析的时候认为二者没有相互作用,这也欠妥。可以认为一个人产生的声场也是这个人的一部分,这个人通过声场与第二个人相互作用。对于这种情况,可以有两种相互作用的描述。可以认为一个人通过声场与另外一个人有相互作用;也可以认为一个人产生了声场,声场与另外一个人有相互作用。

(2) 在做相互作用分析的时候,不要只做一半,最好将另外一半也完成,这样可以检查是否有遗漏。如果相互作用的表格不对称,则意味着相互作用分析时出了问题,需要重新检查。

5.3.4 创建功能模型

功能建模是对工程系统进行功能分析的一个阶段,目的是为了建立一个功能模型,功能模型描述了工程系统或超系统组件的功能、用途、性能水平及成本等。

1. 创建功能模型的步骤

一个工程系统的功能可能不止一个,因此,需要将这些功能综合起来,以便进行直观的分析。功能模型是建立在组件分析、相互作用分析和功能分析基础之上的。功能模型是功能分析部分的输出。具体流程如图 5.1 所示。

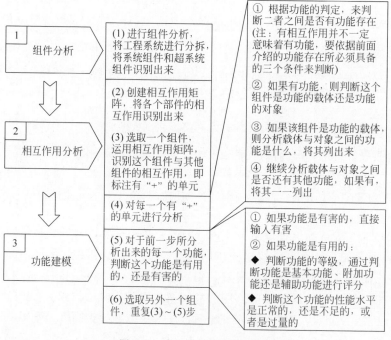

图 5.1　建立功能模型的步骤

2. 功能模型的图形化表示

我们可以用图示的形式将功能表示出来。这样就可以一目了然地对系统有了整体的了解,其中的问题也就显而易见了。组件分析中所列出的组件中有系统组件、超系统组件(目标是一种特殊的超系统组件),为了将它们进行区分,通常用不同形状的框图来表示。功能类型一般用以下方式表示。

箭头表示方向 ⟶

直线表示充分(或用黑色) ⟶

虚线表示不足(或用绿色) ┄┄┄┄┄►

双实线表示过度(或用蓝色) ⟹

波浪线表示有害(或用红色) ∿∿∿►

3. 功能分析时的注意事项

(1) 功能分析不是一个人的工作,而是一个团队的工作。

(2) 对系统做功能分析时会对系统有更加清楚的认识。对某个功能不太清楚的地方不要轻易放过,将其深挖非常重要。

(3) 对于同一个系统,功能分析所得到的结果,不一定是唯一的。

(4) 与表格化的功能模型相比,图形化的功能模型往往比较直观。

5.3.5 功能建模实例

1. 注射器组件模型表

注射器组件模型如表 5.2 所示。

表 5.2　注射器组件模型

系统	子系统	超系统
注射器	推杆	手指
	针管	药液
	针头	肌肉

2. 注射器结构模型表

注射器结构模型如表 5.3 所示。

表 5.3　注射器结构模型

	推杆	针管	针头	手指	药液	肌肉
推杆		+	−	+	+	−
针管	+		+	+	+	−
针头	−	+		−	+	+
手指	+	+	+		−	−
药液	+	+	+	−		+
肌肉	−	−	+	−	+	

3. 注射器组件功能模型表及功能模型图

注射器组件功能模型分别如表 5.4 和图 5.2 所示。

表 5.4　注射器组件功能模型

超系统	作用方向	子系统	功能	属性
手指	→	推杆	推动	力量
药液	←	针管	存储	容量
手指	→	针管	固定	稳定性
药液	←	推杆	移动	位置
药液	←	针头	指引	方向性
子系统	作用方向	子系统	功能	属性
针管	→	推杆	指引	方向性
针管	→	针头	固定	形状
超系统	作用方向	子系统	功能	属性
肌肉	←	针头	扩张	易受伤性

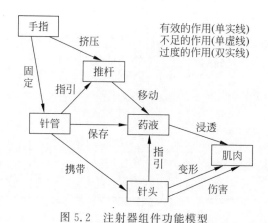

图 5.2　注射器组件功能模型

5.4　系统裁剪

　　裁剪是一种现代 TRIZ 理论中分析问题的工具,是指将一个或一个以上的组件去掉,而将其所执行的有用功能,利用系统或超系统中的剩余组件来替代的方法。换句话说,裁剪通过教会系统或超系统的其他组件执行被裁剪组件的有用功能的方式来保留系统的功能。裁剪后的工程系统成本更低,更加简洁,可靠性也可以提高,工程系统的价值也可以相应提高。

　　按照阿奇舒勒对产品进化定律的描述,产品进化有朝着先复杂化然后简化的方向进化。产品进化过程中简化的实现可以通过系统裁剪来实现。因此,系统裁剪是一条重要的进化路线,体现在组成系统的元素数量减少的同时,系统仍能保证高质量的工作。

　　【例 5-1】 PPSh41 冲锋枪。

　　苏联卫国战争初期,德军的攻势势如破竹,苏联的大部分兵工厂都被摧毁,而前线却迫切需要大量的武器装备,尤其是需求量最大的步枪和冲锋枪。在这种情况下,只有生产"最简单的结构、最经济的设计、最优良的火力"的冲锋枪才是上上之举。1941 年,PPSh

冲锋枪诞生了,命名为 PPSh41(俗称"波波沙"),见图 5.3。在整个二战期间,PPSh41 不停地被制造并装备苏联红军。

苏军步兵战术原则中有一条:"以坚定不移的决心逼近敌人,在近战中将其歼灭。"波波沙冲锋枪的外形格局明显模仿芬兰索米,但内部构造却大相径庭。结构非常简单,大部分零件如机匣、枪管护管都是用钢板冲压完成,工人只需

图 5.3　PPSh41 冲锋枪

作一些粗糙加工,如焊接、铆接、穿销连接和组装,再安装在一个木枪托上就完成了。制造工艺简单,没有复杂技术,冲压技术节省材料,造价低廉,制造速度很快,一般的学徒工稍加培训就可以轻松操作。到了 1945 年战争结束时,PPSh 冲锋枪已经生产了惊人的 550 万支,居二战冲锋枪生产的榜首。

【例 5-2】　苏联 T-34 坦克。

二战期间,苏联的技术基础较差,关键是工艺不过关,因此多靠简单而构思合理的设计去补拙,再以数量压倒对方。二战中的 T-34 坦克(图 5.4)的设计就说明了这一原则,它结构非常简单,但很合理。例如前壁制成坡形,既使得它的受弹角度利于弹开炮弹,又等于在不增加重量的前提下增加了坦克的装甲厚度。无论是装甲、大炮的口径和射程,都远远超过德国当时的主战坦克 Panzer IV(图 5.5)。T-34 的发动机是根据俄国的气候条件设计的,因此在严寒中也能轻松启动,不会像德国坦克那样冻死。履带较宽,不怕秋雨造成的俄国平原上的无边泥泞,无论哪方面都远远超过了德国坦克。最大的优点,还是它设计简单,不需要复杂的机械传动装置,可以在一般的拖拉机厂内大规模制造。

图 5.4　苏联 T-34 坦克

图 5.5　德国 Panzer IV 坦克

苏联在军工产品设计上一直秉承着这样一条原则,就是应用简单的结构实现强大的功能,那么遵循什么方法呢? 就是裁剪。

苏联军械设计师沙普金有句名言:"将一件武器设计得很复杂是非常简单的事情,设

计得很简单却是极其复杂的事情。"他设计的冲锋枪(PPSh41)正是贯彻了这个理念。

5.4.1 裁剪的重要作用

裁剪是现代 TRIZ 理论体系中的一个非常重要的部分,是区别于经典 TRIZ 理论的一个重要工具。

(1)裁剪法可以转换问题,即如果解决或者改善一个组件带来的问题非常困难,则可以尝试将这个组件去掉,那么原来的问题就被替换成为一个新问题,即如何让剩余的组件执行原来的有用功能。

(2)消除功能不正常的组件,它所带来的有害因素也随之消失。

(3)减少组件的数量,降低系统的复杂度,使系统更加稳健可靠。

(4)由于减少了组件,有可能降低系统的成本,但并不损失系统的功能。

(5)一般说来,裁剪意味着创新,裁剪的程度越大,则创新的水平也越高。

(6)裁剪法是一个非常强大的专利规避方法,目前已经在许多世界知名大公司,比如现代汽车、浦项制铁、通用电气等公司中广泛应用,它可以有效规避竞争对手的专利,将专利中所涉及的解决方案付诸实施而不会侵犯原有的专利。

(7)裁剪是一种进化趋势。

5.4.2 裁剪原理及过程

由功能分析得到的存在于已有产品中的小问题可以通过裁剪来解决。通过裁剪,将问题功能所对应的组件删除,改善整个功能模型。组件被裁剪之后,该组件所需提供的功能可根据具体情况选择以下处理方式:

(1)由系统中其他组件或超系统实现;

(2)由受作用组件自己来实现;

(3)删除原来组件实现的功能;

(4)删除原来组件实现功能的作用物。

例如,图 5.6(a)是已有牙刷的功能模型。将牙刷柄裁剪掉后,得到图 5.6(b)的功能模型。原来组件"牙刷柄"的功能由系统中其他组件——"手"来实现,简化了系统。

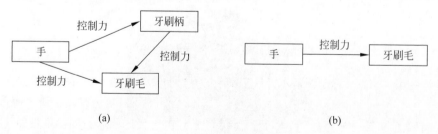

(a)   (b)

图 5.6 牙刷的功能模型

从进化的角度分析,功能裁剪一般发生在由原产品功能模型导出的最终理想解模型不能转化为实际产品的时候。Grawatsch 用以下问题来描述裁剪的过程,如表 5.5 所示。

将这些问题分别对应技术系统的不同的进化模式,从而定义产品功能的理想化程度,应用裁剪与预测技术寻找中间方案。

表 5.5　功能裁剪的问题对应于技术进化的模式

进化定律	对应的裁剪问题
技术系统进化的四阶段	是否有必要的功能可以删除
增加理想化水平	是否有操作组件可以由已存资源(免费、更好、现在)替换
零部件的不均衡发展	是否有操作组件可以由其他组件(更高级)替换
增加动态性及可控性	是否系统可以取代功能本身
通过集成以增加系统功能	是否一些组件的功能或组件本身可以被替代
交变运动和谐性发展	是否有不需要的功能可以由其他功能所排除
由宏观系统向微观系统进化	是否有操作组件可以由其他组件(更小的)替换
增加自动化程度,减少人的介入	是否有不需要的功能可以由其他功能(自动化控制的)所排除

Darrell Mann 给出六个问题来描述功能裁剪的具体过程,如表 5.6 所示,应用这六个问题来考量功能模型中组件功能之间的关系,并在具体操作中规范了裁剪的顺序与原则,指导裁剪动作的实施。

表 5.6　功能裁剪的具体过程

裁剪的问题	裁剪的顺序	裁剪的原则
此组件的功能是否为系统必需的? 在系统内部或周围是否存在其他组件能完成此功能? 是否已有资源能完成此功能? 是否存在低成本可选资源能完成此功能? 是否此组件必须能与其他组件相对运动? 是否此组件能从组件中方便地装配或拆卸?	Ⅰ)许多有害作用、过剩作用或不足作用关联的组件应裁剪掉,那些带有最多这样功能(尤其是伴有输入箭头的,即组件是功能关系的对象)的组件是裁剪动作的首要选项 Ⅱ)不同组件的相对价值(通常是金钱)。最高成本的组件代表着最大的裁剪利益的机会 Ⅲ)组件在功能层次结构中所处的阶层越高,成功裁剪的概率就越高	A)功能捕捉 B)系统完整性定律 C)耦合功能要求 ① 实现不同功能要求的独立性 ② 实现功能要求的复杂性最小

5.4.3　裁剪对象选择

通过功能分析建立产品功能模型以后,对模型中组件进行逐一分析,确定裁剪对象和顺序。多种方法可以帮助确定组件的删除顺序。从裁剪工具的角度来说,因果链分析、有害功能分析、成本分析为较重要的方法,因为这三种方法可以快速确定裁剪对象,其他方法可以作为辅助方法帮助确定裁剪顺序。其中优先删除的组件具有以下特性:

(1)关键有害因素:由因果链分析可以得知有害因素,可直接删除系统最底层的根本有害因素,进而删除其他相关较高阶层的有害因素。

因果链分析的主要作用是找出工程系统中最关键的有害因素。其方法为从目标因素回推找到产生问题的有害因素,直至找到最根本的原因。一般来说,因果链分析能找到大量的有害因素,但大部分有害因素都源于几个少数的根本有害因素。根本有害因素排除后,其后面的有害因素也就自然而然地被排除。

(2)最低功能价值:经由功能价值分析,可删除功能价值最低的组件;组件的功能价值可以由组件价值分析进行评估。通常,评估功能组件价值的参数有三个:功能等级、问题严重性和成本。若针对产品设计初期的概念设计,在功能价值评估过程中可以不考虑成本的问题。

(3)最有害功能:对组件进行有害功能分析,删除系统中有害功能最多的那个组件,增加系统的运作效率。

有害功能分析是通过组件的有害功能数量的多少及有害功能的加权数值来进行的,其中加权者为产品设计人员。

(4)最昂贵的组件:利用成本分析可删除成本最昂贵且功能价值不大的组件,这样可以大幅降低系统的制造成本,成本分析是将系统组件的成本做比较,成本越高的组件被删除的优先级别就越高。

5.4.4 裁剪法的实施策略

裁剪是一种改进系统的方法,该方法研究每一个功能是否必需,如果必需则研究系统中的其他组件是否可完成该功能,反之则去除不必要的功能及其组件。经过裁剪后的系统更为简化,成本更低,而同时性能保持不变或更好,剪裁使产品或工艺更趋向于理想解(IFR)。

应用裁剪主要针对已有产品,通过进行功能分析,删除问题功能组件,以完善功能模型。裁剪的结果会得到更加理想的功能模型,也可能产生一些新的问题。对于产生的新问题,可以采用TRIZ的其他工具来解决。

假如组件A希望被裁掉,找到希望裁剪的组件A后,在裁剪实施时可采取下列策略依顺序进行判断,找到适合该系统的裁剪方式和方法。假设组件B为组件A的作用对象。

策略一:若组件B不存在了,组件B也就不需要组件A的作用,那么组件A就可以被裁剪掉。

如果组件B是该系统的系统作用对象,那么此条不适用,可采用策略二。

策略二:若组件B能自我完成组件A的功能,那么组件A可以被裁剪掉,其功能由组件B自行完成。如果不存在策略二的条件,可采用策略三。

策略三:若该技术系统或超系统中其他的组件可以完成组件A的功能,那么组件A可以被裁剪掉,其功能由其他组件C完成。如果不存在策略三的条件,可采用策略四。

策略四:若技术系统的新添组件可以完成组件A的功能,那么组件A可以被裁剪掉,其功能由新添组件C完成。

裁剪方式的优先级为:策略一→策略二→策略三→策略四,可以选择多种裁剪方式得到不同的解决方案。

5.4.5　裁剪法实例——近视眼镜

根据裁剪法实施裁剪对象选择原则,近视眼镜系统中提供最低价值辅助功能的组件是镜腿,因此从镜腿开始裁剪。如图 5.7 所示,镜腿的功能为支撑镜框。根据裁剪法的实施策略,逐一寻求裁剪镜腿的解决方案。

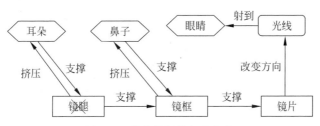

图 5.7　裁剪镜腿的解决方案

(1)实施策略一:没有镜框(因此镜框不需要支撑作用)。

(2)实施策略二:镜框自我完成支撑作用。

(3)实施策略三:技术系统中其他组件完成支撑镜框作用(如镜片);超系统组件完成支撑镜框作用(如手、鼻子、眼睛等)。

选择实施策略三,用超系统组件中的鼻子或手,来完成支撑镜框的作用。如图 5.8 所示。实际上,很早的时候就存在这种无腿近视眼镜,使用时用鼻子或手来进行支撑。如图 5.9 所示。

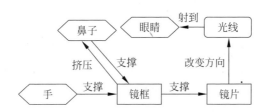

图 5.8　超系统组件中鼻子或手完成支撑镜框的作用

图 5.9　无腿近视眼镜

继续裁剪,眼镜系统中剩余的组件中,镜框和镜片相比,镜框的功能是辅助的,相对价值较低,故裁剪镜框,如图5.10所示。镜框的功能为支撑镜片。根据裁剪法的实施策略,逐一寻求裁剪镜框的解决方案。

(1)实施策略一:没有镜片(因此镜片不需要支撑作用)。

(2)实施策略二:镜片自我完成支撑作用。

(3)实施策略三:技术系统中其他组件完成支撑镜片作用(无);超系统组件完成支撑镜片作用(如手、鼻子、眼睛等)。选择实施策略三,用超系统组件中的眼睛,来完成支撑镜片的作用。如图5.11所示。

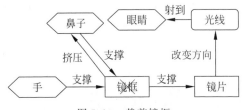 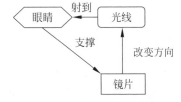

图5.10　裁剪镜框　　　　图5.11　超系统组件中眼睛完成支撑镜片的作用

很容易想到,这种眼镜就是隐形眼镜。如图5.12所示。

图5.12　隐形眼镜

再继续裁剪,系统中还剩下一个组件,即镜片,镜片的功能为改变光线的方向,使其进入眼睛。如图5.13所示。根据裁剪法的实施策略,逐一寻求裁剪镜片的解决方案。

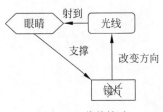

图5.13　裁剪镜片

(1)实施策略一:没有光线(光线为系统作用对象,因此实施策略一不可用)。

(2)实施策略二:光线自我完成改变其方向的作用。

(3)实施策略三:技术系统中其他组件完成改变光线方向的作用(无);超系统组件完成改变光线方向的作用(如眼睛),如图5.14所示。选择实施策略三,用超系统组件中的眼睛,来完成改变光线方向的作用。

图 5.14　超系统组件中眼睛完成改变光线方向的作用

整个眼镜系统已被裁剪，眼镜不存在了。通过眼睛自身来改变光线的方向，完成调整视力的功能。这就是现在的医疗技术——近视眼手术，如图 5.15 所示。

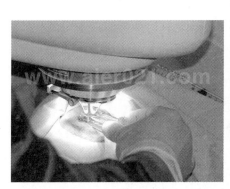

图 5.15　近视眼手术

发明原理与应用

本章学习目标

- 了解发明原理的由来
- 熟练掌握部分发明原理及应用规则

本章先介绍发明原理的由来,再介绍分割原理、抽取原理等部分发明原理及其应用规则。

6.1 发明原理的由来

通过对世界各国大量的高级别发明专利进行分析、研究和总结,阿奇舒勒发现一个现象:发明家们用来求解发明问题的基本方法其实是有限的,阿奇舒勒认为常用的约有 40 种,称作 40 个发明原理。一般情况下,发明原理最常应用于解决存在技术矛盾的工程问题。

从 1946 年开始,阿奇舒勒研究阅读了 20 多万份发明专利文献,从中挑选出 4 万份发明级别为二级、三级和四级的发明专利。通过对这 4 万份发明专利进行深入的统计和分析,阿奇舒勒发现:虽然各种专利解决的是不同领域内的问题,但是它们所使用的方法(技巧)有很多却是相同的,即一种方法可以解决来自于不同工程技术领域的类似问题。于是,通过归纳和总结,从 1946 年到 1971 年,阿奇舒勒从这 4 万份专利中提取出了 40 种最常用的解决发明问题的方法,这就是 TRIZ 理论所谓的 10 个发明原理(Inventive Principle,IP)。后来,TRIZ 研究者经过进一步的研究,又陆续总结出新的 10 个发明原理。1973 年,这 10 个发明原理被以补充原理的形式发布。

在研究和应用 TRIZ 的 40 个发明原理的实践中人们发现,实际上,40 个发明原理的使用率也有很大的不同,如表 6.1 所示。

表 6.1 40 个发明原理及使用率

编号及发明原理	使用率	编号及发明原理	使用率
1. 分割	3	6. 多功能性(多用性、广泛性)	20
2. 抽取	5	7. 嵌套	34
3. 局部质量	12	8. 质量补偿	32
4. 增加不对称性	24	9. 预先反作用	39
5. 组合(合并)	33	10. 预先作用	2

续表

编号及发明原理	使用率	编号及发明原理	使用率
11. 预补偿(事先防范)	21	26. 复制	11
12. 等势	37	27. 廉价替代品	13
13. 反向作用	10	28. 机械系统替代	4
14. 曲率增加(曲面化)	29	29. 气压与液压结构	14
15. 动态特性	6	30. 柔性壳体或薄膜	25
16. 未达到或过度的作用	16	31. 多孔材料	30
17. 空间维数变化(一维变多维)	19	32. 颜色改变(改变颜色、拟态)	9
18. 机械振动	8	33. 同质性(均质性)	38
19. 周期性作用	7	34. 抛弃和再生	15
20. 有益(效)作用的连续性	40	35. 物理或化学参数改变	1
21. 减少有害作用的时间(快速通过)	35	36. 相变	26
22. 变害为利	22	37. 热膨胀	27
23. 反馈	36	38. 强氧化剂(使用强氧化剂、加速氧化)	31
24. 借助中介物	18	39. 惰性环境	23
25. 自服务	28	40. 复合材料	17

研究也表明,40 个发明原理所对应的科学效应的数量有很大的不同,如表 6.2 所示。所谓效应,是指在有限环境下,一些因素和一些结果构成的一种因果现象,多用于对一种自然现象和社会现象的描述。效应一词使用的范围较广,并不一定指严格的科学定理、定律中的因果关系。例如温室效应、蝴蝶效应、毛毛虫效应、音叉效应、木桶效应、完形崩溃效应等。

表 6.2 40 个发明原理对应的科学效应的数量

编号及发明原理	对应数	编号及发明原理	对应数
1. 分割	5	17. 空间维数变化(一维变多维)	6
2. 抽取	16	18. 机械振动	14
3. 局部质量	14	19. 周期性作用	13
4. 增加不对称性	2	20. 有益(效)作用的连续性	2
5. 组合(合并)	9	21. 减少有害作用的时间(快速通过)	11
6. 多功能性(多用性、广泛性)	1	22. 变害为利	2
7. 嵌套	1	23. 反馈	5
8. 质量补偿	9	24. 借助中介物	19
9. 预先反作用	1	25. 自服务	4
10. 预先作用	1	26. 复制	8
11. 预补偿(事先防范)	16	27. 廉价替代品	5
12. 等势	2	28. 机械系统替代	15
13. 反向作用	6	29. 气压与液压结构	5
14. 曲率增加(曲面化)	13	30. 柔性壳体或薄膜	12
15. 动态特性	15	31. 多孔材料	12
16. 未达到或过度的作用	3	32. 颜色改变(改变颜色、拟态)	4

续表

编号及发明原理	对应数	编号及发明原理	对应数
33. 同质性(均质性)	1	37. 热膨胀	6
34. 抛弃和再生	7	38. 强氧化剂(使用强氧化剂、加速氧化)	6
35. 物理或化学参数改变	455	39. 惰性环境	2
36. 相变	12	40. 复合材料	4

TRIZ 的 40 个发明原理所阐明的统一规则如表 6.3 所示。

表 6.3　40 个发明原理所阐明的统一规则

编号及发明原理	所阐明的统一规则
1. 分割	产生新的属性(包含空间、时间、物质的分割)
2. 抽取	抽取出有用的属性,去除有害的属性
3. 局部质量	局部具有特殊的属性,确保相互作用中产生所需的功能
4. 增加不对称性	形状属性最佳化
5. 组合(合并)	运用多种效应、属性组合成创新产品
6. 多功能性(多用性、广泛性)	一物具有多种属性,运用不同的属性产生组合的功能
7. 嵌套	协调运用空间属性资源
8. 质量补偿	施加反向属性力,抵消重力
9. 预先反作用	产生需要的反向属性
10. 预先作用	形成方便操作的属性
11. 预补偿(事先防范)	预防产生不需要的属性
12. 等势	在重力属性场中稳定高度不变
13. 反向作用	运用反向属性实现需要的功能
14. 曲率增加(曲面化)	运用曲面形状的各种属性
15. 动态特性	利用刚性→单铰接→多铰接→柔性→液→粉→气→场等的特有属性实现功能,提高灵活性
16. 未达到或过度的作用	属性量值的选择性最佳化
17. 空间维数变化(一维变多维)	空间属性的协调转换
18. 机械振动	振动属性的运用
19. 周期性作用	时间属性的协调转换
20. 有益(效)作用的连续性	属性在时间维度上的稳定协调作用
21. 减少有害作用的时间(快速通过)	属性在时间维度上的急剧协调作用
22. 变害为利	运用有害的属性实现有用的功能
23. 反馈	信息属性作用的利用,时间属性和时间流的作用
24. 借助中介物	运用中介物的特有属性作用实现功能
25. 自服务	运用物质自身的属性完成补充、修复的功能
26. 复制	运用廉价的复制属性资源替代各种资源
27. 廉价替代品	运用物质特有的廉价的属性,确保一次性执行所需的功能
28. 机械系统替代	运用光、声、电、磁、人的感官等新的替代属性,高效率地执行所需的功能
29. 气压与液压结构	运用液压、气动属性实现力的传递
30. 柔性壳体或薄膜	运用柔性壳体和薄膜的特有属性作用实现功能

续表

编号及发明原理	所阐明的统一规则
31. 多孔材料	运用多孔材料具有比重轻、绝热性等特有属性
32. 颜色改变(改变颜色、拟态)	提高物质颜色属性的运用
33. 同质性(均质性)	运用相同的某个特定的属性
34. 抛弃和再生	使物质随着某一功能完成而消失,或是获得再生
35. 物理或化学参数改变	运用变、增、减、稳、测改变物质的各种属性,高效率地执行所需的功能
36. 相变	运用物质相变时形成的某些特征属性的作用实现功能
37. 热膨胀	运用物质的热膨胀属性实现功能
38. 强氧化剂(使用强氧化剂、加速氧化)	运用强氧化的化学属性作用实现功能
39. 惰性环境	运用化学惰性气体的特有属性改变环境
40. 复合材料	组合不同属性的物质,形成具有优良属性的物质实现功能

下面,依据 TRIZ 的 40 个发明原理的使用率(参见表 6.1),选择其中 12 个使用率较高的发明原理进行详细介绍。

6.2　原理 1　分割

分割原理是指这样一种过程:以虚拟或真实的方式将一个系统分成多个部分,以便分解(分开、分隔、抽取)或合并(结合、集成、联合)一种有益的或有害的系统属性。在多数情况下,会对分隔后得到的多个部分进行重组(或集成),以便实现某些新的功能,并(或)消除有害作用。随着分割程度的提高,技术系统逐步向微观级别发展。

1. 指导原则

(1) 将一个对象分成多个相互独立的部分。例如:

① 将轮船的内部空间分成多个彼此独立的船舱。

② 在学生宿舍楼中,将同一层分成多个功能相同的小房间。

③ 内燃机的多个汽缸。

④ 将学生分成不同的年级和不同的班级。

(2) 将对象分成容易组装(或组合)和拆卸的部分。例如:

① 组合家具。

② 暖气上的多个暖气片。

③ 将一根根铁轨连接起来,形成铁路。

④ 建筑上常用的预制件和活动房屋。

⑤ 在公司的组织结构上,可以使用模块化的方法来实现公司管理的柔性化。

(3) 增加对象的分割程度。例如:

窗帘的演变。一整块布做的窗帘→左右两块布做的窗帘→百叶窗。

2. 典型案例

（1）可调节百叶窗。这是一个"提高系统的可分性，以实现系统的改造"的实例。人们用可调节的百叶窗代替幕布窗帘，只要改变百叶窗叶片的角度，就可以调节外界射入的光线。

（2）军用飞机油箱。当军用飞机的油箱破损时，极易引起燃料大量外泄，继而引发爆炸的事故。为此，人们将油箱分隔成很多小隔间，以防止这类事故的发生。但这种办法在理论上可行，而实际操作上并不方便。利用分割原理，人们找到了解决问题的办法，即在军用飞机油箱中装设一种蜂窝状材料。这种看来有点粗糙的材料，实际是一种多孔的海绵体，它们将油箱分成无数个小"隔间"，从而比较理想地解决了这个难题。

3. 课堂讨论

以下是一些利用分割原理来解决工程问题的实例，请说一说其中蕴含的道理。
（1）把一辆大型载重卡车分成车头和拖车两个独立的部分；
（2）大型项目的总体设计与各分项设计；
（3）将一个磁盘分成多个逻辑分区；
（4）将书籍划分为多个章节，以改善书籍的陈述方式。

6.3　原理 2　抽取

抽取原理就是从整体中分离出有用的（或有害的）部分（或属性）。抽取可以以虚拟方式或实体方式来进行。

1. 指导原则

（1）从对象中抽取出产生负面影响的部分或属性。

① 最初的空调是一体机，工作时，压缩机会产生噪声。随着技术的发展，空调被分为室内机和室外机两部分。将压缩机放在室外机中，减少噪声对人的影响。

② 在巡航时，战斗机的两个副油箱挂在飞机下方，飞行中会优先使用副油箱内的燃油；在进入战斗前，抛弃副油箱，以减轻飞机的重量，增加飞机的机动性能。

③ 从口腔（整个系统）中拔掉（抽取）一颗坏的牙齿（有害部分），以改善整个口腔的健康状况。

④ 利用避雷针，把雷雨云中的电荷引入大地，从而避免建筑物遭受雷击（从物体中抽出可产生负面影响的部分或属性）。

（2）从对象中抽出有用的（主要的、重要的、必要的）部分或属性。例如：

① 用狗叫声作为报警器的报警声，而不用养一条真正的狗（将狗叫声从"狗"中抽取出来，作为有用的部分来单独使用）。

② 将稻草人作为"人"的代表放在稻田中（将人的外形从整个"人"中抽取出来）。

③ 化学试验中的蒸馏、萃取和置换都是从混合物中抽取出有用物质的过程。

2. 典型案例

以声呐为例。军舰在航行过程中,军舰上的各种设备会产生大量的电磁波,这些电磁波严重干扰了水下声呐的正常工作。利用抽取原理可以解决这个问题,这只须用遥控装置拖曳声呐,让声呐与军舰保持一定的距离,干扰电磁波便自然远离声呐,而不会起负面作用了。

3. 运用技巧

把系统中的功能或部件分成有用、有害部分,视情况抽取出来。切记:抽取的目的是为系统增加价值。抽取可同样应用于非实物或虚拟情况。

4. 课堂讨论

以下都是利用抽取原理解决工程问题的实例,请说一说其中蕴含的道理。
(1) 安装超声波驱鸟器,使飞鸟远离机场;
(2) 高速公路上的隔音屏障;
(3) 猎头为用人单位遴选优秀人才。

6.4　原理3　局部质量原理

在一个对象中,特殊的(特定的)部分应该具有相应的功能或条件,能够最好地适应其所处的环境,或更好地满足特定的要求。

指导原则如下:

(1) 将对象、环境或外部作用的均匀结构变为不均匀的。例如:对金属表面进行渗碳处理,可以增加材料表面的硬度(而金属内部的特性并没有改变),从而提高其耐磨性能。

(2) 让对象的不同部分具有不同的功能或特性。例如:
① 带橡皮的铅笔(橡皮的功能是擦除痕迹,铅笔的功能是产生痕迹)。
② 图钉一头尖(便于刺入物体内),一头圆(便于人手施加压力)。
③ 羊角锤(一头用来钉钉子,另一头用来起钉子)。
④ 瑞士军刀(包含多种工具,如螺丝起子、尖刀、剪子等,其功能各不相同)。

(3) 让对象的不同部分处于完成各自功能的最佳状态。例如:
① 键盘上各个键的位置和大小各不相同,使用频率较高的键位于最方便操作的位置,最常使用的键在体积上往往比其他键大(如空格键和 Enter 键)。
② 在食盒中设置间隔,在不同的间隔内放置不同的食物,避免相互影响。
③ 将一个大房间用隔断分成多个具有不同功能的小房间(如厨房、卫生间、卧室、客厅、储藏室等)。

6.5　原理4　增加不对称性原理

增加不对称性原理涉及从"各向同性"向"各向异性"的转换,或是与之相反的过程。各向同性是指,无论在对象的哪个部位,沿哪个方向进行测量,都是对称的。各向异性就是不对称,是指在对象的不同部位或沿不同的方向进行测量,测量结果是不同的。通过将对称的(均匀的)形式(形状、形态、外形)或结构变为不规则的(无规律的、不合常规的、不整齐的、不一致的、参差不齐的),可以增加不对称性。

指导原则如下:

(1) 将对象(其形状或组织形式)由对称的变为不对称的。例如:

① 计算机的内存条、声卡、显卡、网卡的插槽都采用不对称结构。这种不对称结构可以保证这些设备的正确插接。

② 坦克装甲的厚度,在不同部位是不同的。这种不对称结构既可以保证重点部位的高抗打击能力,又可以有效地减轻坦克的重量。

③ 飞机机翼的上面和下面的弧线是不同的。这种不对称结构能够在气流的作用下产生上升的力。

④ 从天平到杆秤的发展。

(2) 如果对象已经是不对称的了,就增加其不对称程度。例如:

① 为提高焊接强度,将焊点由原来的椭圆形改为不规则形状。

② 杠杆原理。当支点在中间的时候。两边长度相等,是对称的;当支点两边的长度不相等的时候,会出现杠杆作用而进一步增加这种不对称性,将会使杠杆作用更加明显,可以用很小的力撬起很重的物体。

③ 锁及钥匙运用增加不对称性原理,来保证键合结构的唯一性。

6.6　原理5　组合(合并)原理

组合(或合并)既可以是空间上的,也可以是时间上的。其目的是将两个或多个相邻的对象(操作或部分)进行组合或合并。或者,在多种功能、特性或部分之间建立联系,以便产生一种新的、想要的或唯一的结果。通过对已有功能的组合,可以生成新的功能。

指导原则如下:

(1) 在空间上,将相似的(相同的、相关的、同类的、接近的、连续的)对象加以组合(合并)。例如:

① 利用网络将多台计算机联起来。

② 将多种机床的功能"集成"到一起,形成加工中心(图6.1)。

③ 将多根不同颜色的油笔集成为一根多色油笔。

④ 将多个单一插座集成到一起,组成插线板。

⑤ 将电视机、录像机、收音机和录音机的功能集成到一起,形成家庭影院。

(2) 在时间上,将相似的(相关的、同类的、接近的、相同的、时间上连续的)操作或功

能加以组合(合并)(最好是实现并行工作,以提高工作效率)。例如:

①将多种机床按照特定产品的工艺规划排列起来,形成一条流水线。

②将多种单一功能的农业机械按照一定的顺序集成到一起,形成联合收割机(图 6.2)。

图 6.1　加工中心　　　　　　　　图 6.2　联合收割机

③冷热水混合龙头可同时放出冷水和热水,根据需求调节为所需的温度。

6.7　原理 6　多功能性(多用性、广泛性)原理

多功能性或通用性就是将不同的功能或非相邻的操作合并,使一个对象(例如,对象 X)具备多项功能(例如同时具备功能 A、功能 B、功能 C 等),从而消除这些功能(例如,功能 B)在其他(相关)对象(例如,对象 Y 具有功能 A、对象 Z 具有功能 B)内存在的必要性(进而裁剪对象 Y、Z 中承担该功能的子对象),结果就是对象 X 可以实现多个对象(例如,对象 Y、对象 Z 等)的功能。使对象具备多用性,可产生在其他情况下不存在的机会及协力优势。

指导原则如下:

使一个对象能够执行多种不同的功能,从而使其他只具有单一功能的对象成为多余的,进而可以将其他对象裁剪掉。例如:

①瑞士军刀可以提供多种功能。

②具备多种技能的操作人员(复合型人才)。

③家庭娱乐中心(具有录音机、CD 机、电视机、录像机等功能)。

④可调扳手是一种具有多用性的扳手(一把扳手可适合多种螺母)。

⑤食品安全法也具有多功能性。它不仅能够督促国内企业提高其产品质量,而且可以用来设置贸易壁垒,将别国的食品拒之门外。

6.8　原理 7　嵌套原理

所谓嵌套原理,是指通过递归地将一个对象放入另一个对象内部,或让一个对象通过另一个对象的空腔而实现嵌套。嵌套是指彼此吻合、彼此组合、内部配合的性质。嵌套原

理的一个典型应用,就是俄罗斯套娃(图 6.3),因此,嵌套原理也被称为套娃原理。嵌套的本质是彼此吻合、彼此组合、内部配合的性质。

图 6.3 俄罗斯套娃

嵌套原理的应用指导原则是:

(1) 把一个物体嵌入另一个物体,然后将这两个物体再嵌入第三个物体,以此类推。例如:

① 由从大到小的多个碗组成的"套碗"。

② 老式收音机或电视机上的拉杆天线。

③ 可伸缩的单筒望远镜。

④ 吊车的吊臂。

(2) 使一个对象穿过或处于另一对象的空腔。例如:

① 自动铅笔的空腔中可以放多根备用的铅笔芯。

② 机场廊桥(图 6.4)。

图 6.4 机场廊桥

③ 汽车安全带。

④ 飞机起落架(飞机起飞后,起落架被收到飞机的机体内部)。

6.9 原理 8 重量补偿原理

通过用一个相反的平衡力(浮力、弹力或类似的力)来阻遏(抵消)一个不良的(不希望有的)力。

指导原则如下:

(1) 将对象与另一个能提供上升力的对象组合,以补偿其重量。例如:

① 飞艇利用浮力来补偿人和货物的重量。

② 用氢气球悬挂广告条幅(利用氢气球提供的上升力来补偿条幅的重量)。

(2) 通过与环境的相互作用(利用空气动力、流体动力等)实现对象的重量补偿。例如:

① 机翼在空气中运动的时候,机翼上方空气密度减小,下方空气密度增加,产生升力。

② 直升机的螺旋桨与空气发生相对运动时,可以提升上升力。

③ 水翼船的水翼与水发生相对运动时,可以为船提供向上的力。

(3) 利用环境中相反的力(或作用)来补偿系统消极的(负面的)属性。例如:利用船体周围的海水来冷却油轮中所装载的易挥发液体。

6.10　原理 17　空间维数变化(一维变多维)原理

通过将对象转换到不同维度,或通过将对象分层或改变对象的方向来改变对象的维度。

指导原则如下:

(1) 如果对象沿着直线(一维)运动(或配置)时存在某种问题,则可以使其沿平面(二维)运动(或配置),来消除存在的问题;相同的道理,如果对象沿着平面(二维)运动(或配置)时存在某种问题,则可以使其过渡到三维空间来运动(或配置),从而消除存在的问题。

例如:

① 螺旋滑梯的滑道比直线型滑梯更长(图 6.5)。

② 台球选手利用弧线球来绕开母球与目标球之间的其他球。

③ 将刀子的刀刃由直线型改为锯齿形,可以提高切割效果。

④ 机械设计中的加强筋、工字钢、工字梁。

⑤ 建筑中的穹顶结构(图 6.6)、拱形结构。

图 6.5　螺旋滑梯

图 6.6　建筑穹顶

⑥ 固定电话上,连接听筒与机身的螺旋形电话线。

⑦ 从顺序操作(一维)变为并行操作(二维)。

(2) 单层变为多层。例如:

① 楼房代替平房。

② 立体车库。

③ 在仓库中,将货物堆垛码放。

④ 随着制造工艺的发展,小型电子设备中的印刷电路板已经从单层发展为多层。

(3) 将对象倾斜或侧向放置。例如:

① 自动卸载汽车。

② 往汽车上装卸汽油桶的时候,在地面与车厢之间利用木板形成斜坡,使装卸变得容易。

(4) 利用给定表面的反面。例如:双面胶带。

(5) 利用照射到邻近表面或对象背面的光线。例如:阳光无法直接照射到位于山坳里的小镇,居民们在附近的山顶上利用巨大的镜子,将太阳光反射到小镇里。

6.11　原理 18　机械振动

机械振动原理是指:

(1) 通过振动(振荡)或摇动(震动)对象而使对象产生机械振动,增加振动的频率或利用共振频率。

(2) 利用振动(颤动、摇动、摆动)或振荡(振动、振荡、摆动),在某个区间内产生一种规则的、周期性的变化。

1. 指导原则

(1) 使对象发生机械振动。例如:

① 利用振动刀片的电动切肉刀。

② 在浇注混凝土的时候,利用振动式励磁机(激励器)去除混凝土中的孔隙。

③ 在筛选(筛分)的时候,利用振动可以提高效率。

④ 振动可以使生锈的、腐蚀的或拧得过紧的零件松动。

⑤ 利用振动,乐器可以发出悦耳的声音。

(2) 如果对象已经处于振动状态,则提高振动的频率(直至超声振动)。例如:

① 利用振动来撒粉末。

② 利用超声波在液体中产生的空穴现象来清洗物体。

③ 犬笛可以发出超出人耳听力范围的声波,但狗可以听到这种声波。

④ 利用超声波进行无损检测。

(3) 利用共振频率。例如:

① 音叉。

② 利用一个小小的振动装置可以摧毁一栋摩天大楼。

③ 在清洗瓶子的时候,利用与瓶子的自振频率相同的脉冲可以很容易地将瓶子清洗干净。

(4) 用压电振动代替机械振动。例如:

① 石英表利用石英振动机芯代替了机械表的机械振动机芯。

② 利用压电振动器可以改善喷雾嘴对流体的雾化效果。

（5）将超声波振动与电磁场合并使用。例如：

① 在高频炉中对液态金属进行电磁搅拌，使其混合均匀。

② 利用感应电炉制作合金。

③ 将超声波与加热组合用来进行烘干。

2．应用案例

（1）振动式电动剃须刀，如图 6.7 所示。

（2）冲击式钻机（风钻），如图 6.8 所示。

图 6.7　电动剃须刀

图 6.8　工程风钻

6.12　原理 22　变害为利原理

通过将有害的作用或情况变为有用的作用。

指导原则如下：

（1）利用有害的因素（特别是环境中的有害效应），得到有益的结果。例如：

① 燃烧垃圾发电，燃烧后的灰粉还可以作为化肥或制成建筑材料。

② 在冬季，汽车发动机所产生的热量（这种热量对于发动机来说是有害的）可以用来对车厢内部进行加热。

③ 利用老鼠的高繁殖率，将其作为实验动物。

④ 在医学上，利用失去活性的病原菌制造疫苗，可以使人体获得后天的免疫能力。

⑤ 氧化作用可以使钢铁锈蚀，但是利用可控的氧化作用却可以保护钢铁。例如，黑色氧化物。

（2）将两个有害的因素相结合进而中和或消除它们的有害作用。例如：

① 在腐蚀性溶液中加入一个缓冲材料。

② 潜水员使用氮氧混合气体，以避免单独使用时造成的氮昏迷或氧中毒。

（3）增大有害因素的幅度直至有害性消失。例如：

① 森林灭火时，可以在大火蔓延方向的前方燃起另一场易于控制的火，将大火蔓延所需要的燃料烧光。

② 利用爆炸来扑灭油井大火。

6.13 原理 30 柔性壳体或薄膜原理

利用柔性壳体或薄膜来代替传统的结构,或利用柔性壳体或薄膜将一个对象与其所处的外界环境隔离开。

指导原则如下:

(1) 使用柔性壳体或薄膜代替传统的结构形式。例如:

① 网状结构(例如,蜘蛛网、渔网、网式吊床、网兜)。

② 用布衣柜代替木制衣柜。

③ 北京奥运会游泳比赛场馆(水立方)采用了塑料充气薄膜代替传统的建筑结构。

④ 卫星的太阳翼板是由很薄的金属板构成的,在将卫星发射到空间指定位置之前,太阳翼板以某种形式紧密地折叠在一起,卫星被发射到指定位置后才将太阳翼板打开。采用这种结构形式可以在运输时占用较小的空间,且重量轻,而在空间中展开时却可以变得非常巨大,且结构稳固。

(2) 使用柔性的壳体或薄膜将对象与其所处的外界环境隔离开。例如:

① 帐篷、雨伞、皮包、气球。

② 胶囊(易于吞咽,便于药物的缓释)。

③ 潜水服、游泳帽、塑料浴帽。

④ 茶叶包、鞋盒中的干燥剂包。

⑤ 用塑料大棚或地膜代替温室,降低成本。

⑥ 化妆品、指甲油、防晒霜可以提供保护并美化外貌。

矛盾分析

本章学习目标

- 理解物理矛盾的概念
- 熟练掌握四种分离方法
- 理解技术矛盾的概念
- 了解 39 个通用工程参数及矛盾矩阵的形式
- 掌握解决技术矛盾的方法

本章先介绍物理矛盾的相关概念及解决物理矛盾的四种分离方法,再介绍技术矛盾的概念及工程参数和矛盾矩阵的相关形式,最后介绍应用 TRIZ 原理解决技术矛盾的相关知识及使用方法。

7.1 物理矛盾与分离方法

通过对世界各国大量的高级别发明专利进行分析、研究和总结,阿奇舒勒发现一个现象:发明家们用来求解发明问题的基本方法其实是有限的,阿奇舒勒认为常用的约有 40 种,称作 40 个发明原理。一般情况下,发明原理可用于解决存在物理矛盾及技术矛盾的工程问题。

物理矛盾是一种常见的矛盾,当对一个系统的某个参数提出具有相反的要求时,就出现了物理矛盾。例如,狮子和驯兽员之间的矛盾。既要狮子表现出必要的野性,又不能伤害驯兽员。这时要求狮子既要野性又不能表现野性,这就是一对物理矛盾。再如,飞机的起落装置在飞机起飞和降落时是必需的,但是在飞机飞行的过程中是不需要的,这也是物理矛盾。

7.1.1 物理矛盾

阿奇舒勒定义物理矛盾这个概念来描述以下情况:对同一个对象的某个特性提出了互斥的要求。例如,某个对象既要大又要小,既要长又要短,既要快又要慢,既要高又要低,既要有又要无,既要导电又要绝缘,等等。物理矛盾是对技术系统的同一参数提出相互排斥的需求这样一种物理状态。无论对于技术系统的宏观参数,如长度、电导率及摩擦系数等,还是对于描述微观量的参数,如粒子浓度、离子电荷及电子速度等,都可以对其中存在的物理矛盾进行描述。

物理矛盾反映的是唯物辩证法中的对立统一规律,矛盾双方存在两种关系:对立的关系及统一的关系。一方面,物理矛盾讲的是相互排斥,即同一性质相互对立的状态,假定非此即彼;另一方面,物理矛盾又要求所有相互排斥和对立状态的统一,即矛盾的双方存在于同一客体中。

对于包含物理矛盾的对象来说,承载物理矛盾的那个特性,可能只依附于一个具体的参数(如长度、温度等),也可能是几个具体参数(如摩擦力、成本等)的综合表现。

常见的物理矛盾既可以是针对几何参数、物理参数的,也可以是针对功能参数的,如表 7.1 所示。

表 7.1　常见的物理矛盾

类别	物理矛盾						
几何类	长与短	对称与非对称	平行与交叉	厚与薄	圆与非圆	锋利与钝	窄与宽	水平与垂直
材料及能量类	多与少	密度大与小	导热率高与低	温度高与低	时间长与短	黏度高与低	功率大与小	摩擦力大与小
功能类	喷射与堵塞	推与拉	冷与热	快与慢	运动与静止	强与弱	软与硬	成本高与低

【例 7-1】 飞机机翼的改进。

在飞机的改型设计中,为了提高飞机的飞行速度,设计人员希望用一种推力更大的新型发动机来代替原有的发动机。但是,新型发动机的重量要比老发动机大很多,这使得飞机的总重量大大增加。因此,在起飞时,原有机翼所提供的升力将无法满足要求。

为了解决这个问题,可以增加机翼的面积。这样就能够在起飞的过程中产生更大的升力。但是,当飞机高速飞行时,增大了面积的机翼将产生更大的阻力,这又会降低飞机的飞行速度。

在这个例子中,针对"机翼面积"这个参数出现了相反的(互斥的、矛盾的)需求。

一方面,为了提高飞行速度,需要推力更大的新型发动机。为容纳新型发动机比原有发动机更大的重量,需要在起飞的时候提供更大的升力。为此,需要增大机翼面积。

另一方面,为了提高飞机的飞行速度,需要较小的飞行阻力,而机翼是产生飞行阻力的主要部位之一,增大机翼的面积会增大机翼的阻力。因此,需要减小机翼面积。

1. 定义物理矛盾

通常,在解决问题的时候,目的之所以无法实现,就是因为没有解决最重要的矛盾。一个好的解决方案应该是这样的:在使一个特性(在本例中,是重量、机翼面积)保持不变或得到改善的基础上,使目标特性得到改善(在本例中,希望得到改善的特性是速度)。解决问题的方法往往并不是显而易见的,需要解决问题的人具有一定的创造性。

在常规设计中,对于这样的问题往往会采用折中或妥协的方法,或者仅仅满足两个矛盾的特性中"比较重要的"那个特性,而对于另一个"不重要的"特性则可以用其他辅助性手段来进行处理。

但是,对于 TRIZ 来说,追求的就是解决矛盾,建立一个"完美的"系统,即在不使其他特性恶化的前提下,改善那个"重要的"特性。

【例 7-2】　飞机的载油量。

为增加飞机的巡航半径,飞机需要携带更多的燃油。但是,多携带燃油会增加飞机的重量,导致其单位航程耗油量增加,从而缩短其巡航半径。这个问题,以前是通过给飞机携带副油箱的方式得以解决的。此时,副油箱被看作飞机的一个子系统。随着技术系统的进化,副油箱逐步从飞机这个技术系统中脱离出来,转移至超系统,并最终演变为现代的空中加油机。其结果是,飞机"携带"的燃油既多(飞机"携带"了空中加油机,空中加油机可以"携带"很多燃油)又少(飞机自身所"携带"的燃油少),满足了互斥的需求。

采用这种方式,一方面,由于飞机不需要携带副油箱,使得飞机的飞行重量降低,系统得以简化;另一方面,加油机可以"携带"比副油箱多得多的燃油,大幅提高了为飞机补充燃油的效率。

综上所述,物理矛盾可以精确地表达为:对象应该具有特性 P,以便满足需求 A;同时,对象应该具有特性非 P,以便满足需求 B(A＋,A－)。

读者可以参考以下的两种模板来定义物理矛盾:

(1) 模板 1。

技术系统的名称中对象的名称应该是(具有)特性,以便满足对系统的第一种需求;同时,又不应该是(具有)特性,以便满足对系统的第二种需求。

例如:飞机中机翼应该是(具有)大,以便在起飞时提供更大的升力;同时,又不应该是(具有)大,以便在高速飞行时具有较小的阻力。

(2) 模板 2。

技术系统的名称中对象的名称的关键参数应该为关键参数的第一个值,以便实现技术系统的第一种功能或特性;同时,关键参数又应该为关键参数的第二个值,以便实现技术系统的第二种功能或特性。

例如:飞机中机翼的面积应该大,以便在起飞时提供更大的升力;同时,面积又应该小,以便在高速飞行时具有较小的阻力。

在定义物理矛盾时,到底使用哪个模板,要具体问题具体分析。当然,这两个模板只是参考,读者完全可以在此基础上灵活应用,以更加适合的方式来表达问题中所蕴含的物理矛盾。

2. 物理矛盾的定义步骤

定义物理矛盾的步骤,可以分为以下 4 步:

第一步:进行技术系统的因果分析。

第二步:从因果分析中定义出技术矛盾。

第三步:提取物理矛盾。在上述技术矛盾中找到一个参数,及其相反的两个要求。

第四步:定义理想状态。提取技术系统在每个参数状态的优点,提出技术系统的理想状态。

工程系统中常常遇到各种问题,如何将一个问题转换成物理矛盾是非常重要的。针对某种实际的问题情境,一般可以通过以上步骤逐步完成对其中物理矛盾的准确描述。

以制造汽车过程中的一个问题为例:

在制造汽车的时候,特别是制造重型卡车的时候,需要汽车非常坚固,并且能承载更多的货物,所以一般大型汽车、重型卡车需要运用大量的钢材来制造更大更厚实的车厢。但是这样会使汽车重量非常重,导致在行驶过程中需要耗费更多的燃油。

针对这样的实际问题,将它转换成物理矛盾的时候,需要找到某一个有对立要求的参数,就按照以上步骤找到这个对立的参数。

对于卡车车身这一实例中存在的技术矛盾是:强度 vs 运动物体的重量。

物理矛盾则可以简单表述为:卡车车身的材料密度既要是高的,同时又要是低的。

3. 技术矛盾与物理矛盾的关系

物理矛盾和技术矛盾是相互联系的(图7.1)。例如,为了提高子系统 Y 的效率,需要对子系统 Y 加热,但是加热会导致其邻近子系统 X 的降解,这是一对技术矛盾。同样,这样的问题可以用物理矛盾来描述,即温度要高又要低。高的温度提高 Y 的效率,但是恶化 X 的质量;而低的温度不会提高 Y 的效率,也不会恶化 X 的质量。所以技术矛盾与物理矛盾之间是可以转化的。在很多时候,技术矛盾是更显而易见的矛盾,而物理矛盾是隐藏得更深入的、更尖锐的矛盾。

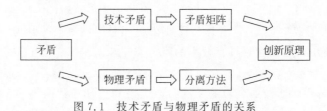

图 7.1　技术矛盾与物理矛盾的关系

技术矛盾和物理矛盾两者的区别是:

(1) 技术矛盾是存在于两个参数(特性、功能)之间的矛盾,物理矛盾是针对于一个参数(特性、功能)的矛盾。

(2) 技术矛盾涉及的是整个技术系统的特性,物理矛盾涉及的是系统中某个元素的某个特征的物理特性。

(3) 物理矛盾比技术矛盾更能体现问题的本质。

对于同一个技术问题来说。技术矛盾和物理矛盾是从不同的角度、在不同的深度上对同一个问题的不同表述。

7.1.2　四种分离方法

四种分离方法,即时间分离、空间分离、条件分离、系统级别上的分离。这四种方法的核心思想是完全相同的,都是为了将针对于同一个对象(系统、参数、特性、功能等)的相互矛盾的需求分离开,从而使矛盾的双方都得到完全的满足。它们之间的不同之处在于,不同的分离方法选择了不同的方向来分离矛盾的双方。例如,时间分离所选择的求解方向就是在时间上将矛盾双方互斥的需求分离开。

1. 时间分离

时间分离是指在时间上将矛盾双方互斥的需求分离开,即通过在不同的时刻满足不同的需求,从而解决物理矛盾。

当系统中存在互斥需求（P 和－P）的时候,如果其中的一个需求（P）只存在于某个时间段内,而在其他时间段内并没有这种需求,就可以使用时间分离的方法将这种互斥的需求分离开。

使用这种分离方法的时候,首先要回答下面的问题:

是否在所有的时间段,都需要既是 P,又是－P 呢?

如果不是,则表示至少在某一个时间段内,没有要求既是 P 又是－P。因此,就可以在该时间段内,将这种对于系统的矛盾需求分离开。

【例 7-3】 时间分离。

（1）在十字路口,去往不同方向的汽车都要通过相同的区域。但是,它们又不能同时通过相同的区域,否则就会造成交通事故。利用红绿灯就可以使去往不同方向的汽车在不同的时间通过相同的区域。

（2）在下雨的时候,希望伞能够尽量大一些,以便更好地遮挡风雨;在不下雨的时候,希望伞能够尽量小一些,以便随身携带。折叠伞就很好地解决了这个矛盾。

（3）在起飞、降落和正常飞行时,飞机机翼会分别呈现出不同的几何形状。这种形状上的变化是为了满足不同时间段内飞机对升力的不同需求。

【例 7-4】 舰载机（图 7.2）。

为了增强航空母舰的战斗力,航空母舰上需要搭载尽可能多的舰载机。由于长度的限制,航空母舰上供飞机起飞的跑道是非常短的。为了在这么短的跑道上起飞,飞机机翼应该大一些,以便在相对较低的速度下获得较大的升力,使飞机顺利起飞;另一方面,为了在空间有限的航空母舰上搭载尽可能多的舰载机,飞机机翼应该尽可能小一些。

（1）分析。在这个问题中。对于机翼互斥的需求是:既要大,又要小。

（2）物理矛盾。机翼既应该是大的,又应该是小的,这显然是违反物理规律的。

（3）详细的矛盾。当舰载机从航空母舰的飞行甲板上起飞的时候,需要较大的升力,因此希望机翼大;当舰载机停放在航空母舰的飞行甲板上或机库里的时候,为了减小其所占用的空间,希望机翼小。

图 7.2 舰载机

可以看出,对舰载机机翼的互斥需求在时间轴上是不重叠的。因此,可以考虑用时间分离的方法来解决这个物理矛盾。

（4）简化的问题。当飞机从飞行甲板上起飞的时候,如何使机翼保持在"大"的状态;当飞机停放在机库里的时候,如何使机翼保持在"小"的状态? 有没有一种方法可以使机翼在需要大的时候变大,在需要小的时候变小呢?

（5）解决方案。将飞机的机翼设计成可折叠的,当飞机起飞的时候,机翼打开,就处于

"大"的状态；当飞机处于停放状态时，将机翼折叠起来，就处于"小"的状态了，如图7.3所示。

图 7.3 舰载机的可折叠机翼

2. 空间分离

空间分离是指在空间上将矛盾双方互斥的需求分离开，即系统在不同的空间位置满足不同的需求，或在系统的不同部位满足不同的需求，从而解决物理矛盾。当系统中存在互斥需求（P 和－P）的时候，如果其中的一个需求（P）只存在于某个空间位置，而在其他空间位置并没有这种需求，就可以使用空间分离的方法将这种互斥的需求分离开。

在应用这种分离方法的时候，首先要回答下面的问题：

是否在所有的空间位置上，都需要既是 P，又是－P 呢？

如果不是，则表示至少在某一个空间位置，没有要求既是 P，又是－P。因此，就可以在该空间位置，将这种对于系统的矛盾需求分离开。

【例 7-5】 空间分离实例。

（1）在十字路口，去往不同方向的汽车都要通过相同的区域。但是，它们又不能同时通过相同的区域，否则就会造成交通事故。利用立交桥可以使去往不同方向的汽车在同一时间利用不同的空间位置通过该区域。

（2）在利用声呐（图7.4）对海底进行测量的过程中，如果将声呐探测器安装在船上，那么轮船发出的噪声就会影响测量的精度。解决这个问题的方法之一就是用一根很长的电缆将声呐探测器放在船后很远的地方。从而在空间上将声呐探测器与产生噪声的船分离开。

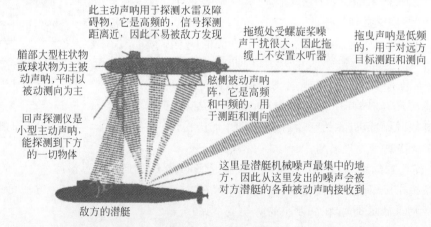

图 7.4 声呐示意图

（3）烧菜的时候,锅应该是热的,以便加热食物;同时,锅又应该是不热的,以便厨师用手"抓"住锅进行操作。因此,在锅上安装了用耐高温塑料或木头制成的柄,使锅的不同部位满足不同的需求。

3. 条件分离

条件分离是指根据条件的不同将矛盾双方互斥的需求分离开,即通过在不同的条件下满足不同的需求,从而解决物理矛盾。

当系统中存在互斥需求（P 和 $-P$）的时候,如果其中的一个需求（P）只在某一种条件下存在,而在其他条件下不存在的时候,就可以使用条件分离的方法将这种互斥的需求分离开。

在应用这种分离方法的时候,首先要回答下列问题:

是否在任何的条件下,都需要既是 P 又是 $-P$ 呢?

如果不是,则表示至少在某一个条件下,没有要求既是 P,又是 $-P$。因此,就可以在该条件下,将这种对于系统的矛盾需求分离开。

【例 7-6】　条件分离实例。

（1）在十字路口,去往不同方向的汽车都要通过相同的区域。但是,它们又不能同时通过相同的区域,否则就会造成交通事故。利用"环岛"使去往不同方向的汽车在同一时间通过相同的区域,就是条件分离（汽车从各个入口进入环岛,再按照不同的目的地,选择不同的出口从环岛出来）。

（2）常温下,氮气的化学性质很不活泼,既不助燃,也不能帮助呼吸。游离态的氮气,用途并不广。在博物馆里,那些贵重的画卷常常保存在充满氮气的圆筒里,这样可以避免蛀虫毁坏画卷。在高温条件下,氮气十分活泼,能与许多元素化合。例如,在高温高压下氮气与氢化合物生成氮氢化合物。可以说,氮是否活泼取决于温度这个条件。

（3）水是"软"的,鱼儿在水中可以自由遨游;水又是"硬"的,利用高压水可以切割很厚的金属板。可以说,水是软还是硬取决于水的速度这个条件。

【例 7-7】　可变色的眼镜。

对于近视的人来说,当太阳光很强的时候,希望镜片的颜色深一些,当太阳光弱的时候,希望镜片的颜色浅一些,甚至是无色。即物理矛盾是:镜片的颜色既应该是深的,又应该是浅的。

解决方案:在镜片中加入少量氯化银和明胶。其中,氯化银是一种见光能够分解的物质,分解出来的金属银的颗粒很细,但可使镜片的颜色变暗变黑,降低镜片的透明度。在没有太阳光直射的情况下,明胶能使已经分解出来的银和氯重新结合,转变为氯化银。利用这种镜片制成的眼镜可以根据光线强度的不同,呈现不同深浅的颜色。

4. 系统级别上的分离

系统级别上的分离是指在系统级别上将矛盾双方互斥的需求分离开,即通过在不同的系统级别上满足不同的需求,从而解决物理矛盾。

当系统中存在互斥需求（P 和 $-P$）的时候,如果其中的一个需求（P）只存在于某个系统级别上(例如,只存在于系统级别上),而不存在于另一个系统级别上(例如,不存在于子系统或超系统级别上)时,就可以使用系统级别分离的方法将这种互斥的需求分离开。

使用这种分离方法的时候,首先要回答下列问题:

是否在所有的系统级别上,都需要既是 P 又是－P 呢?

如果不同的需求可以存在于不同的系统级别上,就可以在系统的不同级别上将矛盾的需求分离开。

【例 7-8】 自行车链条。

自行车链条应该是柔软的,以便精确地环绕在传动链轮上,它又应该是刚性的,以便在链轮之间传递相当大的作用力。因此,系统的各个部分(链条上的每一个链节)是刚性的、但是系统在整体上(链条)是柔性的,如图 7.5 所示。

图 7.5　套筒滚子链在不同的系统级别上表现出不同的特性

【例 7-9】 近视眼镜和远视眼镜的集成。

有些人同时具有两种视力问题:近视和远视。近视和远视可以分别通过不同的眼镜来进行视力矫正。但是,对于既近视又远视的情况,该怎么办呢?

这里,找到的物理矛盾是:人到中年,由于晶体调节能力的减弱,解决既要看远处,又要看近处的问题成为当务之急。

解决方案:

(1) 空间分离:1784 年,富兰克林将两种不同度数的镜片装入一个眼镜框中,以解决既要看远又要看近的问题,成为眼镜发展史上的一个里程碑。随后人们相继发明了许多种双光眼镜,给工作与生活带来了极大的便利。这一成果持续了将近 200 年。直到 1959年,一种新产品渐进多焦点的问世,给人们带来了新的喜悦。渐进多焦点眼镜片在国外一些先进国家已经得到了广泛的认可。

(2) 时间分离:两副眼镜,根据需要换着戴。

(3) 条件分离:像照相机镜头那样的自聚焦透镜。

(4) 系统级别上的分离:可以改变曲率和焦距的塑料透镜。

7.2　技术矛盾与矛盾矩阵

技术矛盾是两个参数之间的矛盾,指在改善对象的某个参数(A)时,导致另一个参数(B)的恶化。此时,称参数 A 和参数 B 构成了一对技术矛盾。例如,改善了某个对象的强度,却导致了其重量的恶化;改善了某个对象的生产率,却导致了其复杂性的恶化;改善了某个对象的温度,却导致了其可靠性的恶化,等等。例如桌子强度增加,导致重量增加;桌面面积增加,导致体积增大。

改善并不一定是指参数值的增加,也可能是指参数值的降低。例如,改善飞机发动机的重量特性,就是指如何在保持发动机主要技术性能不变的前提下,降低发动机的重量。

所以,这里所说的改善是指"功能"的提升,而不是"数值"的增加。

7.2.1　技术矛盾

从矛盾的观点来看,A 和 B 之间之所以存在这样一种类似于"跷跷板"的关系,是因为 A 和 B 之间既对立(具体表现为 A 和 B 之间这种类似于反比的关系,改善了 A 却恶化了 B;或改善了 B 却恶化了 A。符号表示为 A+,B-;A-,B+)又统一(具体表现为 A 和 B 位于同一个系统中,A 与 B 相互联系,互为依存)。

【例 7-10】　坦克装甲的改进。

在第一次世界大战中,英军为了突破敌方由机枪火力点、堑壕、铁丝网组成的防御阵地,迫切需要一种将火力、机动、防护三个方面结合起来的新型进攻性武器。1915 年,英国利用已有的内燃机技术、履带技术、武器技术和装甲技术,制造出了世界上第一辆坦克—"小游民"坦克(图 7.6)。当时为了保密。称其为"水箱"。1916 年 9 月 15 日,英军在索姆河战役中首次使用坦克来配合步兵进攻。使久攻不动的德军阵地一片混乱,而英军士气得到了极大的鼓舞。这场战役使各个国家认识到了坦克在战场上的价值,于是纷纷开始研发并装备坦克作为阵地突破的重型器械。同时,各国也开始寻求能够有效摧毁这种新式武器的方法,并开发出了相应的反制兵器。在以后的战争中,随着坦克与反坦克武器之间较量的不断升级,坦克的装甲越做越厚。到第二次世界大战末期,坦克装甲的厚度已经由第一次世界大战时的十几毫米变为一百多毫米,其中德国"虎Ⅱ"式重型坦克重点防护部位的装甲厚度达到了 180mm(图 7.7)。

图 7.6　世界上第一辆坦克—"小游民"坦克　　图 7.7　德国"虎Ⅱ"式重型坦克

随着坦克装甲厚度的不断增加,坦克的战斗全重也由最初的 7t 多迅速增加到将近 70t。重量的增加直接导致了速度、机动性和耗油量等一系列问题的出现。在本例中,装甲的厚度与坦克的战斗全重这两个参数,就构成了一对技术矛盾。

7.2.2　39个通用工程参数

大多数针对技术矛盾的启发式方法都是由阿奇舒勒在1940年到1970年期间验证和确认的,如今它们依然可以用来指导人们所遇到的许多发明问题。从大量来自于苏联、美国、德国和其他国家的专利中,阿奇舒勒选择了大约4万个属于第二级、第三级和第四级的专利,并从中抽取出适用于工程领域的40个发明原理和39个通用工程参数。这些工程参数如表7.2所示。

表7.2　39个通用工程参数

No.	名　　称	No.	名　　称
1	运动对象的重量	21	功率
2	静止对象的重量	22	能量的无效损耗
3	运动对象的长度	23	物质的无效损耗
4	静止对象的长度	24	信息的损失
5	运动对象的面积	25	时间的无效损耗
6	静止对象的面积	26	物质的量
7	运动对象的体积	27	可靠性
8	静止对象的体积	28	测量的精确性
9	速度	29	制造精度
10	力	30	作用于对象的外部有害因素
11	应力或压力	31	对象产生的有害因素
12	形状	32	可制造性
13	对象的稳定性	33	可操作性
14	强度	34	可维修性
15	运动对象的作用时间	35	适应性
16	静止对象的作用时间	36	系统的复杂性
17	温度	37	检测的难度
18	照度(光强度)	38	自动化程度
19	运动对象所需要的能量	39	生产率
20	静止对象所需要的能量		

在39个通用工程参数中,任意两个不同的参数就可以表示一对技术矛盾。通过组合,可以表示1482种最常见、最典型的技术矛盾,足以描述工程领域中出现的绝大多数技术矛盾。可以说,39个通用工程参数是连接具体问题与TRIZ的桥梁。借助于39个通用技术参数,可以将一个具体问题转化并表达为标准的TRIZ问题。

从表7.2中可以看出,许多参数都被区分为"运动对象的"和"静止对象的"。所谓"运动对象"是指可以很容易地改变空间位置的对象,不论对象是靠自己的能力来运动,还是在外力的作用下运动的。交通工具和那些被设计为便携式的对象都属于运动对象,例如,车辆、船舶、手机、笔记本电脑等。而"静止对象"是指空间位置不变的对象,不论对象是靠自己的能力来保持其空间位置不变的,还是在外力的作用下保持其空间位置不变的。判断的标准是:在对象实现其功能的时候,其空间位置是否保持不变,例如,建筑物、台式计算机、洗衣机、写字台等。

　　准确地理解每个参数的含义,有助于从问题中正确地抽取矛盾。因此,有必要对这39 个通用工程参数的基本含义进行逐一介绍。当然,由于这 39 个参数具有高度的概括性,所以很难将其定义得非常精确。从另一个角度来说,也不能将它们定义得过于死板,否则就失去了其应有的灵活性。

　　在对这些工程参数进行简要解释时,其中所说的对象既可以是技术系统、子系统,也可以是零件、部件或物体。

　　(1) 运动对象的重量。指运动对象的质量在重力场中的表现形式,是对象施加在其支撑物或悬挂物上的力。

　　(2) 静止对象的重量。指静止对象的质量在重力场中的表现形式,是对象物体施加在其支撑物、悬挂物或其所在表面上的力。

　　(3) 运动对象的长度。任何线性尺寸都可以被看作长度。注意:不一定是对象最长的那个尺寸。例如,一个运动的长方体的长、宽、高都可以看作运动物体的长度。

　　(4) 静止对象的长度,同(3)。

　　(5) 运动对象的面积。由线所围成的面所描述的几何特性,被对象所占据的某个面的局部,或指用平方单位制(例如,平方米、平方厘米)表示的、一个对象的内表面或外表面的特性。

　　(6) 静止对象的面积,同(5)。

　　(7) 运动对象的体积。用立方单位制(例如,立方米、立方厘米)表示的、某个对象所占据的空间。例如,长方体的体积可以用"长×宽×高"表示;圆柱体的体积可以用"底面积×高"表示。

　　(8) 静止对象的体积,同(7)。

　　(9) 速度。某个对象的速度;一个过程(或作用)与完成该过程(或作用)所用的时间的比率,即单位时间内完成某种动作或过程的量。

　　(10) 力。力用来衡量两个系统间的相互作用。在基础物理学中,力=质量×加速度。在 TRIZ 中,力是指任何试图改变物体状态的相互作用,即使对象或系统产生部分地或完全地、暂时地或永久地变化的能力。

　　(11) 应力或压力。单位面积上的力,也包括张力。应力是指对象截面某一单位面积上的内力;压力是指垂直作用在物体表面上的力。

　　(12) 形状。对象的外部轮廓、外观。

　　(13) 对象(成分、组分、布局)的稳定性。对象保持自身完整性的能力,或对象的组成元素在时间上的稳定性。磨损、化学分解、墒增加都会导致稳定性降低。

　　(14) 强度。指对象对于由力引起的变化的抵抗能力,或者,对象在外力作用下抵抗永久变形和断裂的能力。

　　(15) 运动对象的作用时间。也称为耐久性(耐用性、稳定性)。既可以指物体能够实现其作用的那一段时间,也可以指服务寿命。平均无故障工作时间是作用持续时间的量度(标准)。

　　(16) 静止对象的作用时间,同(15)。

（17）温度。对象的热状态一般来讲,该参数包括其他一些与热或热量相关的参数,例如,影响温度变化速度的参数热容度。

（18）照度（光强度）单位面积上的光通量,也可以是其他的照度特性。例如,亮度、照明质量等。

（19）运动对象所需的能量。对象工作能力的量度。在经典力学中,能量是力和距离的乘积。包括使用超系统所提供的能量（例如,电能或热能）。完成任何特定的工作,都需要能量。

（20）静止对象所需的能量,同（19）。

（21）功率。完成的工作量与所用时间的比率,或能量的使用速率。

（22）能量的无效损耗。对所从事的工作没有贡献的能量耗费。

（23）物质的无效损耗。系统中某些原料、物质、零件或子系统的,部分的或全部的、永久的或暂时的,对系统所从事的工作没有贡献的损耗。

（24）信息的损失。系统中数据（或数据访问权限）部分的或全部的、永久的或暂时的损失。常常包括感官上的信息,例如,气味、声音等。

（25）时间的无效损耗。时间是指某个行为的持续时间。时间的无效损耗是指对所从事的工作没有贡献的时间耗费。改善时间的损耗意味着缩短实施某个行为所需的时间。"缩短交期"是一个通用词语。

（26）物质的量。系统中能够完全地或部分地、永久的或暂时地被改变的原料、物质、零件或子系统的个数。

（27）可靠性。系统以可预见的方式,在可预期的条件下执行其预期功能的能力。

（28）测量的精确性。系统中某个特性的测量值与其实际数值之间的接近程度。通过减少测量过程中的误差可以增加测量的精确性。

（29）制造精度。对象（或系统）的实际特性与规定的（或要求的）特性之间的一致程度。

（30）作用于对象的外部有害因素系统对于外部产生的（有害）影响（作用）的敏感度。

（31）对象产生的有害因素。有害因素会降低对象（或系统）机能的效率或质量。这些有害影响是由对象（或系统）产生的,是对象（或系统）运行过程的一部分。

（32）可制造性（易制造性）。系统在制造或装配过程中的便利、舒适或容易的程度。

（33）可操作性（易用性、易操作性）。操作简单、容易。如果需要许多步骤,需要特殊的工具或许多高技术的工人等条件才能操作技术系统,那么技术系统就是不方便的。通常,一个方便的过程由于具有正确完成其功能的可能性,因而具有较高的收益。

（34）可维修性（易修性、易修理性）。这是一种质量特性。例如,对于系统中出现的故障或毛病来说,进行维修时,方便、简单、需要的时间短。

（35）适应性（或多功能性）。系统对外部变化明确响应的能力以及系统的多功能性,即系统能够在多种环境中以多种方式被使用的能力。

（36）系统的复杂性。系统中所包含的元素的数量和多样性以及元素间相互作用关系的数量和多样性。使用者也可能是使系统复杂性增加的元素。对系统进行控制的难易程度就是对其复杂性的一种度量。

（37）检测的难度。对系统的测量或监测是困难的、昂贵的，需要大量的时间和劳动来建立、使用检测系统，组件之间的关系模糊，或组件之间彼此干涉，均表现为检测的难度。为降低检测误差而增加测量的成本也同样增加了测量的难度。

（38）自动化程度。在没有"人"参与的情况下，对象完成其功能的程度。最低水平的自动化：利用手工操作的工具；中等水平的自动化：人对工具编程，并观测工具的运行，在需要的时候可以中断其运行或修改运行程序；高水平的自动化：机器感知操作需求，自我编制操作流程，并监控自己的操作。

（39）生产率。在单位时间内，某子系统或整个技术系统所执行的功能或操作的数量。执行一个单位的功能或操作所需要的时间，或者指单位时间内，子系统或整个系统的输出，或产生一个单位的输出所需要的成本。

为了应用方便和便于理解，可将上述 39 个通用工程参数大致分为以下三类：

（1）通用物理及几何参数。运动物体和静止物体的重量、运动物体和静止物体的尺寸（长度）、运动物体和静止物体的面积、运动物体和静止物体的体积、速度、力、应力或压强、形状、温度、照度、功率；

（2）通用技术负向参数。运动物体和静止物体的作用时间、运动物体和静止物体的能量消耗、能量损失、物质损失、信息损失、时间损失、物质的量、作用于对象的有害因素、对象产生的有害因素；

（3）通用技术正向参数。对象的稳定性、强度、可靠性、测量精度、制造精度、可制造性、操作流程的方便性、可维修性、适应性和通用性、系统的复杂性、控制和测量的复杂度、自动化程度、生产率。

所谓负向参数，是指当这些参数的数值变大时，会使系统或子系统的性能变差。如子系统为完成特定的功能时，所消耗的能量（No. 19，No. 20）越大，则说明这个子系统设计得越不合理。

所谓正向参数，是指当这些参数的数值变大时，会使系统或子系统的性能变好。如子系统的可制造性（No. 32）指标越高，则子系统的制造成本就越低。

7.2.3　矛盾矩阵

通过对大量专利的研究，阿奇舒勒发现了一种现象，即针对某一对由两个通用工程参数所确定的技术矛盾来说，40 个发明原理中的某一个或某几个发明原理被使用的次数要明显比其他发明原理多，换句话说，一个发明原理对于不同的技术矛盾的有效性是不同的。如果能够将发明原理与技术矛盾之间的这种对应关系描述出来的话，技术人员就可以直接使用那些对解决自己所遇到的技术矛盾最有效的发明原理，而不用将 40 个发明原理进行逐一试用了。于是，阿奇舒勒将 40 个发明原理与 39 个通用工程参数相结合，建立了矛盾矩阵（又称 39×39 矛盾矩阵），如表 7.3 所示。

在矛盾矩阵表中，左边第一列是技术人员希望改善的 1～39 个通用工程参数，上面第一行表示被恶化的 1～39 个通用工程参数，即由于改善了第一列中的某个参数而导致第一行中某个参数的恶化。位于矛盾矩阵中对角线上的单元格，它们所对应的矛盾是物理矛盾，即改善的参数和恶化的参数相同。

表 7.3　矛盾矩阵

改善的参数＼恶化的参数	运动对象的重量	静止对象的重量	运动对象的长度	静止对象的长度	运动对象的面积	静止对象的面积
运动对象的重量		—	15,8,29,34	—	29,17,38,34	—
静止对象的重量	—		—	10,1,29,35	—	35,30,13,2
运动对象的长度	8,15,29,34	—			15,17,4	—
静止对象的长度	—	35,28,40,29			—	17,7,10,40
运动对象的面积	2,17,29,4	—	14,15,18,4			—
静止对象的面积	—	30,2,14,18	—	26,7,9,30		

　　矛盾矩阵中间单元格中的数字是发明原理的序号,每个序号对应于一个发明原理。

　　这些序号是按照统计结果进行排列的,即排在第一位的那个序号所对应的发明原理在解决该单元格所对应的这对技术矛盾时,被使用的次数最多,以此类推。当然,在大量被分析的专利当中,用于解决某个单元格所对应的技术矛盾的发明原理不仅仅只有该单元格中所列出的那几个。只是从统计的角度来说,单元格中所列出来的那些发明原理的使用次数明显比其他发明原理的使用次数多而已。

　　使用矛盾矩阵的具体步骤是:

　　(1) 从问题中找出改善的参数 A。

　　(2) 从问题中找出被恶化的参数 B。

　　(3) 在矛盾矩阵左第一列中,找到要改善的参数 A;在矛盾矩阵的第一行中,找到被恶化的参数 B;从改善的参数 A 所在的位置向右作平行线,从恶化的参数 B 所在的位置向下作垂直线,位于这两条线交叉点处的单元格中的数字,就是矛盾矩阵推荐的、用来解决由 A 和 B 这两个通用工程参数所构成的这对技术矛盾的最常用的发明原理序号。

　　需要注意的是:

　　(1) 对于某一对确定的技术矛盾来说,矛盾矩阵所推荐的发明原理只是指出了最有希望解决这种技术矛盾的思考方向,而这些思考方向是基于对大量高级别专利进行概率统计分析的结果。因此,对于实际工作中所遇到的某对具体的技术矛盾来说,并不是每一个被推荐的发明原理都一定能解决该技术矛盾的。

　　(2) 对于复杂问题来说,如果使用了某个发明原理,而该发明原理又引起了另一个新问题的时候(副作用),不要马上放弃这个发明原理。可以先解决现有问题,然后将这种副作用作为一个新问题,想办法加以解决。

　　(3) 矛盾矩阵是不对称的。

7.2.4　分析技术系统

　　这里包含三个步骤。

　　步骤 1:确定技术系统所有的组成元素。

　　首先,通过对技术系统中各个组成元素的分析,可以使人们对每个组成元素的参数、特性和功能有一个全面的认识。其次,通过对各个组成元素之间的相互作用关系的分析,从整体上把握整个系统的作用机制,即不同元素之间存在什么样的相互作用以及它们对于系统整体性能、功能的实现分别起到了什么样的作用。最后,通过上述分析,为找出问题的根源奠定基础。

另外,通过对技术系统进行深入分析,可以确定技术系统中所包含的各个子系统、技术系统所属的超系统,以便帮助人们更好地理解技术问题,为找出问题的根源做准备。只有这样,才可能从整体上系统地了解现有技术系统的情况:子系统、系统和超系统的过去、现在和未来。

实例分析:在例 7-10 中,作为一个技术系统,坦克由以下几部分组成:武器系统、推进系统、防护系统、通信系统、电气设备、特种设备和装置。

步骤 2:找出问题的根源,即问题的根本原因。找出问题产生的根本原因是彻底解决问题的基础。

问题不会平白无故地产生,问题的背后总是隐藏着原因。通常,消除引起问题的原因要比消除问题更容易,也更有效。在头脑中理清技术系统在过去和未来的功能有助于理解技术系统的工作条件。对技术系统未来应具备的功能的理解还可以帮助人们发现新的、未预见到的、不会出现当前问题的工作条件,从而使问题自动得到解决,如图 7.8 所示。

图 7.8　问题的逻辑链

从图 7.8 中,可以清楚地看到当前问题是如何产生的,各个相关参数是如何被串起来成为一个链状结构的。对技术系统的过去进行考察,看看是否可以在先前步骤中将问题解决掉。在某些情况下,这种分析可以帮助人们找到问题的解决方案,甚至可以帮助人们消除问题。

实例分析:在例 7-10 中,为了增加坦克的抗打击能力,最直接的方法就是增加坦克的装甲厚度,这导致了坦克重量的增加。从而导致了坦克机动性的降低和耗油量的增加等一系列问题。

步骤 3:定义需要改善的参数。

可以从以下两个方向来改善技术系统:

(1) 改善已有的正面参数。

(2) 消除(或弱化)负面参数。

通过步骤(2)的分析,可以找出导致当前问题出现的逻辑链。由此,就可以找到需要改善的参数。

实例分析:在例 7-10 中,可以清楚地看出当前问题是如何产生的,各个相关参数是如何被串起来成为一个链状结构的,如图 7.9 所示。

用自然语言可以描述为:为了改善(提高)坦克的抗打击能力,就改善(增加)坦克的装甲厚度,直接导致了坦克战斗全重的恶化(增加),间接导致了坦克机动性的恶化(降低)

图 7.9　例 7-10 的逻辑链

和坦克耗油量的恶化(增加)。

从上述的逻辑推导中,可以看出:要改善的参数是坦克的抗打击能力。对应到 39 个通用工程参数中,最合适的是强度。所以,在例 7-10 中,要改善的参数就是强度。

7.2.5　定义技术矛盾

如前所述,技术矛盾是发生在技术系统中的冲突。如果对技术系统中某一参数的改善会导致系统中其他参数的恶化,就表明技术系统中存在冲突。前面,确定了需要改善的参数。在这里,需要将技术矛盾明确地定义出来。

实例分析:在例 7-10 中,可以清楚地看出:由于改善了强度这个参数,直接导致了装甲厚度的增加,从而引起了坦克战斗全重的增加。所以,恶化的参数就是坦克的战斗全重,对应到 39 个通用工程参数中,最合适的是运动对象的重量。

前面已经得到了改善的参数:强度;现在得到了被恶化的参数:运动对象的重量。从而可以定义出技术矛盾:当改善技术系统的参数"强度"的时候,导致了技术系统另一个参数"运动对象的重量"的恶化,可以将这个技术矛盾表示为:

强度 ～ 运动对象的重量

当然,也可以将装甲厚度、机动性或耗油量作为恶化的参数。在本例中,只是选择了坦克的重量这个参数而已。选择不同的恶化参数,会得到不同的技术矛盾。

7.2.6　解决技术矛盾

定义了技术矛盾以后,就可以使用矛盾矩阵来寻找解决问题的思考方向了。在表 7.4 左侧第一列中找到改善的参数:强度;在表上第一行中,找到被恶化的参数:运动对象的重量。从强度向左,从运动对象的重量向下分别作两条射线,在这两条射线的交叉点所在的单元格中,得到 4 个序号:1、8、40、15。

表 7.4　矛盾矩阵(局部)

恶化的参数 改善的参数	运动对象的重量	静止对象的重量	运动对象的长度	静止对象的长度	运动对象的面积	静止对象的面积
运动对象的重量		—	15,8,29,34	—	29,17,38,34	—
静止对象的重量		—		10,1,29,35	—	35,30,13,2
运动对象的长度	8,15,29,34		—		15,17,4	—
静止对象的长度	—	35,28,40,29		—		17,7,10,40
运动对象的面积	2,17,29,4		14,15,18,4		—	—
静止对象的面积	—	30,2,14,18		26,7,9,30		—

续表

恶化的参数 / 改善的参数	运动对象的重量	静止对象的重量	运动对象的长度	静止对象的长度	运动对象的面积	静止对象的面积
运动对象的体积	2,26,29,40	—	1,7,4,35	—	1,7,4,17	—
静止对象的体积	—	35,10,19,14	19,14	35,8,2,14		—
速度	2,28,13,38		13,14,8		29,30,34	
力	8,1,37,18	18,13,1,28	17,19,9,36	28,10	19,10,15	1,18,36,37
应力或压力	10,36,37,40	13,29,10,18	35,10,36	35,1,14,16	10,15,36,28	10,15,36,37
形状	8,10,29,40	15,10,26,3	29,34,5,4	13,14,10,7	5,34,4,10	
对象的稳定性	21,35,2,39	26,39,1,40	13,15,1,28	37	2,11,13	39
强度	1,8,40,15	40,26,27,1	1,15,8,35	15,14,28,26	3,34,40,29	9,40,28
运动对象作用时间	19,5,34,31	—	2,19,9		3,17,19	
静止对象作用时间		6,27,19,16		1,40,35		

下面,看看从矛盾矩阵中得到的每个发明原理以及每个发明原理中的指导原则。

原理 1 分割。

(1) 将一个对象分成多个相互独立的部分。

(2) 将对象分成容易组装(或组合)和拆卸的部分。

(3) 增加对象的分割程度。

应用指导原则(1),意味着将装甲分为多个不同的相互独立的部分;

应用指导原则(2),意味着将装甲分割为多个容易组装和拆卸的部分;

应用指导原则(3),意味着增加装甲的可分性,将装甲分割为更多的相互独立的部分,可以是成千上万,甚至上百万份。

原理 15 重量补偿。

(1) 将某对象与另一个能提供上升力的对象组合,以补偿其重量。

(2) 通过与环境的相互作用(利用空气动力、流体动力等)实现对象的重量补偿。应用指导原则(1),意味着将某种能够提供上升力的对象与坦克或装甲组合起来,利用该对象提供的上升力来补偿坦克装甲的重量;应用指导原则(2),意味着通过改变坦克的结构,从而使坦克能够利用环境中的物质来获得上升力,即能够自己产生上升力的坦克。不幸的是,当前问题的背景是解决陆战坦克的重量问题,不允许我们这样做,所以这一原理不适用。但是,在水陆两用坦克上,本原理得到了广泛的应用。

例如,第二次世界大战中,日本的"卡米"Ⅱ式水陆两栖坦克(图 7.10)利用浮箱产生浮力,以补偿坦克的重量;第二次世界大战中,盟军为实施诺曼底登陆,对原有的谢尔曼坦克进行改进,设计出了两栖(Duplex Drive,DD)坦克(图 7.11)。其原理就是在坦克上加装了一个 9 英尺(约 2.7432m)高的可折叠帆布框架,使其成为像船一样能漂浮在水面上的坦克。帆布框架的作用,就是通过排开海水,产生浮力,以补偿坦克的重量。

谢尔曼坦克本身就不是第二次世界大战中最好的重型坦克,而由它改造的谢尔曼 DD 水陆坦克更是由于极弱的防护而备受诟病的。但在诺曼底登陆以后,水陆两栖坦克开始在武器装备序列中占有重要地位。第二次世界大战结束后,水陆两栖坦克更是开始

卸掉前、后浮箱　　　　　　　　　　在水上行驶时

图 7.10　卡米Ⅱ式水陆两用坦克

图 7.11　第二次世界大战中盟军使用的 DD 坦克

了快速发展的步伐,如图 7.12 所示。

图 7.12　现代水陆两栖坦克

原理 40 复合材料。

用复合材料代替均质材料。

应用该原理意味着用复合材料代替先前的均质材料。不同的复合材料可以具有不同的特性,很多复合材料可以同时满足高强度和低密度的要求。

原理 15 动态特性:

（1）调整对象或对象所处的环境,使对象在各动作、各阶段的性能达到最佳状态。

（2）将对象分割为多个部分,使其各部分可以改变相对位置。

（3）使不动的对象可动或可自动适应。

应用指导原则（1）,意味着调整坦克、装甲或作战环境的性能,使坦克在工作的各个阶段达到最优的状态;

应用指导原则（2）,意味着将装甲分割为多个可以改变相对位置的部分;

应用指导原则（3）,意味着让原本"静止"的装甲变得"可动"或可以根据环境的变化自动调整自己的状态。

结论:将原理 1 的指导原则（2）、原理 40 和原理 15 的指导原则（2）结合起来,可以得到一个成功的解决方案。用复合材料来制造一块一块的、容易组装和拆卸的、可以动态配置的装甲板,按照需要动态地配置于坦克车体的各个部位（图 7.13）。这也正是在第二次世界大战后坦克装甲发展的方向。

图 7.13 复合装甲在坦克车体上的配置

注意:在利用发明原理来解决技术矛盾时。可以采用的方法有以下两种:

（1）利用矛盾矩阵找出最有效的发明原理。

（2）对照问题来阅读每一个发明原理,找出最适合的发明原理。

在利用发明原理和矛盾矩阵解决技术矛盾的时候,还应该注意以下几点:

首先,要认真阅读每个推荐的发明原理,用心体会每个指导原则的含义,并尝试将其应用于技术系统。不要拒绝任何想法,不管它看起来多么荒谬、多么可笑,都要尽最大的努力来使用它。

其次,对于对应单元格中给出的这些发明原理,既可以单独使用,也可以考虑将两个或多个发明原理或指导原则合并起来使用。

最后,如果所有给出的发明原理或指导原则都无法解决该问题,则需重新分析问题,重新定义技术矛盾,直到找出可用的概念解决方案为止。

创业与创业精神

本章学习目标

- 了解创业的类型
- 理解创业活动的特殊性
- 理解创业精神

【讨论】

创业者画像

关于创业者特征的讨论,请你回答以下问题:

(1) 你过去或现在有过创业活动吗?

(2) 你未来打算创业吗?

(3) 你的家人或朋友在创业吗?

(4) 你觉得创业者有哪些独特的品质?

(5) 描绘创业者的画像,你具备这些特征吗?

通过讨论,可以看出创业者这些特征也是我们在工作中需要培养的精神与技能,这也是我们为什么要学习创新创业课程。

8.1 创业活动及其本质

8.1.1 创业活动的特殊性

创业是长期存在的特殊活动。最初,人们不自觉地从事创业活动。后来,学者们发现了这个特殊群体的存在,并称之为企业家。企业家一词源于法语"entreprendre",16 世纪,法国人将该词表述为"承担";18 世纪初,法国人又将该词延伸为从事探险活动的人。经济领域对创业的最早描述见于 1755 年,法国经济学家理查德·坎蒂隆的《一般商业之性质》一书,因为市场具有不确定性,他将企业定义为承担某种风险的活动,把每一个从事经济行为的人都称为企业家,从此创业就和风险紧密地联系在一起。18 世纪后期,重农学派的经济学家如弗朗斯瓦·魁奈和魁奈平·鲍杜,首次把企业家与产业联系在一起,把从事农业栽培的人称为企业家。企业家的含义由"承担风险"扩展到"承担风险"和"创新"两个方面。

19 世纪初,企业家的含义从农业扩展到工业以及整个经济活动中。让·萨伊在 1803 年的《政治经济学论文》和 1815 年的《政治经济学精义》提出,企业家是具有判断力、忍耐力和管理才能的人。经济学家约瑟夫·熊彼特在其 1912 年出版的《经济发展理论》和 1942 年出版的《资本主义、社会主义和民主主义》等著作中清晰阐明了企业家的职能和作用,他认为企业家是"工业社会的英雄""伟大的创新者",企业家的职能是"创造性破坏","企业是实现新的生产要素组合的经营单位,而企业家是实现生产要素组合的人。"熊彼特认为,企业家通过对生产要素的创造性组合,建立新的生产函数,推动社会经济的发展。

伴随着人类社会从工业社会进入信息社会,信息技术和经济全球化快速发展,为创业活动提供了更为有利的发展机会,人们对创业活动的认识与理解更为透彻。哈佛大学教授霍华德·斯蒂文森认为创业是在不拘泥于资源约束的前提下,追逐机会并创造价值的过程。经济学家马克·卡森提出,"企业家是擅长对稀缺资源的协调利用并作出明智决断的人。他是一个市场的创造者,他的报酬是一种剩余权益,而非合约收入。"创业至少有两层含义:第一层含义是活动,主要指创业者及其团队为孕育和创建新企业或新事业而采取的行动,扩展开来,包括新企业的生存和初期发展;另一层含义是精神,也可以称为企业家精神,主要指创业者及其团队在开展创业活动中所表现出来的抱负、执着、坚韧不拔、创新等品质以及一些相对独特的技能。

创业活动本身属于商业活动范畴,也是一种普遍存在的社会现象。人们经常从精神层面谈论创业活动,一个重要的原因是创业这种商业活动具有较强的特殊性:

(1) 创业活动较强的依赖创业者及其团队的个人能力;

(2) 创业活动是创业者在资源高度约束的情况下开展的商业活动;

(3) 创业活动是在高度不确定性的环境中开展的商业活动:颠覆性、创造性和混乱的状况难以计划和预测;谁是顾客、顾客认为什么有价值等都是未知数;模糊性和快速变化。

8.1.2　创业的本质内涵

创业是一种长期存在的社会现象。人们对创业活动有自己的认识和理解,但却很难给出创业的准确定义。学者从创业的属性、目标和手段等多角度定义创业。总体来说,创业的定义有狭义和广义之分。狭义的创业"start-up"是指"创建新企业";广义上的创业"entrepreneurship"则是指"创立新事业"。广义创业涵盖了"任何在极度不确定情况下开发新产品或新业务的活动,而不论创业者本人是否意识到,也不管是身处部门、获得风险投资的公司、非营利机构,还是由财务投资人主导的营利性企业"的情况。与狭义创业相比,广义创业的定义强调了创业的本质—创新性,拓宽了创业形式和内容,因此,人们更倾向于接受广义创业的定义。

关于创业的定义,人们普遍认同哈佛大学教授霍华德·史蒂文森的观点。他认为:"创业是不拘泥于当前资源条件的限制下对机会的追寻,将不同的资源组合以利用和开发机会并创造价值的过程。"这一论述包括了创业活动的关键要素和创业活动的主要特征,即识别机会、整合资源、价值创造和资源的高度约束等。

创业过程一般可以划分为创业动机的产生、创业机会的识别、资源的整合、企业的创建、新创企业的成长和创业的回报六个阶段。

1. 产生创业动机的产生

创业活动的主体是创业者,创业活动首先取决于个人是否希望成为创业者。当然,不少人是因为看到了创业机会,由于潜在收益的诱惑,激发了创业动机,进而成为一名创业者或创业团队成员。随着社会保障体系的建立和健全,以及产权体制改革的深化,原本因为体制差别形成的特殊利益会逐渐减少,结果会进一步降低创业成本,激发人们的创业动机。

2. 创业机会的识别

识别创业机会是创业过程的核心,也是创业管理的关键环节。识别创业机会包含发现机会和评价机会价值两大方面的活动,创业者在识别创业机会应思考的问题:第一,机会来自哪里?或者说创业者应该从何处识别创业机会?第二,为什么某些人能够发现创业机会而其他人却不能?或者说哪些因素影响甚至决定了创业者识别机会?第三,机会是通过什么形式和途径被识别到的?是经过系统收集和周密的调查研究还是被偶然发现的?第四,是不是所有的机会都有助于创业者开展创业活动并创造价值?创业者围绕这些问题发现并识别创业机会。创业者一方面应尽可能地广泛获取信息,另一方面还需要细心观察、发现问题、看到机会、评估机会和判断机会的价值。

3. 资源的整合

整合资源是创业者开发机会的重要手段。许多成功的创业者都是白手起家,直接控制的可利用资源少,他们通过自己所识别的机会整合外部的资源来实现自己的创业理想。除此之外,创业者还需要围绕创业机会设计出清晰的商业模式,制订出详细的创业计划,向潜在的资源提供者陈述清晰的、有吸引力的盈利模式。

4. 企业的创建

衡量创业者创业行为的直接标志是创建新企业或新事业。甚至有人认为,判断个人是不是创业者的标准为是否创建了新企业。创建新企业包括:公司制度设计、企业注册、经营地址的选择、确定进入市场的途径等,例如,进入市场的途径是创建新企业,或是收购现有企业。从广义来说,这些工作也是开创新事业、公司内部创业活动等都需要思考的。对公司内部创业活动来说,可能没有公司制度设计问题,但同样要设计奖惩机制,甚至需要制定利益分配原则;可能没有企业注册问题,但同样要有资金投入及预算控制机制等问题。在创业初期,创业者应重视这些工作,否则将对未来发展带来不利影响。

5. 创新企业的成长

创业者创建新企业的目的是实现机会价值,并通过机会价值来实现自己的创业目标。

新创建的企业和已存在的企业都要做好生产销售等工作,但两者的差别也很明显,例如,对已存在的企业来说,其销售工作的核心任务也许是注重品牌价值,提升顾客的忠诚度;而对新创建的企业来说,首要的任务则是如何争取到第一个顾客,如何从竞争对手那里把顾客抢夺过来,这意味着新企业要为顾客创造更大的价值,也可能意味着要为获得同样的收益付出更大的代价和成本。

在激烈的竞争环境,新创建的企业生存和成长问题是创业者必须面对的挑战,企业只有成长才能生存得更持久,企业成长是存在基本规律的,创业者需要了解企业成长的一般规律,预见到企业不同成长阶段可能面临的管理问题,采取有效的措施予以防范和解决,使机会价值得到充分的实现,同时不断地开发新的机会,把企业做大、做强、做活、做长。

6. 创新的回报

对回报的追求激励着创业者对事业的执着。对创业者来说,创业是获取回报的手段和途径,是一种载体,而不是目的本身。回报的形式有很多,比如,成就感、财富、自由等形式,对回报的满意程度在很大程度上取决于创业者的创业动机。调查发现,多数创业者的创业动机首先是自己当老板,其次是追求利润和财富,那么对他们而言,当老板的感受就是回报;对以追求财富为主要动机的创业者,把自己创建的企业在短期内培养成为一家快速成长的企业,并成功上市,可能是理想的获取回报的途径。

8.1.3　创业的主要类型

1. 从创业动机角度,创业可分为生存型创业和机会型创业

"生存型创业"英文表述为"necessity-push entrepreneurship",生存型创业是指创业者别无其他更好的选择,不得不参与创业活动来解决其所面临的困难,例如,不少下岗职工的创业行为就是生存型创业。"机会型创业"英文表述为"opportunity-pull entrepreneurship",机会型创业是指创业动机出于创业者抓住现有机会,并实现价值的强烈愿望,创业有更好的机会。

2. 从创业活动的发生场所和创业者的个体差异角度,创业可分为个体创业与公司创业

"个体创业"主要是指不依托于某一特定组织而开展的创业活动。"公司创业"主要是指被已有组织发起的组织的创造、更新与创新活动,创业活动是由在组织中工作的个体或团队推动的。虽然在创业本质上,公司创业和个体创业有许多共同点,但是由于起初的资源禀赋不同、组织形态不同、战略目标不同等,在创业的风险承担、成果收获、创业环境、创业成长等方面也有很大的差异。两者的主要差异点见表8.1。

表 8.1　个体创业与公司创业的差异

个 体 创 业	公 司 创 业
• 创业者承担风险 • 创业者拥有商业概念 • 创业者拥有全部或大部分事业 • 从理论上而言，对创业者的潜在回报是无限的 • 个体的一次失误可能意味着生涯失败 • 受外部环境波动的影响较大 • 创业者具有相对独立性 • 在过程、试验和方向的改变上具有灵活性 • 决策迅速 • 低保障 • 缺乏安全网 • 在创业主意上，可以沟通的人少 • 至少在初期阶段，存在有限的规模经济和范围经济 • 严重的资源局限性	• 公司承担风险，而不是与个体相关的生涯风险 • 公司拥有概念，特别是与商业概念有关的知识产权 • 创业者或许拥有公司的权益，可能只是很小部分 • 在公司内，创业者所能获得的潜在回报是有限的 • 公司具有更多的容错空间，能够吸纳失败的经验与教训 • 受外部环境波动的影响较小 • 公司内部的创业者更多受团队的牵扯 • 公司内部的规则、程序和官僚体系会阻碍创业者的策略调整 • 决策周期长 • 高保障 • 有一系列安全网 • 在创业主意上，可以沟通的人多 • 能够很快地达到规模经济和范围经济 • 在各种资源的占有上都有优势

3. 基于创业方式的分类，创业可分为复制型创业、模仿型创业、安定型创业和冒险型创业

芬兰经济学家克里斯琴·格罗鲁斯教授提出，依照创业对市场和个人的影响程度，将创业分为四种基本类型，即复制型创业、模仿型创业、安定型创业和冒险型创业。

"复制型创业"是在现有经营模式基础上的简单复制的创业活动。例如，某公司的高管离职后创建了一家与原公司相似的新公司，且新组建公司的经营风格与原公司相似。这种类型创业模式成功率较高，但创新贡献较低，也缺乏创业精神的内涵。

"模仿型创业"是在借鉴并模仿现有成功企业经验的创业活动。这种创业模式可能在很大程度上改变创业者的命运，但给顾客带来新创造的价值较少，创新的成分并不算太高。例如，某一互联网企业的经理辞职后，模仿别人新组建一家餐饮企业。这种创业模式具有较高的不确定性，学习过程较长，创业失败的可能性也比较大。但是，如果创业者经过系统化的学习和培训，适时把握时机，坚持创新精神，创业成功的可能性也比较大。

"安定型创业"是一种在比较熟悉的领域所进行的不确定因素较小的创业。这种创业形式所从事的仍旧是原先熟悉的工作，对创业者个人命运的改变并不大，但能不断地在为市场创造新的价值。例如，企业内部的一位工程师在为公司开发完成一项新产品后，在此基础上为自己开发新项目，可能脱离原有企业走上团队创业之路，这种创业形式是追求个人创业精神的最大化实现,是对原来技术问题的设计和调整。

"冒险型创业"是与"安定型创业"相反的创业模式,是指在不熟悉的领域所进行的不确定性较大的创业。例如,以创新的方式为人们提供具有自主知识产权的新产品、新服务的创业活动。这种创业形式是对创业者个人的命运改变较大,个人前途的不确定性也很大,对创业者的挑战性很高,创业失败率也很高。但是,冒险型创业的预期回报较为丰厚,对创业者来说极具吸引力。这种创业形式对于创业者的个人能力要求很高,此外,还需要把握创业时机,整合创业资源,合理制定创业决策,才可能获得创业要成功。

4. 基于创业主体的分类,创业可分为大学生创业、失业者创业和兼职者创业

大学生创业。大学生创业是指大学生在大学在读期间或大学毕业后独立创业或合伙创业。独立创业是创业者独立创办自己的企业。其特点是产权清晰,独享回报、独担风险。创业者有权决定企业的一切事物,创业成功与否依赖于创业者的个人能力。合伙创业是指与他人共同创办企业。其特点是共担风险、优势互补,资源共享。但是企业内部也容易产生情感冲突和利益冲突,甚至出现中途离场者。

失业者创业。失业者创业是指失业者学习并掌握新技术,创立新事业的创业活动。其特点是投资少、回报快、风险低,一般是从事服务行业。例如,月嫂服务、家政服务。

兼职者创业。兼职创业是在已有工作的基础上进行的创业活动。例如,国家政策允许的一些教育、科研人员在完成本职工作的基础上进行兼职创业。

8.2 创业精神

8.2.1 创业精神的本质

经济学家认为创业精神是指创业者通过创新的手段,将有限的资源进行利用和整合以创造新的价值的过程。创业精神包括"个体的创业精神"和"组织的创业精神"两个层面。"个体的创业精神"是个体从事创新活动进而创造一个新事业;"组织的创业精神"则是指在组织内部的群体从事组织创新活动,追求共同愿景,共同创造新的事业。

创业精神的本质是创新,创业精神是创新精神的具体体现和延伸。创业精神是思维方式和实践行为的统一。熊彼特认为:创业精神是一股"创造性的破坏"力量,创业者采用创新手段替代原有的生产方式。创业精神主要包括创造力、对胜利的热情和坚定的意志力。

管理学大师彼得·德鲁克认为,创业精神是企业家在不确定的情况下寻求变革,发现和利用机会。创业精神主要分为三个维度:创新性、冒险性、主动性。

心理学家要从特质论入手研究创业精神,比较创业者和非创业者在心理特征方面的区别。特质论的研究成果强调了创业者人格的共性特点,但忽略了创业者独具的创业精神。

美国学者,创业管理大师拉里·法雷尔在其著作《创业时代——唤醒个人、企业和国家的创业精神》中提出使命感、顾客和产品愿景、高速创新、自我激励是创业成功的重要因

素。使命感、创新和自我激励都体现了创业精神的精髓。法雷尔认为创业精神对个人成功、组织发展、国家经济发展具有重要作用。

对大学生来说,所谓"创业精神"是指大学生在创业过程中形成的创业理念、价值观、创业意志以及创业品质。这种精神不仅引领和规范创业者的创业实践和创业思维,而且激励着创业者实现人生理想和生涯目标。创业精神是创业教育的基本内核,是大学生创业的精神支持,为创业成功提供了源源不断的内在动力。

8.2.2 创业精神的特征

1. 创新精神

创新是创业精神的本质。创新精神是一种特殊的思维倾向,这种思维倾向是不满足于现状,鼓励改变和创造,寻求解决问题的新方法、新途径和新模式。不可能每个人都是创业者,但人们可以将创新精神内化为自己的思维模式和行为准则。

2. 冒险精神

创业者字面的词义有风险承担者的含义,创业是一项极具挑战性的社会活动。随着社会的快速发展,新技术和新市场不断涌现,创业者面对的是一个变幻莫测的世界,充满着不确定性。对创业者来说,创业者的每一次创新、每一项决策、不仅隐含着成功的希望,而且也隐藏着潜在的风险。创业者在创办新事业的过程中,推出新产品、提供新服务、开辟新市场等等所有创业活动都面临着各种的风险,例如:技术风险、市场风险、财务风险、管理风险和环境风险。

人们普遍误以为创业者是风险偏好者,但实际上,创业者因很多无法预测的不确定性,不得不承担一定程度的风险,他们更愿意承担适度的风险,并且会尽可能地降低风险程度。创业者的创业之路机遇与风险共存,成功的创业者具有承担风险的勇气和防控风险的智慧。

3. 合作精神

"一个好汉三个帮,一个篱笆三个桩",讲的就是团队合作精神。团队是企业的灵魂,合作精神是大局意识、协作精神和服务精神的集中体现。现在的企业已经告别了单打独斗的时代,步入合力突围的信息时代。创业团队能够完成个人无法完成的大项目。创业团队的合作精神有利于激发团队的整体潜力,有利于产生新颖的创意。

4. 拼搏精神

创业者都有成功的渴望。创业精神不是目光短浅、唯利是图,而是一种拼搏进取、追求成功的精神。创办一个企业会面临许许多多的困难和挑战,必须具备坚持、不放弃、自信、勇攀高峰的拼搏精神。拼搏精神的力量是巨大的,这种精神会激励创业者实现创业理想和人生价值。

8.2.3　大学生创业精神的培育

大学生创业精神的培育是一个系统工程,不仅依靠大学生的主观努力,还需要国家、社会、高校和家庭等多方面的鼓励和支持。

1. 国家对创业精神培育的支持

良好创业氛围的营造,对创业精神的培育至关重要。目前,很多国家以政府为主导,大力打造创业文化,将创业精神看作重要的战略资源。各国政府都很注重培养大学生的创业精神和创业能力。我国政府高度重视创业精神的培育,出台了鼓励大学生创业的政策和法规,为大学生创业提供了良好的社会氛围;行业协会、各类服务机构等组织通过赞助创业教育基金和举办各类创业大赛,在整个社会形成了鼓励创新创业的良好氛围。

2. 高校应引导学生参与创业实践

(1) 学校要重视大学生创业精神的培育,将创业知识与创业实践相结合,开设多元化的课程体系,学习各学科门类的相关课程,通过自己的兴趣爱好积淀创业的素材。

(2) 引导学生利用各种机会拓展自身的视野和能力,积极参与各种社团活动、社会实践活动,培养学生的合作精神。

(3) 积极引导学生参加各类创新创业项目和创业比赛,例如,全国"互联网＋"创业大赛、"挑战杯"大学生创业大赛和企业竞争模拟比赛,增加校内外"实战"的机会,培养学生的拼搏精神。

(4) 积极引导学生树立正确的创业观,保持乐观豁达的心态,抱有持久的创业情感和意志力,将创业精神内化于心,迎接各种挑战。

3. 家庭应转变对创业的固化思维

英国学者莫里(Mori)的一项研究表明,父母、家庭成员和亲密的亲属等在创业的选择上,对青年的影响很大。大学生在创业过程中,无论在思想上或言行上都会深受家庭的影响,如果父母重视创业教育,能充分地理解、引导、支持他们的创业活动,适时给予精神支持以及资金支持,将对大学生创业精神的培育产生积极、正面的影响。另外,有些父母自身就是创业者,有自己的企业以及丰富的创业经验,更能为子女的创业成长提供良好的锻炼机会和空间,使子女潜移默化地习得创业意志、精神以及能力。由此可见,家庭的支持对大学生创业精神的培育也是十分重要的。

4. 大学生应树立远大的创业理想

创业理想是指创业者在创业过程中持有的一种奋斗目标、价值观念、人生追求,是人们对创业所持有的根本看法和态度。创业理想是创业精神的核心要素。树立远大的创业理想能够使大学生深刻认识人生价值,把握社会发展规律,明确国家民族使命,勇于开拓创新事业。

创业者与创业团队

本章学习目标

- 了解创业者的内涵
- 理解创业团队对创业成功的重要作用
- 掌握组建创业团队的方法

【引例】

思考：关于创业者的神话[①]

某些创业神话总是一再地得到人们的关注和青睐。

神话1——创业者无法塑造，而是天生的

现实情况：即使创业者天生就具备了特定的才智、创造力和充沛的精力，这些品质本身也只不过是未被苏醒的泥巴和未经涂抹的画布。创业者是通过多年积累相关的技术、技能、经历和关系网后才被塑造成功的，这当中包含着许多自我发展历程。创业者至少具有10年或10年以上的商业经验，才能识别出各种商业行为，并获得创造性的预见力和捕捉商机的能力。

神话2——任何人都能创建企业

现实情况：创业者如果识别得出思路和商机之间的区别，思路开阔，他们创办企业成功的概率就比较大。即使运气在成功中很重要，充分的准备仍是必要条件。创办还只是最简单的一部分，更困难的是要生存下来，持久经营，并把企业发展成最终可以喜获丰收的企业。能够存活10年以上的新企业，10～20家中大约只有1家最后可以给创办人带来资本收益。

神话3——创业者是赌博者

现实情况：成功的创业者会预期风险，小心翼翼。在有选择的情况下，他们通过让别人一起分担风险、避免或最小化风险来向成功的方向倾斜。他们常常把风险分割成可接受、可消化的小块，这样，他们才肯付出时间和资源，看哪部分的风险——收益划算。他们不会承担不必要的风险，当风险不可避免时，也不会胆怯地退缩。

神话4——钱是创立企业最重要的组成要素

现实情况：如果其他资源和才能已经存在，钱自然随之而来；但是如果创业者有了

---

① 杰弗里·蒂蒙斯.战略与商业机会.北京：华夏出版社，2002.

足够的钱,成功却不一定会随之而来。钱是新企业成功因素中最不重要的一项。钱对于创业者而言就像是颜料和画笔对于画家那样,它是没有生命的工具,只有被适当的手所掌握,才能创造奇迹。

神话5——创业者是他们自己的老板,他们完全独立

现实情况:创业者距离完全独立相距甚远,他们必须要为很多利益相关者服务,包括合伙人、投资者、顾客、供应商、债权人、雇员、家庭以及尽其他社区义务,等等。但创业者可以选择是否、何时以及如何对这些利益相关者做出反应。

神话6——创业者比职业经理人工作更努力

现实情况:没有证据证明创业者比公司里与他地位相仿的职业经理工作更多。有一些人可能工作多一些,有些人可能工作更少。研究表明,创业者在公司战略思考上要多些,在具体工作上比职业经理工作量要少很多。

神话7——创建公司风险很大,最后往往以失败告终

现实情况:创业者追逐的是有吸引力的商机,能够组建优秀的创业团队,有效吸引和整合资源,在错综复杂的环境下,尽力使企业走得更远。即使企业出现经营危机甚至倒闭,也不能说是创业者的失败,其实这个过程更是创业者浴火重生的过程。

神话8——创业者喜欢单枪匹马

现实情况:想要完全拥有公司的所有权和控制权,只会限制企业的成长。单个创业者通常只能达到维持生存的状态。靠个人操作来维持一家高成长的企业是非常困难的。高潜力的创业者会组建以自己为核心的管理团队,然后建立起符合所有利益相关者利益的管理制度来运营公司。

神话9——创业是年轻人的事

现实情况:年龄对创业并不是主要因素。创建高新企业的创业者一般在35岁左右,50岁以后创建企业的也为数很多。关键是要有创业精神,并且捕捉到很好的商机。

神话10——创业者追求权利,喜欢控制他人

现实情况:创业者的驱动力来自对责任、成就和结果的追求,而不是为了权力本身。他们因超越了竞争对手和成就感而表现得踌躇满志,而不是为了控制他人而表现得自高自大。随着事业的发展,创业者的权利和控制力越来越大,但这只是创业过程中的产物,而非创业者的刻意追求。

你认为创业者应该是一个什么样的人?应该具备哪些能力才能创业?

9.1　创　业　者

9.1.1　创业者的内涵

创业者首先是一个有梦想的追求者,他追求的是未来的回报,而非现在的回报。如果未来的回报低于预期,或者低于现在的回报,一个人是不可能有创业的动力的。因此,创业者进行创业活动是为了获得更大的价值,这种价值的实现,有物质上的诉求,而更多的是人生价值的实现。创业者未来收益是一种投资性活动的收益,这些投资既可能是实际

的资本投入,也有本人和团队的时间和精力的投入,而收益也就不只是金钱上的收益,还应包括价值的收益、理想的实现等。

提到创业者,人们会想起很多耳熟能详的成功企业家,例如:比尔·盖茨、乔布斯、扎克伯格、柳传志、任正非、俞敏洪、董明珠,等等。人们崇拜成功的创业者,也被他们身上勇往直前的创新精神、强烈的成功欲望、不放弃的拼搏精神和敢于承担风险等等独特的品质特征所折服,甚至有人认为他们天生就是创业者。

学术界从不同角度对创业者进行了研究,安纳利·萨克森宁(Annalee Saxenian)从人口统计特征视角研究创业者,研究表明,移民具有更高的创业倾向。还有的研究表明,在三十、四十、五十这些特定年龄阶段、家庭中的长子最有可能成为创业者。人口统计学特征与影响创业行为的特征具有相关性,但并不能决定什么样的人最有可能成为创业者。

创业者一般被界定为具有以下几方面特征的人:创业者是具有创新精神的人;创业者是具有使命、荣誉、责任能力的人;创业者是具有强烈的掌控命运意识的人;创业者是具有思考、推理判断能力的人;创业者是对风险厌恶程度低的人。

9.1.2 创业能力

根据全球创业观察中国报告的研究[①],创业能力包括创业动机与创业技能两方面。

1. 创业动机

人们选择创业的动机多种多样,研究发现,创业者最基本的创业动机有三个[②]。

一是自己当老板。这是最常见的原因。许多创业者想自己当老板有原因有两种:一是怀有创业梦想,二是不满足于传统工作。自己当老板的动机本质上是追求自由。

二是追求自己的创意。有些人天生机敏,当他们认识到新产品或服务创意时,他们就渴望看到这些创意得到实现。在现存企业环境下进行创新的公司创业者,常常具有使创意变为现实的意念。此外,当他们认识到市场中有未被提供的产品或服务需求,若是创意非常可行且能够支撑一个企业,他们就会付出大量时间和精力去将创意转变为一家兼职经营或全职经营的企业。

三是获得财务回报。这种动机与前两种动机相比明显是次要的,它也常常不能达到所宣称的那种目的。与传统职业中承担同样责任的人相比,创业者并没有赚取更多的金钱。创业的财务诱惑在于它的上升潜力。有些创业者认为,金钱并非他们的创业的主要动机。

2. 创业者的能力与素质要求

毕海德将创业者的品质特征归为三大类:一是创业倾向;二是适应性调整的能力;三是获取资源的能力。这些品质特征,实际包括了创业者的心理特征和技能两大类。我们将创业技能部分从中分离出来,主要有以下五方面:控制内心冲突的能力、发现因果

---

① 姜彦福,高建,等.全球创业观察 2002 中国报告[M].北京:清华大学出版社,2003

② 布鲁斯·R.巴林杰.创业管理:成功创建新企业[M].张玉利,等译.北京:机械工业出版社,2006:2-24.

关系的能力、应变能力、洞察力、销售技巧。

《精益创业》的作者埃克里·莱斯把创业者所应具备的必要条件概括为：拥有合适的团队架构和优秀的员工，对未来强烈的愿景，以及甘冒风险的勇气。他还强调说，如果创业的根本目的是在极不确定的环境中建立组织机构，那么创业者最重要的能力是学习能力。

3．创业能力的训练与培养

成功的创业者既有先天素质，又需要后天塑造。创业能力是可以通过学习和训练得到开发、实践或提炼出来。某些态度和行为可以通过经验和学习得到培养和塑造。蒂蒙斯教授总结出通过训练强化的态度和行为包括[①]：

一是责任感与决策力，承担责任和决心是创业者具备的第一要素。有了责任承诺（承诺是指对过去所做努力的坚持）和决心，创业者可以克服难以想象的障碍，并且可以弥补其他缺点。

二是领导力，领导力是指成功的创业者不需要凭借正式权力（多为组织授予的权力）就能向别人施加影响。创业者在创业的过程中，会与顾客，员工、合伙人等不同角色的人相处，他们往往会出现目标的冲突，创业者要善于调解冲突，要成为一个调停者、磋商者而非独裁者。

三是执着于创业机会，成功的创业者往往会尽一切可能把握创业机会，他们的目标是寻求并抓住商机，将其变成有价值的东西。

四是对风险、模糊和不确定性的容纳度，创业具有高风险、模糊和不确定性，成功的创业者心怀勇气，能乐观、清晰地看到公司的未来，从而保持勇气。他们通过仔细定义目标、战略，审慎行动，并按照他们预期加以调整，减少创业风险。

五是创造、自我依赖和适应能力，成功的创业者往往不满足于现状，是持续的革新者。真正的创业者有较强的主动性、适应性，他们善于主动解决问题，通过创新和创造实现生存和发展，也敢于试错，从错误和挫折中学习经验，创业者是永远的学习者。

六是超越别人的动机，成功的企业家受到内心强烈愿望的驱动，希望和自己定下的标准竞争，追寻并达到富有挑战性的目标。新创建企业的创业者从创建企业的挑战和兴奋中产生个人动机，他们渴望超越别人，获得成就，而不是地位和权力的支配。

9.2　创业团队

9.2.1　创业团队的内涵

1．群体与团队

"物以类聚、人以群分"。群体是与个体相对的，是个体的共同体。不同个体以某种特

---

① 杰弗里·蒂蒙斯，小斯蒂芬·斯皮内利.创业学案例［M］.6版.周伟民，吕长春，译.北京：人民邮电出版社，2005：159-165.

征结合在一起,进行共同活动、相互交往,就形成了群体。团队是一群人组成,他们共同承诺实现一个重要的目标,而且只有全体队员共同努力,这个目标才能实现。群体与团队具有明显的区别,具体表现见表9.1。

表9.1 群体与团队的区别

比较项目	群 体	团 队
目标实现	不需要成员间相互依存	需要成员间彼此协调且相互依存
整体绩效	等于每个成员个体绩效之和	大于每个成员个体绩效之和
绩效评估	以个人表现为依据	以团队整体表现为依据
责任承担	只承担个人成败责任	一起承担成败责任并同时承担个人责任
工作关系	比较松散	紧密合作
技能结构	相互独立的、可以替换的	互补的
内部规范	无意识地通过习惯的力量形成,界定模糊并具有排他性	有意识地共同约定,界定清晰并具有宽容性
角色地位	角色之间差别较小	角色之间差别较大

2. 一般团队与创业团队

从团队基本特征、功能作用及管理模式三大方面来看,一般团队与创业团队的比较见表9.2。

表9.2 一般团队与创业团队的区别

比较项目	一般团队	创业团队
目的	解决某类或者某个具体问题	开创新企业或者拓展新事业
职位层级	成员并不局限于高层管理者职位	成员处在高层管理者职位
权益分享	并不必然拥有股份	一般情况下在企业中拥有股份
组织依据	基于解决特定问题而临时组建在一起	基于工作原因而经常性地一起共事
影响范围	只是影响局部性的、任务性问题	影响组织决策的各个层面,涉及范围较宽
关注视角	战术性的、执行性的问题	战略性的决策问题
领导方式	受公司最高层的直接领导和指挥	以高管层的自主管理为主
成员对团队的组织承诺	较低	高
成员与团队间的心理契约	心理契约关系不正式,且影响力小	心理契约关系特别重要,直接影响到公司决策

资料来源:陈忠卫.创业团队企业家精神的动态性研究[M].北京:人民出版社,2007:83-85。

初创时期的创业团队组建的目的在于成功地创办新企业,随着企业成长,创业团队可能会发生成员的流动,新组建的高管团队是创业团队的延续,其目的在于发展原来的企业或者开拓新的事业领域;创业团队成员往往处在企业高层管理者位置,他们会对企业重大问题决策产生影响,甚至会关系到企业的存亡;创业团队成员往往拥有公司股份,以便团队成员拥有更高的责任感来参与决策、关心企业成长;创业团队所关心的往往是公司全局性的、战略性的决策问题;创业团队成员对公司有一种浓厚的感情,其连续性承诺

（由于员工对组织投入而产生的一种机会成本，足以让成员不离开组织的倾向）、情感性承诺（个体对组织的认同感）和规范性承诺（个人受社会规范影响而不离开组织的倾向）都较高。

然而，一般团队的组建只是为了解决某个或者某类特定问题；一般团队成员往往是由一群满足解决特定问题的专家所组成，绝大多数成员并不处于企业高层位置，只是为了解决某问题而临时组建形成；一般团队成员未必必然要求成员拥有股份；一般团队只是关注战术性或者执行层面的问题；一般团队中，成员对公司的连续性承诺、情感性承诺和规范性承诺并不高。

3. 创业团队的 5P 要素

创业团队的 5P 要素主要包括：

（1）目标（Purpose）。团队应确立一个共同的既定目标，为团队成员指明方向。目标可分为长期目标与短期目标，长期目标即公司的意愿，短期目标则是长期目标的分解。所有团队成员应为实现目标共同努力，而不能仅仅依靠创业者的个人奋斗。

（2）人（People）。人是构成团队最核心的力量，两个（包含两个）以上的人就可以构成团队。目标是通过人员具体实现的，因此，人员的选择是团队组建中非常重要的一部分。

（3）定位（Place）。定位通常包含两个层次：一是团队在企业中的定位，是指团队在企业中所扮演的角色以及团队内部的决策力和执行力；二是成员在团队中的定位，是指团队成员在团队中扮演的角色及团队内部决策的制定和执行。

（4）权限（Power）。权限是指新企业中职、责、权的划分与管理。一般来说，团队的权限与企业的大小、正规程度相关。在新企业的团队中，核心领导者的权力很大，随着团队的成熟，核心领导者的权限会降低，这是一个团队成熟的表现。

（5）计划（Plan）。计划有两层含义：一是为保证目标的实现而制定的具体实施方案；二是计划在实施中又会分解出细节性的计划，需要团队共同努力完成。

以上是团队构成的要素，创业团队在创业过程中发挥着重要作用。在创业之初，创业者团队的建设普遍会有很多困难，创业者应做好心理准备去克服这些挑战。由于创业活动的特殊性，可能创业过程与团队组建一起完成，创业团队不必具备每一个因素。团队建设随着企业的成长而逐步完善，"三个臭皮匠，顶个诸葛亮"，正说明了创业团队对创业成功的重要性。

4. 创业团队的构成

狭义的创业团队是有着共同目的、共享创业收益、共担创业风险的一群创建新企业的人，即初始合伙人团队；广义的创业团队则不仅包括狭义创业团队，还包括与创业过程有关的各种利益相关者，如风险投资家、专家顾问等。

（1）初始合伙人团队。

由在创业初期就投资并参与创业行动的多个个体组成。初始合伙人团队的知识、技术和经验往往是企业所具有的最有价值的资源，因此，人们往往通过评估初始合伙人团队的素质来预期企业未来发展的前景,这些素质特征包括受教育程度、前期创业经历、相关产业经验、社会网络关系等。

(2)董事会。

如果创业者计划创建一家公司制企业,就需要按规定成立董事会——由公司股东选举产生以监督企业管理的个人小组。董事会一般由内部和外部董事构成。如果处理得当,公司董事会能够成为新创企业团队的重要组成部分,可以通过提供指导和增加资信两种方式帮助新企业有一个良好的开端并形成持久的竞争优势。

(3)专业顾问。

在许多情况下,创建者还需要依靠一些专家顾问,通过与他们的互动交流获取重要的建议和意见。这些专家顾问通常都成为创业团队的重要组成部分,在外围发挥着重要作用。例如,顾问委员会是对企业经营提出建议的专家小组;贷款方和投资者会为企业提供有用的指导和资信,咨询师可以对专利、缴税计划和安全规章等复杂问题提供建议。

5. 创业团队的特征

创业团队是一种特殊群体。创业团队首先是一种群体,创业团队成员在创业初期把创建新企业作为他们共同努力的目标。他们拥有企业的股份,在集体创新、分享认知、共担风险、协作进取的过程中,形成了特殊的情感,创造出了高效的绩效。

创业团队工作绩效大于所有个体成员独立工作时的绩效之和。创业团队成员可能具有不同的特质,他们在创业过程中,相互配合、相互帮助,通过坦诚的意见沟通形成了团队协作的行为风格,能够共同地对拟创建的新企业负责,具有一定的凝聚力。有研究表明:工作群体绩效主要依赖于成员的个人贡献,而团队绩效则基于每一个团队成员的不同角色和能力而尽力产生的乘数效应。

创业团队是高层管理团队的基础和最初组织形式。创业团队处在创建新企业的初期或企业成长早期,现实中往往被人们称之为"元老们"。而高层管理团队则是创业团队组织形式的继续。虽然在高层管理团队中既可能还存在着部分创业时期的元老,也可能所有的创业元老都不再存在,但高层管理团队的管理风格在很长一个时期内是很难彻底改变的。

9.2.2 创业团队的组建

1. 组建创业团队的原则

(1)团队成员应有相同的价值观。

一个成功的团队需要全体成员拥有相同的价值观,这是最为重要的基础,我们常说的"求大同存小异"中的"大同"的意思就是"价值观相同"。如果没有相同的价值观,那么一个团队很难共同度过创业初期的坎坷艰难和共同分享创业成功的喜悦成果。

团队成员有一个共同的目标和相同的价值观对创业成功意义深远。所谓价值观,是指一个人对周围的客观事物(包括人、事、物)的意义、重要性的总评价和总看法。价值观存在于人的潜意识里,人的价值观一旦形成,很难改变。因此,在组建团队时,创业者就要选择价值观相同的人,而不要试图改变他人的价值观以求一致。

(2) 团队成员的能力、性格应互补。

创业团队中宽泛的知识、技术和经验有利于新企业,因此,依照互补性原则组建创业团队是一项明智的策略。选择团队成员时,他们能力和性格最好是互补型的。研究表明,如果一个团队成员所缺少的东西可以由另一个或者更多的其他成员提供,那么,整体的确大于各部分之和,因为团队能够整合人们的知识和专长。

2. 组建创业团队的策略

(1) 创业者自我评估。创业者的自我评估主要考虑以下五方面:

一是个人特质。创业者要了解自身在责任感、外倾性、友好性、情绪稳定性、经历开放性这五大关键维度上处于什么位置。

二是知识评估。创业者所接受的教育以及经验可以表明创业者知道什么和不知道什么,以及需要从其他人,包括潜在的合作者那里获得什么。

三是专门技能。每一个人都有一系列独特的完成某些任务的能力,创业者应当去理解并列举出自身技能,并将其作为创建新企业的初始步骤。

四是动机。思考创业动机有利于评判创业者和那些潜在合作者之间的动机差异,防止未来发生隐患。

五是承诺。承诺是指完成事情(即使逆境中也继续前进)以及实现与新企业相关的个人目标的意愿。

(2) 团队成员评估。团队成员评估主要考虑以下两方面:

一是知识基础。知识已经成为最为重要的生产力要素。受教育程度较高的初始合伙人往往拥有其创业所需的知识,此外,也掌握研究能力、洞察力、创造力和计算机技术应用能力等与创业有关的重要技能,这些素质是创业成功的关键性因素。如果新创企业所从事行业领域具有较强的专业特征,那么,接受过高等教育的初始合伙人团队就会从工程技术、计算机科技、管理科学、物理、化学、生物 等专业教育中获得显著优势。

二是经历评估。如果初始合伙人有创业经历,这种经历不论成功或是失败,都可以熟悉创业路径,并可以在新创企业中复制以前的成功创业模式,或者有效规避导致巨大失败的错误,都可以对新创企业提供借鉴的经验,成为企业成功经营的优势。

(3) 经验评估。

如果初始合伙人团队所拥有的相关产业经验,那么就会更为敏锐地理解相关产业发展趋势,更加迅速地开拓市场和开发新产品。例如,对创建一家计算机硬件企业来说,初始合伙人团队是否具有相关领域的计算机硬件技术经验就特别重要,如果他采取边学习边创业的方式,想成功地创建并经营好一家计算机硬件企业就会困难重重。

(4) 关系评估。

如果初始合伙人团队具有广泛社会网络关系,那么就会更容易获得额外的技能、资金和消费者认同。初创企业应当善于开发和利用网络化关系,构建并维持能够给企业带来竞争优势者的良好人际关系,这种网络化关系也是创业者社会资本的具体体现。在创业初期,初始合伙人团队往往通过熟人或朋友,进而获得投资者、商业伙伴或者潜在消费者的认同,是拓宽社会网络关系的有效方法。

(5) 能力评估。

董事会除了治理职责,更重要的作用是为企业管理者提供指导和支持,管理者需要依靠董事会成员的忠告和建议。因此,董事会成员要有能力、有经验、愿意给予建议,能够提出具有洞察力和深入性的问题,以填补企业管理者和其他董事在经验和背景方面的空缺。

(6) 资质评估。

董事会是由股东大会选举产生,负责处理公司诸多重大经营管理事项。具有较高知名度和地位的董事会成员能为企业带来即时的资信。高素质的人自身具备的名誉和声望,会发出一种高质量的信号,引导潜在投资者、消费者或员工认同新创企业,即这个公司很有可能取得成功。

3. 创业团队的组建程序

(1) 明确创业目标。

一方面应明确自己的创业思路,另一方面必须将自己掌握的创业机会形成一定的创意,进而形成一个创业目标。总目标确定后,为了推动团队最终实现创业目标,再将总目标加以分解,设定若干可行的、阶段性的子目标。

(2) 制订创业计划。

一份完整的创业计划,必须包括创业核心团队的计划和人力资源计划。通过创业计划可以进一步明确创业团队的具体需求,比如人员的构成、素质和能力要求、数量要求等。创业团队的组建需要契合创业计划的要求,以匹配创业项目的运作。

(3) 招募合适的人员。

招募合适的人员是组建创业团队最关键的一步。创业团队成员的招募应考虑两方面:一是互补性。创业团队至少需要管理、技术和营销三方面的人才,只有这三方面的人才形成良好的沟通协作关系后,创业团队才可能实现稳定高效。二是适度规模。这是保证团队高效运转的重要条件,团队成员一般为 3~25 人。

(4) 进行职权划分。

创业者要处理好责、权、利等各方面的关系,即确定每个成员所要负担的职责以及所享有的权限。根据创业计划的需要,明确团队成员的职责定位,可以使创业团队形成合力,共同实现创业目标,同时也可避免因职责不明、权力分配不明确引发的冲突。

一般来说,创业团队越成熟,领导者所拥有的权力相应越小;在创业团队发展的初期,领导权相对比较集中。

(5) 构建创业团队的制度体系。

创业团队制度体系体现了创业团队对成员的控制和激励能力,主要包括团队的各种约束制度和各种激励制度。

(6) 对团队进行调整融合。

随着团队的运作,团队组建时在人员配备、制度设计、职权划分等方面的不合理之处会逐渐暴露出来,这时就需要对团队进行调整融合,这是一个动态持续的过程。

9.2.3　创业团队的管理

1. 建立团队共同的创业目标

无论创业团队成员在知识、专长、性格上有多大的差异，团队成员都应该求同存异，彼此理解和包容，为共同的目标而奋斗。创业目标是创业团队的灵魂，在创业目标的引领下，企业文化得以形成，拼搏、勇攀高峰的创业精神才能得到最大程度地发挥。

建立创业团队的目标应满足 SMART 原则，SMART 原则包括以下五个特征：具体的（Specific）、可量度的（Measurable）、可达到的（Attainable）、具有相关性的（Relevant）、具有明确期限的（Time-based）。

在确定创业目标的过程中，首先，应咨询团队成员对创业目标的看法，这一做法可以让团队成员得到尊重与鼓励，主动参与创业目标确定的整个过程；其次，在收集相关信息的基础上，团队成员之间讨论目标的表述，目标表述应满足 SMART 原则，可采用头脑风暴法等方法，鼓励成员充分提出自己的看法；第三，通过集体讨论，确定被团队成员接受并认可的创业目标，从而获得团队成员对目标的承诺。

2. 明确团队的所有权分配

组建团队一个关键问题就是决定成员之间的工作分工与所有权分配方案。工作分工是对成员之间所承担任务以及协调方式的规划，而所有权分配则是对创业利益分配方式的约定，是维系创业团队凝聚力的基础。工作分工有助于在短期内维持创业过程以及新企业早期运营的有序性，而所有权分配则有助于在长期内维持团队稳定和新企业的稳定成长。

在确定所有权分配时，为避免后续纠纷和冲突，创业者应遵循以下三个重要的原则：

一是重视契约精神，为保障团队的稳定和公正，在创业之初，就要把确定的所有权分配方案以公司章程形式写入法律文件，以契约形式明确创业团队成员的利益分配机制。

二是按照贡献程度分配所有权比例，常见的做法是依据出资额来确定所有权分配，对于持有关键技术但没有投入资金的团队成员，则需要谨慎考虑技术的商业价值，在资金和技术之间做出合理的权衡。

三是控制权与决策权统一原则，所有权分配本质上是对公司控制权的分配方案。在创业初期，更需要集权和统一指挥，控制权和决策权统一至关重要。否则，容易引发团队矛盾和冲突。

3. 团队内部的冲突管理

冲突的发生是企业内外部某些关系不协调的结果，表现为冲突行为主体之间的矛盾激化和行为对抗。团队内的冲突可分为两大类，即认知冲突与情感冲突。

认知冲突是指团队成员对有关企业生产经营管理过程中出现的与问题相关的意见、观点和看法所形成的不一致性。通俗地讲，认知冲突是论事不论人。从本质上说，只要是有效的团队，这种团队成员之间就生产经营管理过程的相关问题存在分歧是一种正常现象,而且,在一般情况下,这种认知冲突将有助于改善团队决策质量和提高组织绩效。

情感冲突是指团队成员间超越了认知冲突的范畴,产生敌对、不信任等表现,这种冲突的危害性很大,会极大地降低决策质量和有效性,并影响创业团队成员在履行义务时的投入程度,影响对决策成功执行的必要性的理解。情感冲突是基于人格化、关系到个人导向的不一致性,往往会破坏团队绩效,通俗地讲,情感冲突是论人不论事。

在冲突管理中,核心创业者首先要注意利用激励手段来鼓励正面冲突,让团队成员感受到能通过知识分享实现创业成功后,能获得相应的收益和价值。除了正面的激励方式,还需要建立适度的惩罚机制,具体包括:

(1)制定惩罚的标准。管理的目的是预防和控制,绝非事后惩处;

(2)分清责任额度。对于创业团队而言,所承担的惩罚责任一般分为主要责任、次要责任和管理责任三种,处罚只是手段,而非目的,有些影响不大的无意过失是可以原谅的,真正应当受到惩罚的是故意的、重复违反的、重大的错误;

(3)处罚的动机要单纯,处罚的目的是改善企业运作,促进企业成长,而不是其他不良目的。

在制订激励方案时,创业者需要注意兼顾差异化、公平性和灵活性的原则,创业者的激励措施可分为如下三种:

一是物质激励。薪酬是激励创业团队成员的基础,科学设计薪酬制度,并与业绩挂钩,才能使创业团队做出更多的贡献。新创企业应该贯彻"公平、合理、适时、适度"的原则,团队成员的薪酬应取决于其工作业绩、工作态度、工作能力三方面,并且与企业的发展战略、产业政策和生命周期相适应,建立正确的公平化薪酬。

二是精神激励。指以调整精神传递的量和质作为激励的手段。精神传递不仅可以弥补物质激励的不足,而且可以成为企业长期发展的决定性力量。如果在精神激励的同时融入物质的激励,将会形成和谐的动力,激励的效果更佳。

三是价值激励。指的是将团队成员自身专长和理想抱负相结合的一种激励手段。由马斯洛提出的需求理论可知,优秀的团队成员在经历了生理、安全和社交层次的需求后,他们会有更高层次的尊重和自我实现的需求。价值激励的目的就是要满足他们在这些方面的需求,使他们在工作上更有归属感和成就感。

创业团队得以高效率发展,团队关系得以维系,一要依靠团队目标和企业文化的引导;二要靠企业惩罚机制的规范,二者相辅相成,缺一不可。

第10章

创业机会与创业资源

本章学习目标

- 理解创业机会的含义与特征
- 掌握创业机会的识别方法
- 熟悉创业风险的识别和防范

【案例讨论】

李维斯发明牛仔裤

牛仔裤的发明人是美国的李维斯。当初他跟着一大批人去西部淘金,途中一条大河拦住了他们的去路,许多人感到愤怒,但李维斯却说"棒极了!"他设法租了一条船给想过河的人摆渡,结果赚了不少钱。不久摆渡的生意被人抢光了,李维斯又说"棒极了!",因为采矿时工人跪在地上,裤子的膝盖部分特别容易磨破,而矿区里却有许多被人抛弃的帆布帐篷,李维斯就把这些帐篷收集起来洗干净做成裤子,销量很好,"牛仔裤"就是这样诞生的。李维斯将问题当作机会,最终实现了致富梦想,得益于他有一种乐观、开朗的积极心态。

从李维斯发明牛仔裤的案例中,你如何来理解创业机会的?

10.1 创 业 机 会

机会,是指具有时效性的有利情况。对于创业者而言,真正的创业过程始于商业机会的发现。如何从复杂多变的市场环境中发现具有潜在价值的商业机会,开发并转化为新创企业,是企业成功的关键。

创业者离不开机会,创业者需要发现并抓住机会。创业的实质是具有创业精神的个体对具有价值的机会的认知过程。创业机会不是凭空产生,它来自创业者的创造力和灵感的迸发。

10.1.1 创业机会的概念

1. 创意与商业创意

创业的本质是创新,创新源自创意。创意是具有创业指向同时具有创新性甚至原创性的想法,是将问题或需求转化成逻辑性的架构,让概念物象化或程序化,而不是单纯的奇思妙想。有价值潜力的创意一般会具有三个基本特征：一是新颖性。这意味着新的技术和新的解决方案，可以是差异化的解决办法，也可以是更好的措施。同时，还意味着一定程度的领先性，具有模仿的难度；二是真实性。有价值的创意绝对不会是空想，而要有现实意义，具有实用价值，能够开发出可以把握机会的产品或服务，而且市场上存在对产品或服务的真实需求，或可以找到让潜在的消费者接受产品或服务的方法；三是价值性。创意的价值特征是根本，好的创意要能给消费者带来真正的价值。创意的价值要靠市场检验。好的创意需要进行市场测试。

布鲁斯·巴林杰(Bruce R Barringer)提出了商业创意的三大最常见来源：变化的环境趋势、尚未解决的问题、市场缝隙。

第一个商业创意源泉是变化的环境趋势，例如，经济趋势、社会趋势、技术进步和政策变化。了解经济趋势有助于创业者辨别哪些是商业创意实施条件成熟的领域，哪些领域需要回避。社会趋势对人们的生活方式和所需产品、服务类型有一定影响，并改变个人和企业的行为方式和优先选择。经济趋势、社会趋势和政策变化从宏观的层面上为创意提供来源，例如，经济下滑期间会导致生活必需品的增长和奢侈品需求的降低，社会的老龄化会使老年用品增长；而当前"双减"政策的实施，会更加注重素质教育。技术进步则为商业创意提供了持续不断的源泉。一方面，它能够帮助人们更好或更方便地进行日常活动，因此产生日常产品方面的新需求；另一方面，当人们发现、发明一种新技术之后，基于它的应用会迅速占领市场并使相关、周边市场产生新的需求。这些新的需求都是创意的来源。

形成商业创意的第二个源泉是尚未解决的问题。在人们的日常生活中，存在着各种各样的问题。创业者经常从解决生活问题的过程中发现各种商业创意。例如，从圆珠笔写字无法涂改的问题出发，发现可擦笔的创意；从瘦身的问题出发，发现无糖饮料的创意等。

商业创意的第三个源泉是市场缝隙。消费者的需求并不是时时都能得到满足，规模较小的用户群体往往被主流产品放弃。克里斯·安德森在 2004 年提出"长尾"(The Long Tail)理论定义的利基市场——一个小市场并且它的需求没有被服务好，就可以针对市场缝隙而提供产品/服务，进而建立市场优势。创业者要善于发现这样的市场缝隙，发现需求，进而形成创意。

这三个来源所体现的，都是市场的需求。市场需求可以分为已经存在、潜在的和新创的需求三种。有效地采集和分析客户需求信息，并准确地加以定义，是创新创意的必要前提。创意来自市场的需求，创业者所要做的，就是去发现它、满足它、刺激它、创造它。只有找到市场的需求和尚未解决的问题，才能产生创意和后续的创业。而创意的形成过程，也就是创新地解决问题的过程。

2. 形成创意的方法

一是头脑风暴法。头脑风暴(Brain Storming)是指不同的人提出不同的设想(创意)。关于头脑风暴法，详见第 2 章典型创新方法。头脑风暴法适用于开放性的问题，例如，在双减政策下，在教育领域有哪些新的创意？

二是焦点讨论法。焦点讨论法可作为头脑风暴的后续,在选定少数创意之后进行集中讨论,也可以在创业者已经有所设想之后,再组建焦点小组进行讨论,就创意的评价、筛选、问题和解决、设想等进行深入探讨,形成比较完善的创意计划。

三是收集调查法。为了收集与创意有关的市场、资源、技术、行业、产业等信息,创业者可以针对不特定人群,以调查问卷或网络调查的方式调查他们的需求和意见,从而发现新的需求并改进创意。收集调查法要注意两个事项。一是调查工具的设计要有针对性,调查的问题要清晰、易懂、便于作答,并且能够对创意的可行性有所验证。二是调查结论要全面、客观,不能为了证实某个创意可行,而去选择一些对其有利的信息,忽略对其不利的信息。

3. 创业机会的内涵

创意设想发现了市场需求,并提出了满足市场需求的初步思路和方法,它的实现还需要各方面的资源和条件,才能成为创业机会。

熊彼特将创业机会定义为:创业机会是创业者为了满足市场需求,将创业资源创造性地结合起来从而实现价值传递的一种可能性。从一般意义上说,创业机会主要是指具有较强吸引力的、较为持久的、有利于创业的商业机会,创业者据此可以为客户提供有价值的产品或服务,并同时使创业者自身获益。

创业学的先驱蒂蒙斯(Timmons)认为创业机会具有吸引力、持续性、实时性和创造顾客价值的特征。其中,吸引力是指创业者所要提供的产品和服务,对于潜在的消费者具有吸引力,消费者愿意消费该产品和服务;持续性是指创业机会会持续一定的时间,从而使创业者去发现、评价、开发和利用;实时性是指创业机会具有时效性,它存在于一个"机会窗口",随着市场及其他创业环境的变化,创业机会很可能消失和流失;创造价值,创意是创业机会的最初状态,能够为企业和顾客创造价值的创意,才能转化为创业机会。

10.1.2　创业机会的识别

1. 创业机会的来源

狄更斯曾经说过,机会不会上门来找人,只有人去找机会。创业机会既可能是自然生成的,也可能是需要创业者自己去创造的,且多数是后一种情况。创业者要想赢得创业机会,首先就需要搞清并关注创业机会的来源。

德鲁克提出机会的七种来源:出乎意料的情况、不一致性、过程及其需要、产业与市场结构变化、人口变化、认知变化、新知识(技术)。

创业机会的来源主要在于以下四种情境的变化。其一,技术变革。它可以使人们去做以前不可能做到的事情,或者更有效地去做以前只能用不太有效的方法去做的事情。新技术的出现也改变了企业之间竞争的模式,使得创办新企业的机会大大提高。其二,政治和制度变革。它意味着革除过去的禁区和障碍,或者将价值从经济因素的一部分转移到另一部分,或者创造了更大的新价值。比如,环境保护和治理政策的出台,会将那些污染严重、对环境破坏厉害的企业的资源,转移到保护人类环境的创业机会上来。其三,社会和人口结构变革。通过改变人们的偏好和创造以前并不存在的需求来创造机会,经常表现为市场需求的变化,新兴国家的兴起、消费结构和消费者结构的变化、对物质产品的非物质需求的关注等,都值得关注。其四,产业结构变革。它是指因其他企业或者为顾客提供产品或服务的关键企业的消亡,或者企业吞并或互相合并,行业结构发生变化,从而改变了行业中的竞争状态,形成或终止了创业机会。没有变化,就没有创业机会,创业者更善于创造性地利用变化。

2. 创业机会识别的影响因素

影响创业机会识别的因素有创业警觉、先前经验、认知能力、社会关系网络和创造性思维。

一是创业警觉。创业警觉是指对物体、事件和行为模式的信息具有敏感性,反映了对尚未发觉的机会的持续关注能力。创业机会本身是客观存在的,因为创业机会具备了某些固定的特征,才会被创业者所识别。创业警觉性是三个维度的整合体,分别为:敏锐预见、探求挖掘和重构框架。伊斯雷尔·柯兹纳是第一个提出创业警觉的学者,他在研究中指出,警觉是能够识别出被其他人忽略的机会的一种个人能力,而且创业者的创业警觉与其所能识别的机会数量呈正相关。创业者与普通人的不同在于,他总是自发地关注他人忽略的市场环境特征。警觉的创业者时刻注意着市场,对机会的潜在性保持着敏感、警惕以及洞察力,一旦发现创业机会就会采取相应行动并努力获取利润。

二是先前经验。创业者的先前经验是识别机会的认知基础,在机会识别过程中起着非常重要的作用。先前经验的积累受创业者既往的工作经历、创业经历以及所接受过的教育培训等方面的影响。经验丰富的创业者掌握了有关市场、产品、资源等有价值知识,因而强化了其发现机会的能力,可能识别出未被满足的利基市场;有创业经历的创业者积累的市场知识(包括有关顾客的知识、服务方式的知识等)造就了创业者的"知识走廊",走廊原理表明,创业者因体验过机会发生特定产业中的先前经验,更容易发现产业内的新机会。

三是认知能力。机会识别的第一步,是要感知和认识到机会。认知过程是产生创意、激发创造力、识别机会的基础。机会认知就是感知和认识到机会,就是合理解读信息并识别出其中蕴含价值的过程。通过机会的认知和识别,机会就会由模糊到清晰,由初始的发现到创业的决策行动。创业认知能力是创业者学习创业知识和感知市场信息的极为重要的能量或基础,从而促进创业者的创业警觉性,使其能更敏锐地感知到市场的变化,并迅速洞察这种变化带来的商业价值。

四是社会关系网络。社会关系网络是指创业者个人的社会关系网络。创业者的社会关系网络是其在长期的生活当中积累的"人脉","人脉"会提供许多重要的信息和资源,这些信息和资源有助于发现创业机会。个人社会关系网络的深度和广度影响着机会识别。建立了大量社会与专家联系网络的人,更容易得到更多的机会和创意。按照关系的亲疏远近,社会网络关系可以划分为强关系与弱关系。强关系以频繁相互作用为特点,形成于亲戚、密友和配偶之间;弱关系以不频繁相互作用为特点,形成于同事、同学和一般朋友之间,个体之间的意识往往存在着较大差异,更容易激发创业者产生全新的创意,因此,创业者通过弱关系更可能获得新的商业创意。

五是创造性思维。创造性是认知加工过程的重要组成部分,是通过对没有关联的信息和知识的重组、匹配、加工而产生新颖性想法的认知思维方式。机会识别是一个创造过程,是不断反复的创造性思维过程。创造性包含在许多产品、服务和业务的形成过程中。创造性思维能够提升识别机会可行性和盈利能力。那些具有前瞻性思维的创业者,不仅自身就具备了一些高效的创造性思维习惯,而且早已把培养创造性思维的文化潜移默化地融入了自己的企业之中。

3. 创业机会识别的过程

机会识别是创业者与外部环境(机会来源)互动的过程。在这个过程中,创业者利用各种渠道和各种方式掌握并获取外部环境等相关变化的信息,发现现实世界中在产品、服务、原材料和组织方式等方面存在的差距,找出改进或创造"目的—手段"关系的可能性,从而识别出可能带来新产品、新服务、新原料和新组织方式的创业机会。

识别过程可分为准备、孵化、洞察、评价和阐述五个阶段。

一是准备阶段。这是在创业机会识别过程中,创业者应具备的背景、经验和知识。创业者应有先前经验以识别机会。研究发现,50%～90%的初创企业创意,来自于个人的先前工作经验。

二是孵化阶段。这是个人仔细考虑创意或思考问题的阶段,也是对事情进行深思熟虑的时期。有时孵化是有意识的行为,有时它是无意识行为,并出现在人们从事其他活动的时候。

三是洞察阶段。此时,问题的解决办法被发现或创意得以产生,这是创业者把握机会的时刻。这种经验有时会推动过程向前发展,而有时候则会促使创业者返回到准备阶段。

四是评价阶段。这是创业机会识别过程中仔细审查创意并分析其可行性的阶段。许多创业者错误地跳过这个阶段,他们在确定创意可行之前就去设法实现它。评价是创业机会识别过程中特别具有挑战性的阶段,因为它要求创业者对创意的可行性采取一种公正的看法。

五是阐述阶段。这是创意变为最终形式的过程。详细情节已构思出来,并且由创意变为了有价值的东西,诸如新产品、新服务或新商业概念,甚至已经形成了能够实现价值的商业模式。

4. 把握创业机会的方法

常见的把握创业机会的方法有五种:新眼光调查、系统分析、问题分析、顾客建议和创造需求。

一是新眼光调查。随着信息技术的快速发展,人们可以通过很多种调查方式获取大量信息,这有利于发现问题并迅速切入问题。在调查的过程中,要学会问问题,同时,通过不断地获取信息,建立自己的直觉,"新眼光"也将不断发展,提供很多看问题的新方法。

二是系统分析。多数的创业机会都可以通过系统分析得到发现。人们可以从企业的宏观环境(政治、法律、技术、人口等)和微观环境(顾客、竞争对手、供应商等)的变化中发现机会。借助市场调研,从环境变化中发现机会,是机会发现的一般规律。

三是问题分析。问题分析是开始从个人或组织的需求和他们面临的问题。问题分析可以从"市场痛点"入手,市场痛点是个人或组织想解决而无法解决的难题。一个有效并有回报的解决方法对创业者来说是识别机会的基础。这个分析需要全面了解顾客的需求,以及可能用来满足这些需求的手段。

四是顾客建议。一个新的机会可能会由顾客识别出来。顾客建议可分为非正式建议和正式建议,一个讲究实效的创业者总是渴望从顾客那里征求想法。例如,星巴克为了吸引顾客,依靠科技改善顾客体验,2008年推出专门网站收集用户意见,改善服务,了解他们的喜好、消费行为,增强顾客的"正面"体验。

五是创造需求。这种方法在新技术行业中更为常见,它可能始于明确未满足的市场需求或是一项新技术发明,从而积极探索新技术、新知识和其相应的商业价值。通过创造获得机会比其他任何方式的难度都大,风险也更高。同时,如果能够成功,其回报也更大。这种情况下所产生的创新在人类所具有重大影响的创新中,居于压倒性的主导地位。

10.1.3 创业机会的评价

1. 基于创业者的评价

一是创业者与创业机会的匹配。

并非所有机会都适合每个人,即使看到了有价值的创业机会,个体也可能因没有相应的技能、知识、关系等而放弃创业活动,或者把机会信息传递给其他更合适的人,或者是进一步提炼加工机会从而将其出售给其他高科技企业。当然,创业活动往往不会拘泥于当前的资源约束,创业者可以整合外部的资源开发机会,但这需要具备资源整合能力。

创业活动主要依赖于创业者与创业机会的结合。一方面创业者识别并开发创业机会,另一方面创业机会也在选择创业者,只有当创业者和创业机会之间存在着恰当的匹配关系时,创业活动才最可能发生,也更可能取得成功。

二是创业者对创业机会的初始判断。

认定创业机会适合自己,还要对创业机会进行评价。蒂蒙斯教授认为,机会应该具有吸引力、持久性和及时性,创业机会是具有以下特征的构想:对消费者具有吸引力;能够在你的商业环境中实施;能够在现存的机会窗口中执行;创业者拥有创立企业的资源和技能,或者知道谁拥有这些资源与技能并且愿意与创业者共同创业。

创业者对机会的评价来自于他们的初始判断,可以理解为假设加上简单计算,是创业者对机会的初始判断,进一步的创业行动还需依靠调查研究,对机会价值做进一步的评价。创业者对创业机会的初始判断,有时看似简单得不可信,但也经常奏效。机会转瞬即逝,如果都要进行周密的市场调查,有时会难以把握机会,或者有时会在调研中发现很多的困难,最后反而失去了创业的激情。

2. 基于系统分析的评价

系统评价类似于大公司开展的可行性论证分析。在系统评价创业机会时,由于创业活动不确定性高的特点,创业者一般表现为主观评价,可能不会按照框架中的全部指标对创业机会做出依次评价,而仅会选择其中若干要素来判断创业机会的价值。创业者应客观分析评价,从行业和市场、经济因素、收获条件、竞争优势、管理团队、致命缺陷问题、个人标准、理想与现实的战略差异八方面评价创业机会的价值潜力。

一是蒂蒙斯创业机会评价指标体系。

蒂蒙斯教授认为创业者应该从行业和市场、经济因素、收获条件、竞争优势、管理团队、致命缺陷问题、个人标准、理想与现实的战略差异八方面评价创业机会的价值潜力,并围绕这八方面形成了 53 项指标,见表 10.1。

表 10.1 蒂蒙斯创业机会评价指标体系

评价方面	评价指标
行业和市场	1. 市场容易识别,可以带来持续收入 2. 顾客可以接受产品或服务,愿意为此付费 3. 产品的附加价值高 4. 产品对市场的影响力高 5. 将要开发的产品生命长久 6. 项目所在的行业是新兴行业,竞争不完善 7. 市场规模大,销售潜力达到 0.1～10 亿美元 8. 市场成长率在 30%～50% 甚至更高 9. 现有厂商的生产能力几乎完全饱和 10. 在 5 年内能占据市场的领导地位,达到 20% 以上 11. 拥有低成本的供货商,具有成本优势
经济因素	12. 达到盈亏平衡点所需要的时间在 1.5～2 年 13. 盈亏平衡点不会逐渐提高 14. 投资回报率在 25% 以上 15. 项目对资金的要求不是很大,能够获得融资 16. 销售额的年增长率高于 15% 17. 有良好的现金流量,能占到销售额的 20%～30% 18. 能获得持久的毛利,毛利率要达到 40% 以上 19. 能获得持久的税后利润,税后利润率要超过 10% 20. 资产集中程度低 21. 运营资金不多,需求量是逐渐增加的 22. 研究开发工作对资金的要求不高
收获条件	23. 项目带来附加值的具有较高的战略意义 24. 存在现有的或可预料的退出方式 25. 资本市场环境有利,可以实现资本的流动
竞争优势	26. 固定成本和可变成本低 27. 对成本、价格和销售的控制较高 28. 已经获得或可以获得对专利所有权的保护 29. 竞争对手尚未觉醒,竞争较弱 30. 拥有专利或具有某种独占性 31. 拥有发展良好的网络关系,容易获得合同 32. 拥有杰出的关键人员和管理团队

评价方面	评价指标
管理团队	33. 创业者团队是一个优秀管理者的组合 34. 行业和技术经验达到了本行业内的最高水平 35. 管理团队的正直廉洁程度能达到最高水准 36. 管理团队知道自己缺乏哪方面的知识
致命缺陷问题	37. 不存在任何致命缺陷问题
个人标准	38. 个人目标与创业活动相符合 39. 创业家可以做到在有限的风险下实现成功 40. 创业家能接受薪水减少等损失 41. 创业家渴望进行创业这种生活方式,而不只是为了赚大钱 42. 创业家可以承受适当的风险 43. 创业家在压力下状态依然良好
理想与现实的战略差异	44. 理想与现实情况相吻合 45. 管理团队已经是最好的 46. 在客户服务管理方面有很好的服务理念 47. 所创办的事业顺应时代潮流 48. 所采取的技术具有突破性,不存在许多替代品或竞争对手 49. 具备灵活的适应能力,能快速地进行取舍 50. 始终在寻找新的机会 51. 定价与市场领先者几乎持平 52. 能够获得销售渠道,或已经拥有现成的网络 53. 能够允许失败

二是通过市场测试评价创业机会。

市场测试类似于实验,不同于市场调研。市场测试能观察到真实的顾客行为,并获得更精确的顾客需要数据,是评估消费者对创意和商业概念的反馈。对概念和产品的检测,有助于了解消费者对创业想法和原型的反应,获取有关用户的满意度、购买意愿以及下一步创意开发可行性的信息。为此,创业者需要遵循"创建—测试—学习"的步骤,循序渐进来检测创业机会的愿景。

10.1.4 识别创业机会的风险

有价值的创业机会也是有风险的,多数创业机会都蕴含着诸多的不确定性,因此,创业机会也会存在某种程度的机会风险。所谓创业的机会风险,一是指潜在的机会风险因素,即创业者利用某些机会而创业,就有可能遇到的风险因素;二是指一旦某些风险因素未来实际发生了,创业者就会遇到很难克服的困难,从而导致创业活动很难持续下去,甚至会导致创业的终止。其中,一些机会风险是可以预测的,一些机会风险是不可预测的;一些是有可能防范的,一些则是需要创业者努力规避的。

创业机会的风险分为两类,即系统风险与非系统风险。系统风险是指创业环境的不确定性带来的风险,例如,商品市场需求及竞争的不确定性、生产要素市场供给的不确定性、国家法律及政府政策规制的不确定性等带来的风险;非系统风险是指创业者自身行为的不确定性带来的风险,例如,创意可实施性的不确定性、创业团队能力的不确定性带来的风险等。

系统风险是创业者自身难以掌控的,创业者只能加强监测和预警,从而规避风险。非系统风险是创业者通过自身的努力,有可能防范甚至可以化解的,故应努力防范并化解这些风险的发生。但不论是哪类风险,在创业机会识别阶段,创业者都应该尽可能预测到相应的风险,进而理性把握相关风险。创业机会的风险分析如表 10.2 所示。

表 10.2　创业机会的风险分析表

两类风险	一级风险因素	二级风险因素
系统风险	商品市场风险	新产品市场多是潜在、待开发、待成长的
		很难确定市场接受新产品的具体时间
		很难预测新产品的市场需求成长速度
		很难预测未来同行市场竞争的实际态势
	商品市场风险	资本市场的资金可得性多是不确定的
		技术市场的技术可得性、实用性是不确定的
		人力资源市场存在"趋存而流"的不确定性
		上游产品市场供应商往往存在机会主义行为
	法律及政策风险	法律或政府政策的出台有可能超出创业者的预期
		政府许可也具有不确定性
非系统风险	技术风险	新产品研发能否成功是不确定的
		相关行业能否提供技术配套是不确定的
	财务风险	新产品研发的资金需求极难判定
		新产品市场开发的资金需求是不确定的
	团队分化风险	团队成员缺乏共识的利益、目标、规则等
		部分成员的"畏惧心理"和机会主义
		没有形成领袖人物造成的团队风险

10.2　创 业 资 源

10.2.1　创业资源的概述

1. 创业资源的概念

依照资源基础理论的观点,企业是一组异质性资源的组合,而资源是企业在向社会提供产品或服务的过程中,所拥有的或者所能够支配的用以实现自己目标的各种要素以及要素组合。总体来说,创业资源是企业创立以及成长过程中所需要的各种生产要素和支撑条件。对于创业者而言,只要是对其创业项目和新创企业发展有所帮助的要素,都可归入创业资源的范畴。

2. 创业资源的类型

目前,学术界对创业资源的分类大致有以下五种方式:

第一,创业资源按其来源可分为自有资源和外部资源。自有资源是指创业者或创业团队自身所拥有的可用于创业的资源,如自有资金、技术、创业机会信息等。外部资源是指创业者从外部获取的各种资源,包括从朋友、亲戚、商务伙伴或其他投资者筹集到的投资资金、经营空间、设备或其他原材料等。自有资源的拥有状况(特别是技术和人力资源)会影响外部资源的获得和运用。

第二,创业资源按其存在形态可以分为有形资源和无形资源。有形资源是具有物质形态的、价值可用货币度量的资源,如组织赖以存在的自然资源以及建筑物、机器设备、原材料、产品、资金等。无形资源是非物质形态的、价值难以用货币精确度量的资源,如信息资源、人力资源、政策资源以及企业的信誉、形象等。无形资源往往会带动有形资源。

第三,根据资源的性质,可将创业资源分为六种,即物质资源、社会资源、组织资源、财务资源、智力和人力资源、技术资源:

一是物质资源。物质资源是指创业和经营活动所需要的有形资产,如厂房、土地、设备等,有时也包括一些自然资源,如矿山、森林等。

二是社会资源。社会资源主要是指由于人际和社会关系网络而形成的资源,是人力资源的一部分,或者说是特殊的人力资源。社会资源对创业活动非常重要,因为社会资源能使创业者有机会接触到大量的外部资源,有助于通过网络关系降低潜在的风险,加强合作者之间的信任和声誉。开发社会资源是创业者的重要使命。

三是组织资源。组织资源包括组织结构、作业流程、工作规范、质量系统。组织资源通常是指组织内部的正式管理系统,包括信息沟通、决策系统以及组织内正式和非正式的计划活动等。一般来说,人力资源需要在组织资源的支持下才能更好地发挥作用,企业文化也需要在良好的组织环境中培养。

四是财务资源。财务资源包括资金、资产、股票等。对创业者来说,财务资源主要来自个人、家庭成员和朋友。由于缺乏抵押物等多方面原因,创业者从外部获取大量财务资源比较困难。

五是智力和人力资源。智力和人力资源不仅包括创业者与创业团队的知识、训练、经验,也包括组织及其成员的专业智慧、判断力、视野、愿景,而且也包含社会资源,主要是指由于人际和社会关系网络而形成的关系资源。创业者利用这些资源,总能捕捉到他人不易察觉的市场机会。创业者的价值观和信念,更是新创企业的基石。因此,创业者是新创企业中最重要的人力资源。新创企业之间的竞争很大程度上是创业者个人之间的竞争。

六是技术资源。技术资源有关键技术、制造流程、作业系统、专用生产设备等。技术资源与智慧等人力资源的区别在于,后者主要存在于个人身上,随着人员的流动会流失,技术资源大多与物质资源结合。

第四,资源还可以按照其对生产过程的作用分为生产型资源和工具型资源。生产型资源直接用于生产过程或用于开发其他资源,例如物质资源,机器、汽车或办公室,被认为直接用于生产产品或提供服务;工具型资源则被专门用于获得其他资源,例如财务资源,由于其具有很大的柔性而被用于获得人才和设备。产权型技术可能是生产型资源,也可能是工具型资源,这要根据其所依存的条件,如果依赖于某个人则可能是工具型资源,如果是以专利形式存在并用于生产过程则是生产性资源。对于新创企业来说,个人的声誉资源和社会网络也属于工具型资源,有时市场资源也可以用来吸引其他资源,因此,也可将其归为工具型资源。

第五,按创业资源在创业过程中的作用,创业资源可分为两类,一类是运营性资源(operation resource),主要包括人力资源、技术资源、资金资源、物质资源、组织资源和市场订单等资源。另一类是对新企业生存和发展具有关键作用的战略性资源(strategic resource),主要指知识资源。知识型社会给企业带来了持续而深远的影响,知识成为企业进行生产、竞争的关键,企业组织工作的重要任务是战略性地开发和利用知识资源。由于新企业的高度不确定性及创业者和资源所有者之间的信息不对称,知识资源有利于对运营资源的获取和利用。

10.2.2　创业资源的获取

获取创业资源的途径分为市场途径和非市场途径两大类。当创业所需要的资源有活跃的市场,或者有类似的可比资源进行交易时,可以采用市场交易的途径;其他情况下则可以采用非市场交易的途径。

1. 通过市场交易途径获取资源

通过市场途径获取资源的方式包括购买、联盟和并购等。

购买是指利用财务资源通过市场购入的方式获取外部资源,主要包括购买厂房、装置、设备等物质资源,购买专利和技术,聘请有经验的员工等。对创业者来说,购买资源可能是其最常用的资源获取方式,大部分资源尤其是物质资源、技术资源、人力资源等,都可以通过从市场上购买的方式得到。但知识,尤其是隐性知识等资源,很难通过市场直接购买,而是应通过非市场途径去开发或积累。这类资源也可能附着在非知识资源之上,通过购买物质资源(如机器设备等)得到。

联盟是指通过联合其他组织,对一些难以或无法自己开发的资源实行共同开发。联盟的前提是联盟双方的资源和能力互补且有共同的利益,而且能够对资源的价值及其使用达成共识。联盟不仅可汲取显性知识资源,还可汲取隐性知识资源。创业者经常通过联盟的方式共同研究开发获取技术资源,尤其是对于高科技企业来说,通过与高等院校和研究机构的联盟,可以在不增加设备投入的同时,及时得到企业发展所需要的技术资源,使企业保持可持续发展的后劲。

资源并购是通过股权收购或资产收购,将企业外部资源内部化的一种交易方式。资源并购的前提是并购双方的资源尤其是知识等新资源具有比较高的关联度。并购是一种资本经营方式,通过并购可以帮助创业者缩短进入一个新领域的时间,从而及时把握商机,实现创业目标。

2. 通过非市场途径获取资源

非市场途径获取资源的方式主要有资源吸引和资源积累等。

资源吸引指发挥无形资源的杠杆作用,利用新创企业的商业计划,通过对创业前景的描述,利用创业团队的声誉来获得或吸引物质资源(厂房、设备)、技术资源(专利、技术)、资金和人力资源(有经验的员工)。创业者在接触风险投资者或者技术拥有者的过程中,可以通过对创业前景的描述或团队良好声誉的展示,获得资源拥有者的信任和青睐,从而吸引其主动将拥有的资源投入到创业企业之中。

资源积累指创业者在企业内部利用现有资源培育或形成所需的资源,主要包括:自建企业的厂房、装置、设备;在企业内部开发新技术;通过培训来增加员工的技能和知识;通过企业自我积累获取资金等。创业者很多时候会采用资源积累的方式来筹集企业所需的人力资源或技术资源。通过资源积累的方式获取人力资源可以作为一种激励方式,激发创业团队或企业员工的工作积极性,提高员工工作效率;通过资源积累的方式获取技术资源,则可以在获得核心技术优势的同时,保护好商业机密。

通过市场途径还是非市场途径取得资源,主要依赖于资源在市场的可用性和成本等因素。若快速进入市场能够带来成本优势,则外部购买可能就是获取资源的最佳方式。

创业教育之父蒂蒙斯认为,成功的创业活动必须对机会、创业团队和资源三者进行最适当地匹配,并且还要随着事业的发展而不断进行动态平衡。创业过程由机会启动,在创业团队建立以后,就应该设法获得为创业所必需的资源,这样才能顺利实施创业计划,见图 10.1。

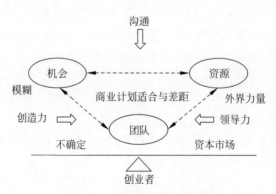

图 10.1　蒂蒙斯创业过程模型

为了合理获取资源、利用资源,创业者往往需要制定设计精巧、用资谨慎的创业战略,而创业团队则是实现创业这个目标的关键组织要素,为此创业者或创业团队必须具有高超的领导力和沟通能力,才能适应市场环境的变化。

创业企业的创立与创业者个人的追求目标、价值观和创业能力是密不可分的,这也成为新创企业最初的战略愿景。在新创企业获取资源、整合资源过程中,如果创业者具备战略领导力,则最容易打动资源所有者。因此,对初创企业来说,创业者应将企业的战略意图适当地向企业外界表达出来,以此获取企业所需要的资源。创业者获取资源、整合资源的过程就是与资源供给者充分沟通的过程。因此,创业者需要分别在新创企业内部和外部进行顺畅沟通,以建立良好的感情。在企业外部,创业者需要与外部的投资者、银行、媒体、同行从业者、消费者、供应商等通过沟通建立联系,获得信任,消除利益分歧,争取对方的扶持与帮助,取得共赢的结果;在企业内部,创业者需要通过顺畅沟通,鼓舞士气,吸引人才,留住人才。

10.2.3　创造性利用有限的创业资源

绝大多数创业者早期所能获取和利用的资源都相当匮乏,但是少数创业者在创业过程中所体现出来的卓越创业技能之一,就是创造性地整合、转换和利用资源,尤其是那种能够创造持续竞争优势的战略资源,并由此成功地开发创业机会、推进创业过程向前发展。随着目前创业研究的深入,现有研究成果归纳出成功创业者善于创造性地整合、转换和利用资源,有效地利用资源和创造性地拼凑资源。

1. 控制资源利用

创业者往往受到有限资源的约束,被迫寻找创造性的方式开发机会去建立企业,并推动企业的发展,学术界用"bootstrapping"一词来描述这一过程中创业者利用资源的方法,这个方法被称为"步步为营",主要指在缺乏资源的情况下,创业者分多个阶段投入资源,并且在每个阶段或决策点投入最少的资源。

美国学者杰弗里·康沃尔(Jeffery Cornwall)指出,步步为营不仅是一种做事最经济的方法,还是存在有限资源的约束下获取满意收益的方法;这种方法具有普适性,不仅适合小企业,同样适用于高成长企业、高潜力企业。步步为营活动包括:创业者在资源受限的情况下寻找实现企业理想目的和目标的途径;最大限度地降低对外部融资的需要;最大限度地发挥创业者投在企业内部资金的作用;实现现金流的最佳使用。

步步为营法的主要策略是成本最小化,但是过分强调低成本,会影响到企业形象与产品质量,最终会限制企业的快速成长。因此,步步为营法中的成本最小化是有前提的,即设计企业使命,在能够实现企业使命的可行路径下,运用成本最小化的步步为营法。

2. 创造性地拼凑资源

在创业情境下,资源约束是创业者面临的首要限制性因素,大多数创业者都缺乏资源来开发创业机会。那么,创业者如何利用手头现有、零散、在他人看来没有什么价值的资源,富有创造力地构想资源的新用途,并且用它们来开发机会或支持创业成长呢?这个问题是传统的资源基础观无法回答的。

特里·贝克(Ted Bake)和里德·纳尔逊(Reed Nelson)借用了法国人类学家列维-施特劳斯(Levi-Strauss,1967)在《野性思维》一书中提出的"拼凑"(bricolage)概念,对创业者和创业企业的资源拼凑行为进行了系统的研究,创建了创业资源拼凑理论。这一理论从一个全新的视角来认识现实中不同类型的创业过程,同时也对创业者在资源利用方面的战略行为特征进行了深刻地解读和生动地描述。

资源拼凑理论在自身的发展过程中形成了三个核心概念,即"凑合利用""突破资源约束"和"即兴创作"这三个概念都与资源紧密相关,从不同角度反映了创业过程的资源拼凑特点。具体而言,"凑合利用"是指利用手头资源来实现新的目的和开发新的机会,重在对资源的创新性利用;"突破资源约束"是指创业者不向资源、环境或者制度约束屈服,积极主动地突破资源传统利用方式的束缚,利用手头资源来实现创业目标,突出了创业者在资源拼凑过程中表现出来的创新意识以及创造创业价值所必需的可持续创业能力;而"即兴创作"与前面两个概念紧密相关,是指创业者在拼凑利用手头资源、突破资源约束的过程中必须即兴发挥,创造性地使决策和行动同时进行。

综上所述,创造性地拼凑不是凑合,而是指在资源约束条件下,创业者为了解决新问题,开发新机会,整合手边现有资源,立即行动,创造出独特的服务和价值。实现创造性拼凑需要三个关键要素:身边有可用的资源、整合资源实现新的目的和凑合使用。在不同情境下,创业拼凑目的、过程及结果也会有显著差异。例如,创业早期寻求生存的非选择性拼凑和创业稳定后有利于可持续性成长的选择性拼凑。

在创业过程中,创业者面对环境约束和资源依赖的双重挑战,要想取得创业成功就必须采用创新性资源整合方式来最大限度地发挥既有资源的价值。也就是说,创业者必须采用资源拼凑方式来解决资源约束问题,他们不但要通过拼凑利用现有资源来突破资源约束,还要在拼凑利用的过程中发现现有资源的新用途,调动一切可利用资源。

创业资源拼凑主要有两种形式:基于手段导向型的创业资源拼凑和基于社会关系网络的创业资源拼凑。

在手段导向型资源拼凑过程中,创业者想方设法利用现有资源来实现既定目标,其特点是整合利用可动员的分散资源来有效突破资源约束的制约。资源拼凑是一种克服资源约束的手段,创业者在发现新机会不会因资源紧缺而观望等待,而是积极主动地调动一切可利用的资源来及时开发机会。

基于社会关系网络的资源拼凑又称网络拼凑(Network Bricolage),是指创业者通过社会关系网络来获取和利用资源的一种战略行为。在网络拼凑中,现存和潜在的关系网络都是创新性地整合资源的重要渠道。它超越了传统的关系网络利用方式,创业者通过拓展资源获取渠道,挖掘自己能接触到的所有社会关系,尽可能低成本地利用资源,例如,通过借助各种关系网络和资源整合方式租到了低租金店铺,招揽了目标顾客,并且还能免费利用社会资源等。

10.2.4 创业融资规划

1. 创业融资的概念

融资,是指资金的融通。狭义的融资,主要是指资金的融入,也就是通常意义的资金来源,具体是指通过一定的渠道、采用一定的方法、以一定的经济利益付出为代价,从资金持有者手中筹集资金,组织对资金使用者的资金供应,满足资金使用者在经济活动中对资金需要的一种经济行为。广义的融资,不仅包括资金的融入,也包括资金的运用,即包括狭义融资和投资两方面。

创业融资是指创业者为了将某种创意转化为商业现实,通过不同渠道、采用不同方式筹集资金以建立企业的过程。创业者应该根据新创企业在不同发展阶段的资本需求特征，结合创业计划以及企业发展战略，合理确定资本结构以及资本需求数量。

对创业者来说，融资的重要性主要表现在以下三个方面：

第一，资金是企业的命脉。资金不仅是企业生产经营过程的起点，更是企业生存发展的基础。资金链的断裂是企业致命的威胁。

第二，合理融资有利于降低创业风险。初创企业使用的资金，大多是从各种渠道筹集的资金，都具有一定的资金成本。因此，合理选择融资渠道和融资方式，有利于降低资金成本，将创业企业的财务风险控制在一定范围之内。

第三，科学的融资决策有利于企业可持续发展，为创业企业植入"生命的动力"，保证创业企业可持续发展。

研究显示，缺少创业所需资金及创业资金筹集困难是创业者面临的最大挑战。创业融资难的主要原因是创业企业的不确定性大、企业和资金提供者之间的信息不对称、资本市场欠发达、创业企业缺少相应的抵押和担保、单位融资成本较高、资金安全性难以评估、人力资本定价困难等。

2. 创业融资的渠道

融资渠道是指企业筹集资本来源的方向与通道，体现资本的源泉和流量。融资渠道主要由社会资本的提供者及数量分布决定。目前我国创业融资渠道主要包括私人资本融资、机构融资、风险投资、政府扶持基金、知识产权融资。

第一，私人资本融资。私人资本融资包括创业者个人积蓄、亲友资金、天使投资等。其中天使投资（Angel Investor）指个人出资协助具有专门技术或独特概念而缺少自由资金的创业者进行创业，承担创业中的高风险和享受创业成功后的高收益。也可以理解为，自由投资者或非正式风险投资机构对原创项目构思或小型初创企业进行的前期投资，是一种非组织化的创业投资形式。天使资本主要有三个来源：曾经的创业者、传统意义上的富翁、大型高科技公司或跨国公司的高级管理者。

第二，机构融资。机构融资其特点是自身资金数量较大，挑选投资对象的程序较为正规，获得机构融资一般会提升企业的社会地位。机构融资的途径有银行贷款、非银行金融机构贷款、交易信贷和租赁、从其他企业融资等。

银行贷款的主要形式有抵押贷款、担保贷款、信用卡透支贷款、政府无偿贷款担保、中小企业间互助机构贷款等多种形式，但比较适合创业者的银行贷款主要有抵押贷款和担保贷款两种，但是，对于创业者来说，银行贷款的审查较为严格，缺乏信用积累的创业者难以获得信用贷款。

创业者还可以从这些非银行金融机构取得借款，筹集生产经营所需资金。非银行金融机构指以发行股票和债券、接受信用委托、提供保险等形式筹集资金，并将所筹集资金运用于长期性投资的金融机构。

交易信贷指企业在正常的经营活动和商品交易中，由于延期付款或预收货款所形成的企业间常见的信贷关系。企业在筹办期以及生产经营过程中，可以通过商业信用的方式筹集部分资金,也可以通过融资租赁的方式筹集资金。融资租赁是指实质上转移与资产所有权有关的全部或绝大部分风险和报酬的租赁。由于其融资与融物相结合的特点,出现问题时租赁公司可以回收、处理租赁物,因而在办理融资时对企业资信和担保的要求不高,所以非常适合中小企业融资。

此外,创业者还可以从其他企业融资。企业往往是资金的需求者而不是提供者,但部分企业可以对外提供暂时的限制资金,尤其是一些从事公用事业业务的企业,或者已经发展到成熟期的企业,因现金流或资金充足,这类企业可以通过对外投资的方式实现较高收益,创业者可以吸收其资金作为股权资本,也可以向这类企业借款,形成债权资本。

第三,风险投资。根据美国风险投资协会的定义,风险投资是指职业金融家投入到新兴的、迅速发展的、有巨大竞争潜力的企业中的股权资本。在我国,对于风险投资尚未形成统一的看法,比较普遍的观点是:风险投资是由专业机构提供的投资于极具增长潜力的创业企业并参与管理的权益资本。从定义上可以看出,中美关于风险投资的界定有所不同,其投资对象有一定的差别。在我国,虽然传统行业技术含量不高,但是拥有一个广阔的、快速发展的市场,使得这些传统行业的市场增长速度和回报率并不低于高科技行业,所以,我国的风险投资不仅投资高科技项目,也对传统领域,如教育、医疗保险等项目感兴趣。

第四,政府扶持基金。创业者还可以利用政府扶持政策,从政府方面获得融资支持。政府的资金支持一般能占到中小企业外来资金的10%左右,资金支持方式主要包括税收优惠、财政补贴、贷款援助、风险投资和开辟直接融资渠道等。随着我国经济实力的增强,由政府提供的扶持基金也在逐步增加。如专门针对科技型中小企业的技术创新基金,专门为中小企业"走出去"准备的中小企业国际市场开拓资金等,还有众多的地方性优惠政策。创业者应善于利用相关政策的扶持,以达到事半功倍的效果。

第五,知识产权融资。知识产权融资也是值得创业者关注的融资方式,在国内外已有诸多成功案例。知识产权融资可以采用知识产权作价入股、知识产权抵押贷款、知识产权信托、知识产权资产证券化等方式。

3. 创业融资的决策

在企业创建之初,创业者应在自己能够接受的风险基础上,遵循既定的原则,尽可能以较低的成本及时足额筹集创业资金。按融资方式,创业融资可分为股权融资和债权融资。股权融资形成企业的股权资本,也称为权益资本、自由资本,是企业依法取得并长期持有,可自主调配运用的资金。广义上的股权融资包括内部股权融资和外部股权融资。内部股权融资主要是企业的内部积累。外部股权融资的方式包括个人储蓄、亲友投入、合伙人资金和天使投资等。债权融资形成企业的债务资本,也称借入资本,是企业依法取得并依约运用、按期偿还的资本。向亲友借款、向银行借款、向非银行类金融机构借款、交易信贷和租赁、向其他企业借款等都是常用的债权融资方式。

股权融资和债权融资各有优缺点,如表10.3所示。

表 10.3 股权融资和债权融资的比较

比较项目	股 权 融 资	债 权 融 资
本金	永久性,保证企业最低的资金需求	到期归还本金
资金成本	根据企业经营情况变动,相对较高	事先约定固定金额的利息,资金成本较低
风险承担	低风险	高风险
企业控制权	按比例或约定享有,分散企业控制权	企业控制权得到维护
资金使用限制	限制条款少	限制多

资料来源:李家华.创业基础[M].2版.北京:清华大学出版社.2015。

在进行创业融资决策时,除了考虑不同融资方式的优缺点、融资成本的高低外,还要考虑创业企业所处的生命周期阶段、创业企业自身的类型。新企业类型和融资方式的关系如表 10.4 所示。

表 10.4 新企业类型和融资方式

创业企业类型	新创企业特征	融资方式
高风险、预期收益不确定	弱小的现金流;高负债率;低、中等成长;未经证明的管理层	个人积蓄、亲友款项
低风险、预期收益易预测	一般是传统行业;强大的现金流;低负债率;优秀的管理层;良好的资产负债表	债权融资
高风险、预期收益较高	独特的商业创意;高成长;利基市场;得到证明的管理层	股权融资

商 业 模 式

本章学习目标

- 了解商业模式的内涵
- 熟悉商业模式的核心构成要素
- 掌握商业模式的设计方法
- 理解商业模式的设计过程

11.1　商业模式概述

11.1.1　商业模式的定义

商业模式这一概念最早出现在 1957 年,起初并没有引起学者和创业者的关注。直到 20 世纪 90 年代,随着信息技术的高速发展,商业模式逐渐引起了学者的关注,成为当代企业管理研究和探讨的热点问题。同时,也引起了企业家、创业者和风险投资者的广泛关注。在理论研究中,商业模式并没有统一的定义,学者们通常根据自己的研究目的而给出相应的定义。此外,企业界对商业模式的理解又比较混乱,很多企业家和创业者完全根据自己的感觉理解商业模式,将商业模式与管理模式混为一谈,将网络模式等同于商业模式,把商业模式等同于盈利模式,甚至错把新型商业业态当作商业模式。例如,把 O2O、B2C 等电子商务新业态当作商业模式等。

为了更好地理解商业模式,本节通过梳理商业模式定义,列举出一些比较有代表性的观点以供参考,如表 11.1 所示。

表 11.1　学者关于商业模式的定义

时间	学　者	定　义
1998 年	蒂蒙斯	商业模式是一种产品、服务与信息流的架构,阐明各种不同业务的参与者及其角色、参与者潜在利益以及企业的收入来源
2002 年	琼-玛格丽塔	商业模式是用以说明企业如何运营的概念。它回答管理者关心的如下问题:谁是用户,用户价值何在,如何获得收入,如何以合适的成本为用户提供价值
2003 年	莫里斯	商业模式旨在说明企业如何对战略方向、运营结构和经济逻辑等方面具有关联性的变量进行定位和整合,以便在特定的市场上建立优势

续表

时间	学　者	定　义
2004 年	穆勒、莱希纳	商业模式是指用户、产品、销售渠道和企业的收入结构,企业在其价值网络和业务关系性质的定位,以及企业的根本的经济逻辑
2004 年	塞尔登、刘易斯	商业模式是对一组活动在各组织中间的配置,这些单位通过企业内部和外部的活动,在特定的产品市场上创造价值
2005 年	奥斯特瓦德	商业模式是一种建立在许多要素及其结构之上,用来说明特定企业商业逻辑的概念性工具
2007 年	佐特·阿密特	商业模式是关于如何连接企业与用户、合作伙伴和供应商进行交易的结构模板,即要素和产品市场如何连接的选择

对于创业者而言,这些概念的定义显得过于生硬和学术化,并不太容易理解,甚至会造成理解上的混乱。实际上,当要准备创业或正在创业时,只要能很好地回答"什么产品?""卖给谁?""怎么卖?"三个问题,就能比较清晰地解释问题背后的商业逻辑,就能够定义出一个比较好的商业模式。

11.1.2　商业模式的逻辑

商业模式是企业创造价值的核心逻辑。商业模式的这一逻辑性主要表现在层层递进的三方面,如图 11.1 所示。

图 11.1　商业模式的逻辑

1. 价值发现

明确价值创造的来源,价值发现是对机会识别的延伸。创业者所认定的创新性产品和服务,只是创建新企业的手段,企业最终的盈利与否取决于它是否拥有顾客。创业者在对创新性产品和服务识别的基础上,进一步明确和细化顾客价值所在,确定价值命题,是商业模式开发的关键环节。创业成功的重要原因在于发现了具有潜力的顾客需求。他们为了最大限度地开发和满足这些顾客需求,往往改变了创新产品或服务的发展路径,而使其更加接近顾客的需求。

2. 价值匹配

明确合作伙伴,实现价值创造。为了在机会窗口内取得先发优势,并最大限度地控制机会开发的风险,几乎所有的新企业都要与其他企业形成合作关系,以使其商业模式有效运作。

3. 价值获取

制定竞争策略,占有创新价值。价值获取是价值创造的目标,是新企业能够生存下来并获取竞争优势的关键,因此是有效商业模式的核心逻辑之一。价值获取的途径有两个方面：一是为新企业选择价值链中的核心角色；二是对自己的商业模式细节尽可能地保密。

价值发现、价值匹配和价值获取是有效商业模式的 3 个逻辑性原则，在其开发过程中，新企业只有认真遵循了这一原则，才能真正开发出同时为顾客、企业以及合作伙伴都创造经济价值的商业模式。

11.1.3　商业模式的构成要素

由于学者们对商业模式定义的差异，以及不同企业所处发展行业和发展阶段不同，发展时代背景不一样，对商业模式构成要素的研究也存在很大差异。亚历山大·奥斯特瓦德在综合了各种研究共同点的基础上，提出了一个商业模式参考模型，包含九个要素：价值主张、客户细分、渠道通路、客户关系、核心资源、关键业务、重要伙伴、成本结构和收入来源。他认为，通过这九个要素的组合就可以很好地描述并定义商业模式，清晰地解释企业创造收入的来源。他在此基础上发明了商业模式画布，使商业模式的设计和执行更易于操作。

慕尔雅结合自己的创业经验，以精益创业理论为指导，在商业模式画布的基础上提出了"精益画布"的概念。他认为，商业模式画布更适合既有企业和已经开始创业的企业，对于类似大学生这样的群体来说并不是特别合适。例如，对于还没有开始创业的大学生以及处于创业初期的创业者来讲，几乎没有任何外部合作伙伴，也没有多少外部资源，更没有实际的业务活动，尚未形成有效的客户关系。慕尔雅对商业模式画布中的构成要素做了较大调整，他提出创业者必须认识和理解的商业模式有九个要素：问题、解决方案、关键指标、门槛优势、独特卖点、客户群体分类、成本分析、渠道和收入分析。这个模型根据大学生等创业者的特点，较适合在校大学生和拟创业的准备者用来分析和设计自己的商业模式。

11.1.4　商业模式的类型

亚历山大·奥斯特瓦德提出了 5 种商业模式：非绑定式商业模式、长尾式商业模式、多边平台式商业模式、免费式商业模式、开放式商业模式。

1. 非绑定式商业模式

非绑定式商业模式可分为三种不同的基本业务类型：客户关系型业务、产品创新型业务和基础设施型业务，表 11.2 为三者的比较。这三种类型包含着不同的经济驱动因素、竞争驱动因素、文化驱动因素。客户关系型业务职责是寻找和获取客户并与其建立关系；产品创新型业务的职责是开发新的和有吸引力的产品和服务；基础设施型业务的职责是构建和管理平台，以支持大量重复性的工作。

哈格尔和辛格认为，在一个企业中，客户关系、产品创新、基础设施都存在，但是企业必须将其有效分离，并在内部聚焦到其中之一，即"非绑定"化，以避免冲突或不利。例如，电信企业的设备制造商、电信运营商和内容供应商的分离，就是非绑定式的运用。

表 11.2 非绑定式商业模式驱动因素

驱动因素	产品创新型	客户关系型	基础设施型
经济因素	专注产品领先,更早进入市场可以保证索要溢价价格,并获取巨大的市场份额;速度是关键	获取客户的固定成本决定了通过大规模生产达到单位成本降低的必要性;范围经济是关键	关注卓越运行,特别关注成本;高昂的成本决定了通过大规模生产达到单位成本降低的必要性
竞争因素	针对创新人才而竞争;进入门槛低;许多小公司繁荣兴旺	针对客户数量而竞争;快速巩固,寡头占领市场	针对生产规模而竞争;快速巩固,寡头占领市场
文化因素	以员工为中心;鼓励创新人才,鼓励创新文化	遵循新客户的价值信条,保证客户至上的文化氛围	关注成本;统一标准;可预测

2. 长尾式商业模式

长尾(The Long Tail)理论是网络时代兴起的一种新理论,用来描述亚马逊和Netflix等网站的商业模式。长尾理论认为,传统企业注重"80/20定律",把主要精力放在重点客户和重点市场上面,即一个正态分布曲线的头部;而网络时代是关注"长尾"、发挥"长尾"效益的时代,因关注成本大大降低,人们能以很低的成本关注正态分布曲线的尾部,其产生的效益甚至有可能超过头部。只要产品的存储和流通的渠道足够大(即拥有"长尾"),需求不旺或销量不佳的产品所共同占据的市场份额可以和那些少数热销产品所占据的市场份额相匹敌甚至更大,即众多小市场汇聚成可产生与主流相匹敌的市场能量。也就是说,企业的销售量不在于传统需求曲线上那个代表"畅销商品"的头部,而是那条代表"冷门商品"经常为人遗忘的长尾。

长尾市场也被称为"利基市场"(Niche Market),有冷门、见缝插针的意思。菲利普·科特勒在《营销管理》一书中将其定义为:利基是更窄地确定某些群体,这是一个小市场并且它的需求没有被服务好,或者说"有获取利益的基础"。初创企业在设计商业模式时,可以通过对市场的细分,集中力量于某个特定的目标市场,或严格针对一个细分市场,或重点经营一个产品和服务,创造出市场优势。例如:乐高玩具、亚马逊、孔夫子旧书网、淘宝、百度、当当网、唯品会都是非常好的长尾模式。

成功长尾理论九大法则:

一是让存货集中或分散;

二是让顾客参与生产;

三是一种传播途径不适合所有人,要有多种传播途径;

四是一种产品并不适合所有人,要有多种产品;

五是一种价格并不适合所有人,要有差别定价;

六是分享信息,开放互联的时代;

七是考虑"和",不要考虑"或";

八是让市场替你做事;

九是理解免费的力量。

3. 多边平台式商业模式

多边平台即多边市场,是一个普遍的商业现象。所谓多边平台,是将两个或更多具有明显区别但又相互依赖的客户群体集合在一起,是连接各方客户的中介。这个平台上至少有平台机构、销售者和购买者三方参与。在很长的时间里,这种模式并没有引起人们的过多关注,随着信息技术的发展,这种平台有了新的表现形式—基于互联网的交易平台,并得到了迅猛发展。

多边平台成功的关键是必须能同时吸引和服务所有客户群体并以此来创造价值。例如,淘宝是一个典型的多边平台,其连接了商家、消费者、广告商、金融机构等多方参与者,能够同时满足这些参与者交易的需要、资金安全的需要、信息分析的需要,从而获得了成功。

4. 免费式商业模式

在网络时代,免费成了一种非常流行的商业模式,例如,微信给用户提供了一个免费的社交场所。百度让用户体验了免费的网络搜索,电子邮箱给用户提供了免费的邮件收发,甚至人们免费或低价乘坐出租车,得到免费的饮水机、咖啡机、到4S店享用免费的午餐等等,各种免费模式让人眼花缭乱,免费正在颠覆人们传统的商业观念,让消费者获得了一种全新的商业体验;对企业来讲,免费也已经成为一种新的商业模式。实际上,早在互联网出现以前,免费模式已经发挥了巨大的商业价值。人们熟知的共享单车就是以免费模式发展起来的。

克里斯·安德森针对这些现象又提出了免费式商业模式的概念,他认为,免费式商业模式就是在某个市场上,至少有一个庞大的客户群可以持续享受到免费产品或服务,通过交叉补贴(即以其他细分客户付费的方式给免费客户提供补贴)支撑企业运营并实现盈利的商业模式。

免费的核心是交叉补贴,其有两种方式:一种方式是对企业的核心、利润最高的产品进行收费,一些附加产品、延伸产品进行让利,赠送给客户;另一种方式是将核心产品完全释放,全部免费,转而对附加产品进行收费。例如:新浪在发展的初期,采用了"免费邮箱"的方式来吸引客户;同时,新浪推出不同的增值服务,如VIP邮箱、个人主页、博客等,其中有的是收费的;随着企业的发展,新浪开始创建客户为中心的多边平台,提供各种增值服务和广告服务。

5. 开放式商业模式

亨利·切萨布鲁夫最早提出开放式商业模式。开放式创新模式是指企业可以同时利用内部和外部有价值的知识来加快内部创新,并且利用外部的创新来拓展市场。

开放式创新过程把内部创意和外部创意整合到同一个系统和组织构架中,利用商业模式来定义这些系统和组织构架的要求。开放式创新模式意味着,有价值的创意可以从公司的外部和内部同时获得,其商业化路径可以从公司内部进行,也可以从公司外部进行。这种创新模式认为外部创意和外部市场化渠道的作用,与早期创新模式中内部创意及市场化渠道同样重要。对于初创企业来说,开放式商业模式需要有比较好的外部资源和合作伙伴,如产研一体化等。

11.2 商业模式设计

11.2.1 商业模式设计的特点

一是商业模式设计的目的是把做不成的事变为可以做成的事。这首先要靠商业模式的设计来实现。商业模式设计是创业机会开发的重要环节。在有创业机会的情况下,如果创业者设计、开发不出可行的商业模式,会陷入盲目创业的绝境。因此,创业者一旦发现了有价值的创业机会,且意在创业,则必须着力设计、开发创业所需的商业模式。

二是理想的商业模式设计至少应有两个特征。这两个特征的具体表现:一是短期地看,理想的商业模式应有助于新创企业尽快实现正的现金流;二是长期地看,理想的商业模式应有助于新创企业用尽可能少的资源做成尽可能大的商业,从而使整创业活动为创业者带来最大化的利润。

三是商业模式设计是一个反复试错、修正的过程。商业模式本质上是企业为客户创造并传递价值,使客户感受并享受到企业为其创造的价值的系统的商业逻辑。针对特定的创业活动,要设计出理想的商业模式,并不能一蹴而就,而是需要反复试错和修正。

四是商业模式开发是企业战略设计的基础。商业模式决定创业能否得以启动与实施,战略则决定创业能否持续,决定新创企业未来能否可持续地成长。商业模式通常先于战略,是战略生成的基础,战略则是新创企业在商业模式基础上对于自己长期拟走道路的选择。

11.2.2 商业模式设计的具体过程

1. 商业模式的顶层设计

设计价值体现、价值创造方式、价值传递方式及企业的盈利方式构成了商业模式的顶层设计。其中,价值体现是指创业者希望通过自己未来的商业活动为目标客户提供什么样的价值;价值创造方式是指创业者准备以怎样的方式方法和途径开发、生产出自己拟给目标客户提供的价值;价值传递方式是指创业者准备以怎样的方式方法途径将所开发的价值提供给目标客户;企业的盈利方式是指创业者在给目标客户创造并传递价值的同时,拟以怎样的方式方法和途径来使自己获得利润。明确了这四者之间的联系,创业者才可能顺次细化商业模式的次一级要素及其联系。

2. 商业模式要素的具体化

创业者拟向客户提供的产品或服务是价值体现的具体化。功能主要是指产品的效用,确定了拟向用户提供的功能,即效用,才可构想具体的产品或服务。基于拟为客户创造的价值,通过结合产品或服务的具体特点,新创企业需要开发和生产价值的方式和途

创新创业基础

径。例如,若是产品为计算机软件产品,那就要从软件开发的相关规律来思考具体的价值创造方式;若是产品为计算机硬件产品,那就要从硬件开发的相关规律来思考具体的价值创造方式。价值传递主要指产品营销的方式方法和途径,具体包括产品推广、销售、客户服务等方面的相关手段、措施及渠道等。企业的盈利方式也需要结合价值创造方式、价值传递方式、企业与客户的交易关系、可能的市场竞争方式及态势(如市场结构)来具体设计。

3. 商业模式设计的具体流程

商业模式设计的流程中,由顶层设计到具体化设计,再到组织化设计,是一个循序渐进、递阶而为的过程。创业者只有步步为营、逐级细化,才可能设计出客观可行的理想的商业模式,如表 11.3 所示。

表 11.3　商业模式设计的流程

顶层设计	具体化设计	组织化设计
价值体现设计	产品或服务:核心、非核心及衍生价值	企业内部组织;外部伙伴关系;客户关系界面;企业利润屏障
价值创造方式设计	产品或服务研发、生产的方式方法和途径	
价值传递方式设计	产品或服务营销的方式方法和途径	
企业盈利方式设计	基于企业与客户交易关系及市场竞争的企业盈利方法及途径	
要素联系方式设计	产品或服务的研发、产销、交易、竞争关系的协调	

11.2.3　商业模式设计的工具

1. 商业模式画布

商业模式并不仅仅是各种商业要素的简单组合。商业模式的构成要素之间必然存在内在联系,一个好的商业模式可以把这些要素有机地联系在一起,从而阐明某个企业或某项活动的内在商业逻辑。只有其内部构成要素协调一致,才能阐明创造价值、传递价值和实现价值的商业逻辑。

亚历山大·奥斯特瓦德提出的商业模式设计框架很好地回答了商业模式的上述三个基本问题,可以帮助理清商业模式,解释企业创造收入的来源。该框架包含 9 个关键要素:客户细分、价值主张、渠道通路、客户关系、收入来源、核心资源、关键业务、重要伙伴和成本结构。参照这九大要素就可以描绘分析乃至设计和重构企业的商业模式,如图 11.2 所示。

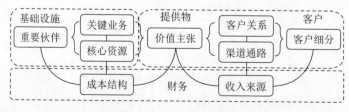

图 11.2　商业模式画布

152

1）顾客细分

顾客细分用来描述想要接触和服务的不同人群或组织,主要回答以下问题:

- 我们正在为谁创造价值?
- 谁是我们最重要的顾客?

一般来说,可以将顾客细分为以下 5 种群体类型:

(1)大众市场:价值主张、渠道通路和顾客关系全都聚集于一个大范围的顾客群组,顾客具有大致相同的需求和问题;

(2)利基市场:价值主张、渠道通路和顾客关系都针对某一利基市场的特定需求定制,常可在供应商—采购商的关系中找到;

(3)区隔化市场:顾客需求略有不同,细分群体之间的市场区隔有所不同,所提供的价值主张也略有不同;

(4)多元化市场:经营业务多样化,以完全不同的价值主张迎合完全不同需求的顾客细分群体;

(5)多边平台或多边市场:服务于两个或更多的相互依存的顾客细分群体。

2）价值主张

价值主张用来描绘为特定顾客细分创造价值的系列产品和服务,主要回答以下问题:

- 我们该向顾客传递什么样的价值?
- 我们正在帮助我们的顾客解决哪一类难题?
- 我们正在满足哪些顾客需求?
- 我们正在提供给顾客细分群体哪些系列的产品和服务?

价值主张的简要要素主要包括以下方面:

(1)新颖:产品或服务满足顾客从未感受和体验过的全新需求。

(2)性能:改善产品和服务性能是传统意义上创造价值的普遍方法。

(3)定制化:以满足个别顾客或顾客细分群体的特定需求来创造价值。

(4)把事情做好:可通过帮顾客把某些事情做好而简单地创造价值。

(5)设计:产品因优秀的设计脱颖而出。

(6)品牌/身份地位:顾客可以通过使用和显示某一特定品牌而发现价值。

(7)价格:以更低的价格提供同质化的价值满足价格敏感顾客细分群体。

(8)成本削减:帮助顾客削减成本是创造价值的重要方法。

(9)风险抑制:帮助顾客抑制风险也可以创造顾客价值。

(10)可达性:把产品和服务提供给以前接触不到的顾客。

(11)便利性/可用性:使事情更方便或易于使用可以创造可观的价值。

3）渠道通路

渠道通路用来描绘如何沟通接触顾客细分而传递价值主张,主要回答以下问题:

- 通过哪些渠道可以接触我们的顾客细分群体?
- 我们如何接触顾客?我们的渠道如何整合?
- 哪些渠道最有效?
- 哪些渠道成本效益最好?

• 如何把我们的渠道与顾客的例行程序进行整合？

企业可以选择通过自有渠道、合作伙伴渠道或两者混合来接触顾客。其中，自有渠道包括自建销售队伍和在线销售，合作伙伴渠道包括合作伙伴店铺和批发商。

4）顾客关系

顾客关系用来描绘与特定顾客细分群体建立的关系类型，主要回答以下问题：

• 我们每个顾客细分群体希望我们与之建立和保持何种关系？

• 哪些关系我们已经建立了？

• 这些关系成本如何？

• 如何把以上的关系与商业模式的其余部分进行整合？

顾客关系可分为以下 6 种类型：

（1）个人助理：基于人与人之间的互动，可以通过呼叫中心、电子邮件或其他销售方式等个人助理手段进行；

（2）自助服务：为顾客提供自助服务所需要的全部条件；

（3）专用个人助理：为单一顾客安排专门的顾客代表，通常是向高净值个人顾客提供服务；

（4）自助化服务：整合了更加精细的自动化过程，可以识别不同顾客及其特点，并提供与顾客订单或交易相关的服务；

（5）社区：利用用户社区与顾客或潜在顾客建立更为深入的联系，如建立在线社区；

（6）共同创作：与顾客共同创造价值，鼓励顾客参与到全新和创新产品的设计和创作。

5）收入来源

收入来源用来描绘从每个顾客群体中获取的现金收入（需要从创收中扣除成本），主要回答以下问题：

• 什么样的价值能让顾客愿意付费？

• 顾客现在付费买什么？

• 顾客是如何支付费用的？

• 顾客更愿意如何支付费用？

• 每个收入来源占总收入的比例是多少？

收入来源可分为以下 7 种类型：

（1）资产销售：销售实体产品的所有权；

（2）使用收费：通过特定的服务收费；

（3）订阅收费：销售重复使用的服务；

（4）租赁收费：暂时性排他使用权的授权；

（5）授权收费：知识产权授权使用；

（6）经纪收费：提供中介服务收取佣金；

（7）广告收费：提供广告宣传服务收入。

6）核心资源

核心资源用来描绘让商业模式有效运转所必需的最重要的因素，主要回答以下问题：

- 我们的价值主张需要什么样的核心资源？
- 我们的渠道通路需要什么样的核心资源？
- 我们的顾客关系需要什么样的核心资源？
- 我们的收入来源需要什么样的核心资源？

核心资源可以分为以下 4 种类型：

(1) 实体资产：包括生产设施、不动产、系统、销售网点和分销网络等；

(2) 知识资产：包括品牌、专有知识、专利和版权、合作关系和顾客数据库；

(3) 人力资源：在知识密集产业和创意产业中，人力资源至关重要；

(4) 金融资产：金融资源或财务担保，如现金、信贷额度或股票期权池。

7) 关键业务

关键业务用来描绘为了确保其商业模式可行，必须做的最重要的事情，主要回答以下问题：

- 我们的价值主张需要哪些关键业务？
- 我们的渠道通路需要哪些关键业务？
- 我们的顾客关系需要哪些关键业务？
- 我们的收入来源需要哪些关键业务？

关键业务可以分为以下 3 种类型：

(1) 制造产品：与设计、制造及发送产品有关，是企业商业模式的核心；

(2) 平台/网络：网络服务、交易平台、软件甚至品牌都可以看成平台，与平台管理、服务提供和平台推广相关；

(3) 问题解决：为顾客提供新的解决方案，需要知识管理和持续培训等业务。

8) 重要伙伴

重要伙伴指让商业模式有效运作所需的供应商与合作伙伴的网络，主要回答以下问题：

- 谁是我们的重要伙伴？
- 谁是我们的重要供应商？
- 我们正在从伙伴那里获取哪些核心资源？
- 合作伙伴都执行哪些关键业务？

重要伙伴可以分为以下 4 种类型：

(1) 在非竞争者之间的战略联盟关系；

(2) 在竞争者之间的战略合作关系；

(3) 为开发新业务而构建的合资关系；

(4) 为确保可靠供应的采购商—供应商关系。

9) 成本结构

它是指商业模式运转所引发的所有成本，主要回答以下问题：

- 什么是我们商业模式中最重要的固有成本？
- 哪些核心资源花费最多？
- 哪些关键业务花费最多？

成本结构可以分为以下两种类型：

（1）成本驱动：创造和维持最经济的成本结构，采用低价的价值主张、最大程度自动化和广泛外包；

（2）价值驱动：专注于创造价值，增值型的价值主张和高度个性化服务通常是以价值驱动型商业模式为特征。

每一种商业模式都少不了上述9个要素，任何新型的商业模式都不过是这9个要素按不同逻辑的排列组合而已。因创业者的定位、兴趣点和视角都不一样，就有了不同的商业模式。商业模式是动态的，它存在的目的就是被更新，一旦执行的过程发现有问题，那就要回头修改相对应的商业模式要素，并且确认这个改动会不会影响其他要素。

2. 精益画布

1）精益画布的基本要素

慕尔雅研究了奥斯特瓦德的九要素框架后，根据自己的创业经验认为，九要素商业模式画布设计框架不适合类似大学生这样没有创业和企业经营经验的群体。他对奥斯特瓦德的设计框架进行了改造，提出了新的设计框架——精益画布（图11.3）。他认为，创业者必须关注和研究的商业模式要素是：问题、解决方案、关键指标、独特卖点、门槛优势、渠道、客户群体分类、成本分析和收入分析九项。

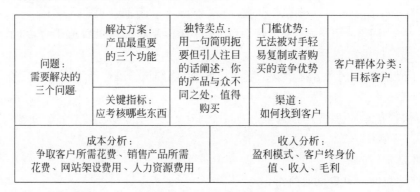

图11.3　精益画布

第一，问题和客户群体。

要基于解决客户的问题进行创业。问题和客户群体的匹配是商业模式设计的核心，通常应该放到一起来考虑。

针对每个目标客户群体，阐述他们最需要解决的1~3个问题。

- 列出现存备选方案。你的产品没出现时，客户是如何解决这类问题的？
- 找出其他可能与目标客户进行互动的客户。
- 锁定潜在的早期客户，尽量细分目标客户群体，细化典型客户特征。

第二，独特卖点。

这是商业模式设计最重要也是最困难的部分。对创业者来说，迎接的第一个挑战不是卖产品，而是得到潜在客户关注。因此，独特卖点必须精炼、与众不同，要有打动人的新意。当然,独特卖点不需要也不可能一开始就很完美,而需要逐步完善。

- 找出你的产品的不同之处,从首先需要解决的问题出发寻找独特卖点。
- 针对早期客户做设计,避免产品平庸化和大众化。
- 专注于产品的最终成效,即产品能为客户带来什么好处。
- 认真选择常用于营销、宣传品牌的词语,并高频率使用。
- 明确地阐述你的产品是什么,客户是谁,为什么选择你的产品。

第三,解决方案。

针对每个问题提供相对简单的方案,不要急于制订详细的解决方案,而是从制作一个最小可行产品开始。因为随着对提出问题的验证和测试,可能会重新定义问题,这是创业活动中的常见现象。如此循环往复,将解决方案不断完善。

第四,渠道。

无法建立有效的客户渠道是初创企业失败的主要原因之一。初创企业的首要任务是学习,而不是扩张,因此,企业初建时,创业者要利用任何能把产品推荐给潜在客户的渠道。若是企业的商业模式需要大量客户,那么从一开始就考虑好渠道的扩张问题,这对于创业成功非常重要。在选择早期渠道的时候,要尽早建立并进行测试,一般会考虑下面这些问题:

(1)免费与付费。免费还是付费不能一概而论,本质上讲,没有渠道是真正免费的,要认真考虑到底哪种渠道适合你的企业。

(2)内联与外联。内联式渠道是使用"拉式策略",让客户自然而然地找到你,例如博客、网络讲堂;外联式渠道使用"推式策略",让产品接触客户,例如传统媒体广告、展销会、直接打电话、访谈等。

(3)亲力亲为地进行推销。初创企业首先要做的就是学会自己销售自己的产品。这不仅是一种营销渠道,而且也是面对面与客户学习的交流手段。

(4)不要过早地寻求合作伙伴。若是没有切实可行的产品,则不会有合作伙伴,更谈不上利用大企业的渠道和信誉来推广。

(5)依靠口碑的产品来吸引和留住客户。

第五,收入分析。

创业初期的产品是一件最小可行产品。收费是检验商业模式风险的最重要的工具,只有将产品真正销售给客户,客户愿意为该产品付费,才能真实地检验商业模式的可行性。

价格也是产品的一部分,通过客户对价格的态度,对产品和商业模式进行调整。

什么样的价格适合什么样的客户。商品的价格也决定了客户群体细分。

让客户付费购买产品也是一种初级形式的商业模式验证手段。

第六,成本分析。

从产品制作到推向市场的过程中会发生各种支出,要把这些都列出来。要想准确预测企业将来会产生哪些开销是很困难的,应该把重点放在当下。例如:

(1)访谈30~50个客户需要多少成本?

(2)制作并发布最小可行产品需要多少成本?

(3) 现在的资金消耗率是多少？用固定成本和变动成本来分析。

(4) 把收入和成本分析结合起来，计算出一个盈亏平衡点，以此估算需要花费多少时间、精力和金钱才能达到这个平衡点，从而帮助我们确定商业模式的优先顺序。

第七，关键指标。

任何一个企业，总能找到少数几个关键指标来评估其经营状况。这些指标不仅能衡量企业的发展，也可以帮助找出客户生命周期中的重要时段。戴夫·麦克卢尔提出的"海盗指标组"是一个经常用到的关键指标评估框架。虽然海盗指标组是为软件公司设计的，但是它也适用于很多其他行业。这个框架包括五个阶段：获取、激活、留客、收入、口碑，如图 11.4 所示。

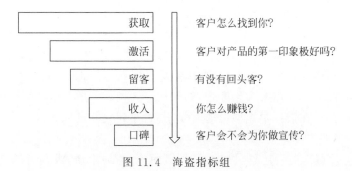

图 11.4　海盗指标组

(1) 获取，指的是普通访客转换成对产品感兴趣的潜在客户的过程；

(2) 激活，指的是感兴趣的潜在客户对产品的第一印象感到满意；

(3) 留客，评估的是产品的"回头率"或者是客户的投入程度。这个指标是用来评估产品和市场匹配程度的关键指标；

(4) 收入，评估的是客户为产品付钱的情况；

(5) 口碑，是一种比较高级的客户获取渠道，满意的客户会再推荐或者促成其他潜在的用户来使用你的产品。

第八，门槛优势。

在商业模式中，人们常常把"首创"称为优势，实际上，首创很可能是劣势。因为开辟新市场的艰难重任落在了创业者的肩膀上，而紧紧跟随的后来者随时都有可能将其全套招数收入囊中。除非创业者能不断超越自我和跟风者，而这就需要真正的"门槛优势"了。真正的门槛优势必须是无法轻易被复制或者购买的。符合这个定义的门槛优势有：

(1) 内部消息；

(2) 专家级客户的支持和好评；

(3) 超级团队；

(4) 个人权威；

(5) 大型网络效应；

(6) 社区；

(7) 现有客户。

有些门槛优势一开始只是提供给客户的价值，但是随着时间的推移，逐渐发展成了独有的优势。

2）制作精益画布的原则

第一，快速起草第一张画布。不要在第一版画布上消耗太多的时间，最多不要超过15 分钟，然后确定哪个部分风险最大，再让他人来验证你的模式。

第二，部分内容可以空着。不必急于给出"正确"的答案，没有确定想法的部分可以不用填写，这部分可能是商业模式中风险最大的部分，应该从这里开始进行验证。如"门槛优势"的部分可能需要更多的时间。画布本来就是很灵活的，可以随着时间的推移来逐步完善。

第三，尽量短小精悍。画布的空间限制可以把商业模式的精华部分提炼出来，目标是只用一张纸来描述你的商业模式。

第四，在当下的角度思考。写商业计划书，需要预测未来，但是不可能准确预测未来。应以务实的态度来制作画布，根据目前的发展阶段和掌握的情况来填写内容。

第五，以客户为本。精益创业画布以客户为主要驱动力，客户是描述商业模式的核心。

3）制作精益画布的步骤

第一步：根据精益画布设计框架，完成两张以上的精益画布，作为你的商业模式原型。其设计方法可以参考商业模式画布的方法。

第二步：找出商业模式中风险最高的部分。创业是高风险的事情，创业者真正要做的事情就是持续而系统地降低公司的风险。创业的不同阶段风险也不一样。莫瑞亚认为，创业一般有三个阶段：第一阶段是将问题与解决方案匹配起来。这个阶段需要解决的核心问题是有没有值得解决的问题；第二阶段是将产品和市场匹配起来。这个阶段的核心问题是做出来的东西是人们想要的吗；第三个阶段是扩张。这个阶段的核心问题是怎样才能加速壮大。这三个阶段包括的风险主要是产品风险、市场风险和财务风险。通过风险评估，可以把每个商业模式原型进行排序筛选。

第三步：系统地测试商业模式计划。针对商业模式的每个模块深度访谈，参与式观察是一种有效的商业模式测试验证方法。

商业计划书

本章学习目标
- 了解商业计划书的概念和作用
- 掌握商业计划书的内容和撰写方法
- 掌握商业计划演示的商业逻辑

本章先介绍商业计划书的相关理论知识,再介绍商业计划书具体内容和撰写方法以及商业计划演示(路演)的商业逻辑和注意事项,最后介绍在创新创业大赛中的注意事项。

12.1　商业计划书概述

12.1.1　商业计划书的概念和作用

无论是把新技术转变成新产品,把新创意发展成新公司,还是对现有公司进行重组和变革,这些活动都离不开商业计划书。商业计划书是指创业公司、企业或项目单位为了达到招商融资和其他发展目标,根据一定的格式和内容要求而编辑整理的一个向听众(如风险投资者或评审者)全面展示公司和项目目前状况、未来发展潜力的书面材料。商业计划书有相对固定的格式,它几乎包括反映投资者感兴趣的所有内容,从企业成长经历、产品服务、市场营销、管理团队、股权结构、组织人事、财务、运营到融资方案等。

在创业之初,一份完善的商业计划书不仅可以帮助创业者分析创业过程中的主要影响因素,还可以成为创业者在创业过程中的行动指南和风险监控手段。具体来说,商业计划书可以起到以下几方面重要作用。

1. 商业计划书是风险投资的敲门砖

风险投资者通常都是在审阅完商业计划书后,觉得有必要进一步了解创业项目时才会与创业者会面。因为,只有在前期深入了解了创业项目的产品与服务、公司管理、营销计划、生产运营、财务计划和退出计划之后,风险投资者才能知道这个商业计划书是否符合他们的兴趣,从而决定是否有必要进一步协商与合作,避免浪费他们宝贵的时间。

2. 商业计划书为创业项目理清思路提供载体

在生存的压力下,创业公司往往没有时间和精力理清思路和探寻公司未来发展计划,这是非常不幸和可怕的。一个需要生存下来的小公司比大公司更需要商业计划书,因为商业计划书可以从各个角度来检查公司的业务和发展计划,使其可以"在纸上犯错误",而不是在现实世界中犯错误。

3. 商业计划书为创业项目后续实施和调整提供蓝本

随着公司不断发展,商业计划书是创业者评估和调整公司实际状况的一个工具与蓝本。例如商业计划书中的财务计划可以作为后续计划的基础,用于监控预算执行和在未来实施调整。

12.1.2　商业计划书的特征

一份标准的商业计划书最显著的特征就是 6C 规范,即 Concept(概念)、Customers(顾客)、Competitors(竞争者)、Capabilities(能力)、Capital(资本)、Continuaion(延续)。

Concept(概念)——要让别人知道所售目标商品是什么。

Customer(顾客)——目标顾客的范围要很明确。例如、顾客是面向男性还是女性、是否有年龄限制,是否有学历要求等。

Competitors(竞争者)——目标商品与市场上已有的类似产品或可替代产品之间的竞争分析。例如,市场上是否有过此类商品出售,是否存在替换品,与商场上所有竞争者的关系是直接的还是间接的等一系列问题。

Capabilities(能力)——对目标商品是否了解,如果在目标商品的生产过程中,供应链出现任何问题,是否可以及时地自行解决或者其商业合伙人是否具备及时处理问题的能力。

Capital(资本)——资本多是现金,也可以是有形或无形资产。创始人要非常清楚资本的全部情况。例如,资本的来源、数量、已拥有的数量,可借贷的数量等。

Continuation(延续)——当事业步入正轨并顺利进行时,未来的发展计划也需要及时更新。

12.1.3　商业计划书的制作流程

商业计划书制作是一个复杂的系统工程,怎样着手安排去制作撰写,是创业者面临的一个困惑。不同的创业者都有自己的撰写思路和技术路线,但普遍遵循一定的写作程序,也就是商业计划书的制作流程。

1. 商业计划构思细化阶段

刚刚获取一个新的创意和想法后,创业者需要与志同道合者或相关领域专家对创意进行初步的研判和构思。首先,需要通过相关问题的讨论判断该创意是不是一个好的创业机会。其核心问题包括:该项目提供什么产品与服务,目标人群是谁,市场容量多大,竞争对手是谁,竞争优势有哪些等。如果对这些问题的分析都能得到一个激动人心的答案,那么这个创意和项目就可以进入到创业构思过程中。在创业构思过程中,首先,最需要探讨的问题是创业项目的商业模式和发展规划,也就是该公司从 0 到 1,从小到大的一系列发展过程。其次,需要讨论的是如何把公司发展构想阶段化,以及在每一个阶段需要关注哪些核心问题。具体来说,就是提出创业公司的发展战略,并落实到纸面。最后,根据产品与服务的特点设计出商业计划书制作的路径,一般都会经历产品分析、行业与市场分析、市场调研和访谈、商业计划书制作和完善等过程。

2. 资料获取和市场调研阶段

对产品与服务需要进入的行业和市场进行初步研究,查询相关年鉴、报表和文献了解所要进入行业的市场结构、政策支持,技术水平等相关问题,这些资料和数据分析可以使创业者由表及里地了解该产品与服务在行业和市场中所处的位置,有利于创业者更好地理解该产品的发展思路。

同多个产品与服务的现有和潜在客户建立联系。其中,至少有一个是你计划将选作自己销售渠道的客户。准备一份客户调查纲要,获取足够多的信息,这些信息包括:现有和潜在客户的数量、他们愿意付的价钱、产品与服务对于客户的经济价值等。此外,还应当收集定性的信息,如购买周期,对购买决策者来说可能导致他们拒绝本产品与服务的可能障碍,你的产品与服务为什么能够在目标用户和客户的应用环境之中起作用。通过这些调查能让团队充分了解市场和客户。

竞争对手是另外一个需要重点调研的对象,需要在此环节确定竞争对手并分析本行业的竞争态势。例如,竞争对手产品的特点和性能怎样,他们都采取什么方式参与竞争。可以就你准备好的问题,采取调研和访谈方法进行深入研究,最后准备一份竞争者调查报告。

3. 商业计划书制作

第一,在进行了公司发展战略规划和行业与市场分析后,市场模块是在商业计划书制作过程中首先要完成的部分。它应当建立在客户和竞争者调研的基础之上。在考虑市场方面的问题时,可以将问题量化为一份3~5页的文档。此外,可以附上一些市场预测数据、客户证明、调查数据、从各种出版物上剪下来的材料、产品描述或市场营销材料等。

第二,公司运营模块也需要花费大量的时间。针对新公司的运作,准备一份3~5页的文档。说明哪些是公司顺利运营的关键要素,如何在建立这家公司时体现这些要素,如何开发产品,如何建立一支销售队伍,如何建立分销伙伴关系,如何选择合适的地址,如何保护知识产权,新公司如何在长时间里进行大量生产。简而言之,详细描述这家公司从现在到三年或五年后的运作方式。仔细进行财务估算,把握这家公司如何从收入、销售量、客户以及其他推动因素上取得长足发展。

第三,团队建设是商业计划书中的核心内容,可以通过2~3页的文档说明公司所需的各种知识和能力,并说明公司发展过程中的主要人员分工情况。通常投资者并不是在向"创意"投资,而是在向"创业者"投资。所以,可以用单独一页纸阐述公司创业团队中每个成员所拥有的资产、股份和职位。针对外来风险投资,可以用一段话说明本公司将出让多少股份来换取多少额度的风险投资。

第四,财务是公司运行的价值化表现。一份公司的完整财务计划,通常包括对公司的价值评估、收益率、三大报表等,你必须保证考虑到所有可能性。

第五,撰写摘要和设计封面,完善和统一全部商业计划书内容,最后完成整份商业计划书。

4. 答辩陈词和反馈

在与投资者沟通之前,需要准备答辩稿和 PPT,一般应为 5～10 分钟,以便推销自己的创业机会。陈述应当强调创业公司获取成功的关键因素,但这并不是简单地把商业计划书摘要用口头方式表达出来,而是需要通过建立一套容易理解的逻辑把商业计划书的核心内容传递给投资者。你既可以用看得见的一些东西来让投资者深入思考,也可以用简洁的市场分析和可靠的数据给投资者留下深刻的印象。总之,准备越充分,就越能向投资者说明商业计划中的各种关键问题。

12.1.4　商业计划书的检查和制作技巧

当商业计划书的初稿完成时,其实际工作量仅完成了 50%,后续还需要花大量的时间进行修改。一本商业计划书不能说是写出来的,而应该说是修改出来的。在检查和修改商业计划书时会涉及商业计划书是否完整,原理是否运用合理,核心问题是否回答准确,文章修辞是否正确等问题。撰写者在检查商业计划书时需要注意以下问题:

(1)商业计划书中是否能显示出管理者具有同管理公司的经验相匹配的能力。商业计划书中人的因素非常重要,在许多重要岗位需要相关领域的专业人才,如市场营销、财务报表分析等。如果企业缺乏这一类人才,可以留出相应的岗位去聘请相关领域的专业人士参与其中,以弥补知识和经验的不足。

(2)商业计划书中是否明确提出了风险投资的退出机制。风险投资者是没有兴趣长时间把资金放在一家公司进行运行的,许多风险投资者在看完摘要后的第一件事情就是看看资本如何退出,并且这种退出预期是否合理和有保障。

(3)商业计划书是否给出了完整的市场分析。产品只有满足消费者需求才能给公司带来利润,这就需要创业者进行市场调研,熟悉市场,设计合理的市场营销方案。一份完备的市场分析报告会让风险投资者坚信你在商业计划书中阐明的产品与服务需求是确实和可行的。

(4)商业计划书是否能打消风险投资者对产品与服务的种种疑虑。一件产品与服务的独特性、新颖性、完备性是风险投资者进行投资的前提,如果不能阐述清楚产品与服务的功能特点,技术的优越性,会使风险投资者举棋不定。因此,有时你需要准备一件产品模型或几张图片进行详细剖析。

(5)商业计划书章节是否合理,有逻辑性。商业计划书的内容应该很容易被风险投资者领悟,因此,需要具备索引和目录,以便风险投资者可以较容易地查阅各个章节。此外,还应保证目录中的信息传递具有逻辑性。

(6)商业计划书的摘要是否引人入胜。商业计划书首先要保证摘要放在全文的最前面。摘要相当于公司商业计划书的门面,风险投资者首先会认真地阅读它。为了保证风险投资者有兴趣继续阅读下去,摘要需要引人入胜。如果有必要,摘要至少要修改 10 遍。

（7）商业计划书是否使公司战略规划和具体运营计划保持一致。商业计划书通常都会提出公司的3～5年发展战略规划,而后续的营销计划、生产运营、人力资源、财务计划都应该与之相匹配。劣质的商业计划书经常会出现前后相矛盾的地方,例如市场需要在第三年向全国扩张,而在具体的人员配置和成本中却不体现出销售人员和营销费用的增加。

（8）商业计划书是否存在语法和文字错误。文如其人,如果有较多文法方面的低级错误,那么很难让风险投资者相信创业者能够成功地运行该商业计划。

此外,在检查商业计划书时还需要注意一些细节问题,比如说商业计划书要精简。关于产品与服务、行业与市场分析的内容可以详细阐述,而生产运营和财务数据可以简短精练;要第一时间让投资者知道公司的业务类型;要声明公司的目标;要阐述为达到目标所制定的策略与战术;要详细阐述公司如何使用资金;要有具体资料,有根据和有针对性的数据必不可少;要给商业计划书做一个吸引人且得体的封面和标题;要准备好各类财务数据。

在商业计划书制作时,还存在着众多忌讳。第一,忌用过于技术化和专业化的用语表达产品和生产运营过程,尽可能使用通俗易懂的语言。第二,忌用含糊不清或无根据的陈述或数据。例如,不要仅粗略表达"销售在未来两年会翻两番",或是在没有详细陈述情况下就说"要增加生产线"等。第三,忌隐瞒事实真相。例如,在分析竞争对手时,为了体现自身产品竞争优势而隐瞒对手的实际技术水平。第四,忌数据没有出处。数据是支撑商业计划书的基石,任何没有可信度的数据都将摧毁整座大厦。

12.2　商业计划书撰写

12.2.1　封面与目录

1. 封面

封面应包括项目的主要信息,包括:名称、地址、电子邮件地址、电话号码(座机与手机)、日期、主创者的联络方式以及企业网址(如企业有自己的网站的话)或公众号。如果企业已有徽标或商标,就把它置于封面页正中间。

如果已有产品或服务的设计简图或照片,且比较美观的话,可将图片印在封面上。封面上最重要的一项是计划书撰写者的联络方式,应该让计划书的读者能够轻松联系到你。

2. 目录

目录紧接封面页后,列出计划书的主要章节、附录和对应页码,目的是便于查找计划书的内容。设计仔细的目录能让读者注意到创业者想强调的内容。浏览目录的读者想要阅读哪部分,都可以在目录中直接找到。目录中没有提到的话,读者在快速浏览计划书的时候往往会忽略这些内容。

12.2.2　摘要

商业计划书的摘要是整个商业计划书的概括与精华提炼,一般字数不能太多,篇幅控制在 2 页 A4 纸即可。计划摘要的重点是围绕创业项目的社会和经济环境背景情况、市场痛点和市场需求、市场空间容量、产品与服务的内容、创业团队情况、创业项目的优势与特色、创业项目的商业盈利模式、创业项目的投资与回报、创业项目的风险分析以及创业融资计划等主要内容概括描述,要让读者从 2 页纸的计划摘要中,就能清楚地了解创业项目的全貌。

如何把项目的主要内容完整清晰地呈现给商业计划书的读者十分关键。在创新创业大赛中,一般专家评委在阅读商业计划书时,重点关注计划书的摘要表述是否完整、新颖,项目是否有亮点,是否能吸引眼球,这些都会影响到项目的比赛成绩。

12.2.3　项目目标

在商业计划书中,可以是一个已经成立的公司,也可以是一个商业项目,因此有必要在商业计划书中清晰描述项目目标。在项目目标中,首先应对项目做一个整体的描述,包括项目的背景、解决的痛点问题是什么、创新点在哪里、如何解决痛点问题,项目的目标要做出清晰地阐述。制作一份商业计划书,选题和立意很重要,就像写一篇论文一样,如果选题有价值有意义,才有进一步开展研究和写作的必要,如果选题缺少创新性,没有实际价值和目标,那么无论如何也不可能成为一份成功的商业计划书。在这一部分中,建议可以根据国家和社会的热点问题,结合团队专业优势,确定选题方向和项目目标。

12.2.4　商业机会与行业分析

1. 商业机会与行业分析主要内容

商业机会与行业分析是商业计划书的重要内容,是证明商业计划书是否可行的论据和基石。创业者在创业项目启动前一定要做好前期的市场调研工作,要通过门户网站、微信、微博、电视、广播、报纸、杂志、广告、会议、展览等各种渠道收集信息,并对项目产品进行全面和认真的市场分析。这一部分应主要阐述行业历史与前景、行业与市场的外部环境分析、行业与市场的内部竞争状况、企业的竞争优势劣势分析、市场需求量及增长趋势、市场细分及定位、未来 3~5 年市场销售预测等。商业机会与行业分析的主要内容包括以下几方面。

1) 政策环境分析

创业项目是否符合国家政策扶持方向。一个好的创业项目必须要和国家产业扶持政策和地域发展政策相吻合,要借力国家和地区的政策去发展,看看自己的项目是否在风口上。项目启动前,要充分调研创业项目所处领域和行业的发展政策,是处于获得政策支持,还是处于政策的限制,是否有发展扶持资金或税收减免优惠政策。如你的项目属于健康养老领域,而国家发布了很多促进我国健康养老产业发展的政策,那么就有很多的市场发展机会。但是,如果你的创业项目会带来废气排放、会带来高耗能、会对资源带来严重的污染,项目与国家政策发展方向相抵触,就不适合继续开展。

2)市场容量分析

创业项目的市场空间是否足够大。创业项目启动前,除了研究国家和地区的产业扶植政策外,还一定要研究分析市场痛点在哪里,市场需求在哪里,市场空间有多大。市场容量是否足够大,需求是否足够多,决定了项目市场天花板的高度。例如市场空间只有 1 亿元,而同时有 10 家竞争对手在做类似项目,平均起来每家也就做到 1000 万元。所以,一定要深入分析一下市场痛点在哪里,市场需求在哪里,有多少属于刚性需求,有多少属于潜在需求,目标客户和潜在客户大概能有多少,这个项目每年能产生多少销售额,每年的市场容量有多少,每年能增长多少。一般来说,投资人投资的项目市场空间不低于 10 亿元,随着互联网和移动互联网的广泛应用,投资人更看好市场容量在 $30\sim50$ 亿元以上的项目。具体到每个项目中,都需要对项目市场空间情况进行认真分析,调研清楚项目的细分市场领域到底有多大的市场空间。

3)竞品分析

竞争项目是否有足够的优势和市场空间。项目产品目前的市场竞争对手有多少家,都分布在哪些地区,他们推出的产品技术处于什么样的情况,产品质量和服务做得如何,产品的售价是多少,他们采用什么样的产品促销方式,他们的商业模式是怎样的,他们的强项在哪里,优势是什么,他们的弱点和不足是什么,他们的资金、人才、技术、品牌、服务、渠道到底是一个什么样的情况,我们和这些竞品对比有哪些优势,有哪些不足,我们是否有可能会超越他们,我们需要采用哪种市场战略和营销策略才能战胜竞争对手。如果创业项目进入了竞争激烈的红海,公司提供的服务产品市场已经有了,且有很多很强的竞争对手,那就要从对方的产品、技术、研发、质量、服务、物流、价格、交货期、市场策略、品牌宣传等多方面进行考察,从而制定出适合自己的市场战略。如果公司进入的是竞争很少甚至还是一片空白的蓝海市场,那么你需要采用哪种价格策略和营销策略,需要设计什么样的商业盈利模式,需要制定什么样的蓝海战略,来尽快地占有市场,培育公司品牌。在竞品分析中,可以围绕项目的技术水平、知识产权、研发能力、生产成本、功能性能、产品质量、产品寿命,以及产品的环保性、安全性、便捷性、廉价性等方面进行比较。

4)产品定位分析

创业项目一定要有清晰的产品定位。产品定位要聚焦目标客户定位和价格定位,项目产品的目标客户定位分析十分重要,属于精准营销的重要内容。对于不同的客户群体,需要制定一套组合价格策略。客户分析可以围绕年龄、性别、收入、受教育程度等几方面去分析。

(1)从年龄上可划分为:新生儿、学龄前儿童、小学生、中学生、大学生、00 后、90 后、80 后、70 后等。

(2)从受教育程度上可以划分为:初等教育、中等教育、高等教育。

(3)从性别上可以划分为:男人、女人。

(4)从消费差异上可以划分为:低端消费、中端消费、高端消费、奢侈消费。

(5)从收入差异上可以划分为:蓝领、白领、金领、钻石领。

(6)从地域方面可划分为:国内客户,海外客户,国内客户还可以按照不同地域进行划分,如:东北地区,华北地区,西北地区等。

(7) 线上平台可划分为:线上客户,线下客户。

项目产品价格策略的制定也十分重要,是获得客户提高市场竞争力的重要手段。价格定高了产品卖不出去,顾客全都绕行;价格定低了影响公司利润收益,甚至可能赔本。所以,在制定产品价格前,一定要提前了解一下市场上类似产品的价格,做个横向的比较。针对项目产品的质量、功能、材料、特色和服务价值,确定目标客户群,制定相对应的价格策略。

5) 销售渠道分析

产品销售是创业公司初期遇到的难题。特别是大学生创业,同学们一直在学校内学习和生活,对社会了解体验很少,既没有较多的人脉关系,也没有合适的销售渠道,就算有再好的产品也不容易卖出去。而一个创业公司如果只有成本投入而没有销售收入,现金流肯定不理想。公司长时间没有利润,一旦创业资金消耗殆尽,又融不到后续资金,就很难长期支撑下去,公司就面临倒闭的危险。所以,创业公司一定要想好产品如何销售,都有哪些人脉关系和销售渠道,有哪些可以利用的销售平台,如何快速建立起分销渠道,如何搭建自己的销售平台,应该采用哪些有实效的创新销售模式。

6) 公司选址分析

创业项目一旦落地就需要注册一个实体公司,而公司的办公地点选址对于公司的业务发展也十分重要,需要结合客流量、扶植政策、人才流动性等进行充分的调研和综合性分析。如果你的创业项目属于餐饮类项目,要找"金边银角"的地方,最好选择在客流量大的地段,如交通便利繁华的商业街、人口多的居民区和学生数量多的校园附近等,如果你的创业项目属于科技类的公司,则最好选择科技氛围较浓、科技人才较多且能够享受到科技扶植政策的地段,如科技孵化器、众创空间、大学科技园、高校创业园、国家高新技术园区、产业集聚区等;如果你的创业项目属于文化创意类的公司,最好选择文化创意产业集聚的地段或商业写字楼,如文化产业园、文化科技园、文化产业集聚区等。

2. 商业机会与行业分析主要分析工具

在商业计划书中,对商业机会与行业分析可以按照"环境分析 PEST 方法—波特五力竞争模型—SWOT 分析法—市场细分与目标市场定位"这个由表及里的市场分析逻辑拟定行业与市场部分的研讨和制作方案。这些分析工具可以帮助我们能够从宏观、微观、外部、内部等不同层面和角度分析商业计划的可行性,既能增强商业计划书的分析论证的系统性和科学性,又能帮助创业者全方位展示商业机会与行业分析。

1) 宏观环境分析的 PEST 方法

PEST 方法是对行业宏观环境分析的常用方法。宏观环境是指影响所有行业和企业的各种宏观因素。对宏观环境因素做分析,不同行业根据自身特点和需求,分析的具体内容也会有所差异,但一般都应该对政治(Politics)、经济(Economy)、社会(Society)和技术(Technology)这四大类影响行业和企业的主要外部环境因素进行分析,旨在揭示外部环境对企业绩效所产生的影响。因此,该方法被简称为 PEST 分析方法。

创业公司必须对所处的经营环境及其变化趋势有着清晰的认识,要避免对那些不确定因素的忽略。在应用过程中一般要把许多具有不同知识背景和专业技能的相关领域专家聚集在一起,针对行业和企业环境,组成"头脑风暴小组"来共同商讨和执行 PEST 分析方法。具体可以考虑的相关因素如下:

(1) 政治因素。

可以考虑的本地、国家和全球的政治因素。

① 直接税和间接税,如对消费者支出和市场需求产生影响的所得税和增值税。

② 公司扣税对企业营利性的影响。

③ 中央及各级政府的公共支出对市场需求水平的直接影响。

④ 中央及各级政府的产业政策在微观层面上对企业的影响,如地方拨款补贴、税收优惠等会影响企业的生产和经营选择。

⑤ 货币政策对市场需求和企业还贷能力的影响。

⑥ 国际贸易环境的改变对出口市场的影响,如中国加入各类贸易组织,促进产品的进出口。

⑦ 法律对于企业的扩张的影响,如法律如何规定并购、垄断等。

⑧ 规制是否严格对企业所处的环境和行业的影响。

⑨ 人员的教育和培训对企业招聘的影响。

⑩ 市场法制规范和透明化对企业的影响。

(2) 经济因素。

可以考虑的本地、国家和全球的经济因素。

① 经济周期。在经济周期的不同阶段,经济可能会呈现快速发展的趋势,也有可能停滞不前。有些行业,如休闲、餐饮、服装等消费数量与经济周期变化紧密相连,非常容易受到经济周期的影响和冲击。

② 就业率。就业率与当地的经济状况密切相关,一个地区的就业率高意味着当地消费需求能力强,同时也说明劳动力的价格将会更加昂贵。

③ 通货膨胀率。通货膨胀对企业有多方面影响。从产品角度说,如果是需求增加导致的通货膨胀可以使企业增加收益。从原材料角度说,如果是原材料成本增加导致的通货膨胀则会导致企业收益下降。

④ 利率和汇率。虽然企业能采取一些方法规避利率和汇率风险,但是利率和汇率的变动会直接影响企业盈利能力。

⑤ 房价和股价。房价和股价的变动都会影响消费者的消费信心和消费能力,并最终影响到企业的销售额。

⑥ 经济发展阶段。在不同经济发展水平的国家,如何进行研发、生产、营销都会不同,并且为企业提供的基础设施也不同,这都将影响到企业的盈利。

(3) 社会因素。

某个国家的人口迁移和社会价值变化需要经历很长时间,所以,人口和社会价值往往是产品与服务需求探讨的起点。可以考虑的社会因素包括如下内容:

① 人口变化。人口变化的速度对于开发产品与服务的规模具有直接影响。由于发展中国家的人口增长速度明显高于发达国家,所以,创业型公司在未来应该更加关注发

中国家。

②　年龄结构。人口年龄结构的差异会对产品消费数量和种类产生直接影响,此外,还会对就业人数产生影响。

③　人口从农村迁移到城市的速度。随着全球产业升级和结构转变,大量的农村人口向城市迁移,这导致劳动力和潜在消费者人数直接增加。

④　社会和文化的变化。对于工作和休闲态度的转变,会对某些产品的需求量和劳动力人数产生影响。

（4）技术因素。

技术变革会对经济产生巨大的影响。可以考虑的技术因素包括如下内容:

①　技术创新能力和研发支出水平。这将直接影响技术水平的变化程度和新产品的推出效率。

②　新市场。对某些以特定技术为基础的产品与服务来说,新技术的导入就意味着新市场的诞生。

③　生产和工艺创新。新的生产和工艺将带来效率提升,成本降低,这对消费量和市场竞争水平都有直接影响。

④　新技术的使用效率。新技术能否快速融入产品进入市场,将会对市场结构、收益和需求产生直接影响。

2）波特五力竞争模型

对产业结构的认识与理解是形成企业竞争战略的基础。迈克尔·波特教授的研究为结构化因素分析提供了分析框架,这些因素制约着产业内的竞争,并给出了一些基本的竞争战略。波特认为产业内部的竞争根植于其基础的经济结构,并且超过了现有竞争者的行为范围。一个产业内部的竞争状况取决于五种基本竞争作用力,即供应商议价能力、购买者议价能力、潜在进入者、替代品威胁和现有企业间竞争,将这五种竞争因素融合到一个模型中,来分析特定产业的竞争情况,简称为波特五力竞争模型,如图 12.1 所示。这些作用力汇集起来决定着该产业的竞争强度和产业利润率。而一个企业的竞争战略目标在于使公司在产业内部处于最佳定位,通过抗击和影响这五种竞争作用力来保卫自己。由于五种竞争作用力的合力对于所有竞争者都是显而易见的,因此,战略制定的关键就是要深入到表面现象之后分析竞争压力的来源。总之,该模型可以有效地分析公司的竞争环境,对制定企业竞争战略具有重要的影响。

（1）现有企业间竞争。

现有企业之间的竞争是五种力量中最强大的。为了赢得市场地位和市场份额,它们通常不计代价获取竞争优势。在有些行业中,竞争的核心是价格;在有些行业中,价格竞争很弱,竞争的核心在于产品与服务的特色、新产品革新、质量和耐用度、保修、售后服务、品牌形象等。同一产业中企业之间的竞争的激烈程度取决于许多因素。

①　一家企业主导的产业比众多竞争者都想成为主导企业的分割性的产业更加稳定。

②　产业集中度对竞争者的行为有重要的影响,如寡头垄断形式下的产业可能会避免价格竞争。反之,多会采取价格竞争模式。

③　当产业发展停滞不前时,竞争者保持竞争力的唯一方式是不断占据高的市场份

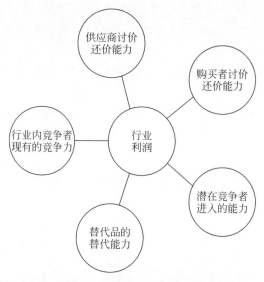

图 12.1　波特五力竞争模型

额,也就是说竞争会变得更加剧烈,直到有竞争者退出或被兼并。

④ 在诸如粮食、电脑配件为产品的无差异化市场中,竞争多集中于价格战,这种竞争对所有的企业都有损害,很难获取超额利润,而在具有一定差异化的产品市场中,企业间的价格竞争程度较低。

(2) 潜在进入者。

所谓潜在进入者,可能是一个新办的企业和新进入者,也可能是一个采用多元化经营战略的原从事其他行业的企业,潜在进入者会带来新的生产能力,并要求取得一定的市场份额。潜在进入者对本行业的威胁取决于本行业的进入壁垒以及进入新行业后原有企业反应的强烈程度。

新进入者会使行业的产能增加,当产能大于需求水平时,行业的平均利润将减少。对于特定的市场来说,新进入者所面临的竞争威胁主要来自进入市场障碍和现有厂商对其做出的反应。一旦新进入者很难打开这个市场或市场的经济因素使得潜在进入者处于劣势,进入市场的壁垒就产生了。进入市场的壁垒有以下几种:规模经济、产品差异化、资本需求、转换成本、不能获得的关键技术和专业技能、品牌偏好和客户忠诚度、资源要求、分销渠道、政府政策、关税及国际贸易等。

进入市场的壁垒的高低取决于潜在进入厂商所拥有的资源的多少和能力的强弱。除了进入障碍,新进入者还面临着现有厂商做出什么样的反应的问题。它们是只做出些消极抵抗,还是会通过诸如降价、加大广告力度、改善产品以及其他措施来捍卫其市场地位。如果行业中原有大厂商发出明显的信号,要捍卫其市场,或者原有厂商通过分销商和客户群创造某种优势来维护其业务,那么潜在的进入者就须慎重行事。

因此,对创业公司来说可能需要更加关注进入障碍比较低的业务活动,而不是复制整个现有企业的价值链。例如一个创业公司进入产品市场,它应该将产品的生产制造分包给其他低成本的生产者,自己则更加专注于研发、营销以及配送。

（3）替代品威胁。

替代品一般是指与现有产品相比，能够发挥同种功效和满足同样需求的产品。如果替代品价格更低廉或有更高的效率时，整个产业可能会因为替代品的出现而遭到毁灭。来自替代品的竞争压力主要来自以下三方面。

① 替代品的价格是否有吸引力。如果替代品的价格比行业内产品的价格低，那么行业中的竞争厂商就会遭遇降价的竞争压力。

② 替代品在质量、性能等方面的满意度。替代品的出现会刺激客户去比较两种产品的质量、性能和价格，这种压力需要行业中的厂商加强攻势，努力说服消费者相信它们的产品具有更优质的品质和性能。

③ 消费者转换难度和成本。转换成本包括可能的额外价格、可能的设备成本、测试替代品质量和可靠性的时间和成本等。如果转换成本很高，那么替代品在生产和销售上就必须提供某种重要的成本或性能利益，来引导原来行业的消费者脱离老产品。

因此，如果替代品的价格越低，质量和性能越高，转换成本越低，替代品对该产业所带来的竞争压力就越大。

（4）供应商议价能力。

供应商和需求者之间的供需平衡是相对的。如果某个行业中有许多小的供应商和少量的大需求者，那么供应商讨价还价的能力是很小的，相反，当产业中只有少数的大供应商时，它们的讨价还价能力会增强。

如果供应商所提供的是一种标准产品，那么企业可以通过市场和多个供应商联系，与供应商相关的竞争压力就会很小，可以很容易地从许多有一定生产能力的供应商那里获得所需的一切供应。在这种情况下，只有当供应出现紧缺而购买者又急于保证供应时，供应商才会拥有某种市场谈判的权力。如果有很好的替代品，而购买者的替代品转换既无难度且代价又不高，那么供应商的谈判地位也会处于劣势。

如果供应商所提供的产品占其下游行业产品成本的比例很大，那么供应商将对该行业的产品生产过程起到至关重要的作用，或对该行业产品的质量产生明显的影响，由此供应商就会拥有很大的市场谈判权力。同样地，当购买者转向替代品的难度越大时，供应商的谈判优势就越明显。一旦供应商拥有足够的谈判权，在定价、所供应的产品的质量和性能上有很大优势时，这些供应商就会成为一股强大的竞争力量。

（5）购买者议价能力。

在大多数情况下，购买者会通过货比三家来寻找质价比最好的产品，这时他可以向卖方施加更多的压力，从而成为一股强大的竞争力量。有许多因素增强了买方的议价能力。

① 转换成本。通常当某些产品转换成本低廉时，产品差异化的程度会直接影响价格，特别是在消费品交易中。

② 大批量采购使购买者拥有相当的优势。比如，当本地中小农户在向一些大型超市供应农产品时，就会遇到来自购买者的极大压力。

③ 在网络市场中，购买者能在短时间内见到众多的供应商，这导致购买者的议价能力增强。

3）竞争优劣势 SWOT 分析法

SWOT 分析法是对企业的优势（Strengths）、劣势（Weaknesses）、机会（Opportunities）和威胁（Threats）的分析，它集合了企业（内部）分析、环境（外部）分析和组合分析的结果，即基于内外部竞争环境和竞争条件下的态势分析，将与研究对象密切相关的各种主要内部优势、劣势和外部的机会和威胁等，通过调查列举出来，并按照矩阵形式排列（见表 12.1），然后用系统分析的思想，把各种因素相互匹配起来加以分析，从中得出一系列相应的结论，并据此确定企业的战略定位，最大限度地利用内部优势和机会，而结论通常带有一定的决策性。

表 12.1　SWOT 分析矩阵

	优势 S	劣势 W
机会 O	SO（利用这些）	WO（改进这些）
威胁 T	ST（监视这些）	WT（消除这些）

SWOT 分析法是使企业资源与环境之间达到最佳匹配状态，以便企业获取可持续竞争优势的一种方法。要达到这个目标，企业必须遵循四个原则：第一，建立在企业优势基础上；第二，减少劣势或避免劣势的策略；第三，开发机会，特别是发挥企业的自身优势；第四，减少对抗和威胁。

在进行 SWOT 分析时需要按照以下三个步骤进行。

（1）分析环境因素。

通过各种调查研究方法和专家团队分析，给出公司所处的各种环境因素，即外部环境因素和内部环境因素。外部环境因素包括机会因素和威胁因素，它们是外部环境对公司的发展直接有影响的有利和不利因素，属于客观因素，内部环境因素包括优势因素和劣势因素，它们是公司在其发展中自身存在的积极和消极因素，属于主动因素，在调查分析这些因素时，不仅要考虑到历史与现状，更要考虑未来发展问题。

优势因素是组织机构的内部因素，具体包括：有利的竞争态势、充足的财政来源、良好的企业形象、技术力量、规模经济、差异化的产品、市场份额、成本优势、广告攻势等。

劣势因素也是组织机构的内部因素，具体包括：设备老化、管理混乱、缺少关键技术、研究开发落后、资金短缺、经营不善、高成本、市场定位不好、产品积压、竞争力差等。

机会因素是组织机构的外部因素，具体包括：技术创新、新产品、新市场、新需求、外国市场壁垒解除、人口和社会变化、贸易自由化、竞争对手失误等。

威胁因素也是组织机构的外部因素，具体包括：新的竞争对手、替代产品增多、市场紧缩、行业政策变化、进口威胁、经济衰退、客户偏好改变、突发事件等。

SWOT 方法的最大优点在于考虑问题全面，是一种外部环境与内部环境相结合的系统思维，可以把对问题的"诊断"和"开处方"紧密结合在一起。

（2）构造 SWOT 矩阵。

将调查得出的各种影响因素根据影响程度排序，构造 SWOT 矩阵。在此过程中，将那些对公司发展有直接的、重要的、大量的、迫切的、久远的影响因素优先排列出来，而将那些间接的、次要的、少许的、不急的、短暂的影响因素排列在后面。此外，将内部优势与外部机会进行匹配,得出 SO 策略并填入 SO 的格子中;将内部劣势与外部机会进行匹配得出 WO 策略并填入 WO 的格子中;将内部优势与外部威胁进行匹配,得出 ST 策略并填入 ST 的格子中;将内部劣势与外部威胁进行匹配,得出 WT 策略并填入 WT 的格子中。

(3) 制订行动计划。

在完成环境因素分析和 SWOT 矩阵的构造后,需要对 SO、ST、WO、WT 策略进行甄别和选择,确定企业目前应该采取的具体战略与策略。制订战略计划的基本思路是:发挥优势因素,克服劣势因素,利用机会因素,化解威胁因素;考虑过去,立足当前,着眼未来。运用系统分析方法,将各种环境因素相互匹配起来加以组合和思考,得出一系列公司未来发展的可选择战略和对策。

4) 目标顾客市场描述与分析

目标顾客市场描述与分析主要明确产品或服务市场的现有情况及态势,详细了解竞争对手情况及顾客和供应商特征等。

(1) 市场情况。市场情况主要是通过对目标市场的调查,明确这一市场的规模、增长趋势和特点。它决定了新创办企业在这一市场的发展潜力,是否有足够大的发展空间,是否会吸引其他企业大批加入,导致竞争进一步加剧。

(2) 竞争情况。从竞争对手的现状、包括数量、构成等数据,显示新创企业在这一行业立足的可能性,以及通过何种途径闯出立足之地。分析自己的优势劣势分别在哪里,如何保持优势,弥补劣势,保持优势的资本是什么。

(3) 顾客分析。顾客分析就是确定企业产品或服务的目标市场顾客,分析企业的产品或服务会被哪些人所接受,这些人数量有多大,潜在消费群有多大,这些分析将为企业制订营销计划提供依据。

(4) 供应商分析。这里的供应商是指与新创企业有联系的关系单位或长期合作单位。要对其进行实力、信用、价格等方面的评估,在此基础上选择合适的供应商。

在介绍市场环境时,要充分体现创业者对市场调查结果的综合运用,不但要分析调查数据,更要从数据中分析出自己企业的潜在优势,让数据为企业服务。

12.2.5　技术、产品与服务

在对商业计划书进行评估时,风险投资者首先会了解该公司能提供怎样的技术、产品与服务,这些技术、产品与服务在多大程度上解决了消费者现实生活中的"痛点"问题,或者该公司的技术、产品与服务能否帮助消费者节约开支,增加收入。创业项目中的技术、产品与服务,应侧重描述清楚产品是什么,可以用在哪些地方,有哪些性能和功能,可以解决什么问题,要尽可能全面地介绍清楚你的创业项目产品,给读者描述清楚产品画像。读者读完这部分内容后,项目的技术、产品与服务就应该在头脑中形成较为立体和清晰的形象。在产品介绍中,可以围绕以下几方面的内容重点描述。

1. 技术水平

一个项目技术水平的高低可直接反映出项目的技术先进性。现在很多创业项目涉及新材料、电子信息、智能制造、节能环保、生物医药、电动汽车、文化创意、航空航天等诸领域，都属于具有一定科技含量的科技创业项目。对于这类科技项目，技术水平的描述就显得十分重要。为了清晰地描述项目的技术水平，你可以按照项目产品的技术水平是处于国际领先、国际先进、国内领先、国内先进等四个不同的等级去陈述，如果该项技术填补了国际空白或国内空白，也请一定补充进去。

2. 自主知识产权

项目的知识产权反映项目的创新性，自主知识产权在一定程度上可视为项目保护的壁垒。知识产权的种类较多，可以包括发明专利、实用新型、外观设计等三种专利权，还可以包括软件著作权、公司商标权、版权、工业品外观设计权、集成电路布图设计权、植物（动物）新品种、未披露过的信息（商业秘密）专有权等。

创业项目中常见的知识产权有专利权、商标权和著作权等。自主知识产权是创业项目的竞争优势，也是为项目的跟进者和模仿者设置的门槛。如果拥有发明专利，技术创新性更高，更容易在创新创业大赛中脱颖而出。

3. 产品设计与生产

对于生产制造类的创业项目，要围绕原辅材料采购、产品设计、生产制造、检测检验、包装运输、产品销售、售后服务等不同环节进行详细描述。产品设计可以围绕产品图纸设计、制造工艺设计、加工模具设计、工业设计、概念设计等方面去描述。

产品生产制造可以重点围绕生产流程、生产工艺、产品检测检验、产品打标、产品包装与交付发货等方面去描述。很多的大学生创业项目，都是想到了第一步设计出一个产品，而没有想好如何实现产品的生产，是定制化生产还是小批量生产，定制化生产怎么做，小批量生产又该怎么做。

4. 产品销售服务

产品销售是项目经营中的重要环节，需要重点描述，特别是要重点围绕市场策略、价格策略、渠道策略、销售策略、宣传策略等进行全面和深入的描述。

在市场策略方面，由于创业公司都比较小，市场竞争力不强，建议尽可能采用蓝海战略而不要采用红海战略，积极寻找市场的缝隙和空白点，不要过多地与竞争者发生正面冲突，利用公司自己的技术优势和商业盈利模式，迅速占领和拓展市场，形成自己的品牌影响力。

在价格策略方面，要确定公司的产品定位，明确产品的销售对象是谁，是面向高端客户、中端客户还是低端客户，针对不同的销售客户，结合生产成本、市场需求和竞争对手来确定采用什么样的产品价格定位。

在销售策略方面，要考虑采用什么样的销售手段，使用什么样的销售形式，可以使用的线上线下销售渠道是哪些，有哪些媒体促销平台可以整合利用，如电视媒体、网络媒体、平面媒体（报纸、杂志、海报、小广告），利用媒体进行广告宣传促销的做法是什么样的，预计可以将产品信息传递给多少人，产生多少直接客户，发展多少潜在客户，如何对这些潜在客户做进一步的跟进促销服务。在营销策略中,还要尽可能结合一些销售的理论工具,如4P、4C、4R和4S理论,以及销售+互联网的新服务模式,利用微信公众号、微博、QQ群、网上直播等互联网和移动互联网手段,形成组合营销工具的优势,这样才有可能提高产品的销售能力。

5. 产品与服务的特色

产品与服务的基本画像描述完了还不够,还需要进一步提炼和描述产品与服务的特色和优势有哪些。产品与服务的特色是最应引起重视的关键内容,具有特色的产品和创新的特色服务,是项目盈利的关键,也是衡量创业项目质量好坏的一个重要评价指标。创新创业大赛的评委都会十分关注产品特色与服务模式,关注产品特色和核心竞争力,关注靠什么服务手段挣钱,是否具备持续盈利的能力。在描述产品与服务时,要尽可能突出产品的特色是什么,产品优势是什么,核心竞争力是什么,服务的创新盈利模式是什么,服务特色是什么,这些特色与市场的同类产品服务有什么不同,都有哪些竞争优势。

产品的特色可以从产品的价格低廉性、使用便利性、节能环保性、安全舒适性、美观时尚性、功能多样性和科技含量等多方面去加以描述。如产品的应用面是否足够宽,覆盖面是否足够广,适合哪些不同的领域、人群和消费环境;产品的价格较市场国内同类性能的产品价格是否低廉,比国外同类价格低多少;产品在使用时操作是否便利,通过产品说明书和简单的培训是否就可以学会使用;产品是否具有节能减排的特点,使用后会不会对生态环境造成污染;产品在使用时是否具有舒适性、健康性和安全性,会不会有技术壁垒,已经申请并被授予专利、软件著作权等自主知识产权。

产品的服务特色要围绕创新服务模式和特色服务模式去描述,说清楚服务是什么样的,有哪些特色,有哪些服务的创新性,描述清楚项目如何围绕产品定位、价格定位、服务定位开展服务,如何整合优质资源,如何建立渠道去开拓市场获取用户,以前传统的服务模式是怎么做的,现在借助互联网思维的模式又是怎么做的,是否采用了跨界融合的思想来提升服务能力,是否采用了分享和共享的理念来提高运营服务能力,能提供哪些增值的服务和高附加值的东西,并采用什么办法来保持住客户的忠诚度和黏性。

12.2.6　商业模式

商业模式是"价值"和"收入"的对称结构。可以用5W+2H体现出来,即:一个组织,在何时(When)、何地(Where)、为何(Why)、如何(How)和多大程度地(How much)为谁(Who)提供怎样的(What)产品和服务以实现企业盈利。

商业模式这部分应以商业模式画布(详见第11章)为基础,结合项目实际情况,通过价值主张、客户细分、关键业务、渠道通道、客户关系、核心资源、重要伙伴、成本结构、收入来源等就方面详细开展项目的商业模式介绍和分析,要体现出来创新性和盈利性。

12.2.7　创业团队

创业团队是商业计划书的重要组成部分。一份商业计划书是否能够成功,创业团队的能力是主要衡量标准。所以,在商业计划书撰写过程中,我们一定要学会包装创业团队,不仅要给出每个创业团队成员的清晰画像,还要围绕创业团队的专业性、互补性、执行力、创新力、协作性和学习能力等多方面进行描述。

1. 团队成员画像描述

为了全面介绍创业团队,我们有必要从不同的维度给商业计划书读者勾画出创业团队成员的画像轮廓,成员画像可以参考以下七方面进行描述。

团队成员第一个画像维度是要描述清楚每个团队成员所在学校的名称,团队成员攻读的专业,目前是正在上学还是已经毕业了,如果是还在上学的话,要描述清楚是几年级的学生。用个人头像配合描述会更直观感性。

团队成员第二个画像维度是要描述清楚每个团队成员的能力和特长都有哪些,不论是研发能力、编程能力、设计能力,还是体育运动竞技能力,都可以完整地描述,让读者通过商业计划书尽可能了解清楚团队的画像。

团队成员的第三个画像维度是要描述清楚每个团队成员都曾经获得过哪些奖励和荣誉,不论是创新创业大赛的奖项,还是英语比赛的奖项,不论是优秀三好学生的荣誉,还是学习模范先进等荣誉,只要是曾经获得的荣誉和奖励,最好都介绍一下,以增强商业计划书读者对团队画像的认识。

团队成员的第四个画像维度是要描述清楚每个团队成员曾经参加社会实践和社团组织的活动经历。如果你曾经有过社会兼职经历,如果你在学校参加过社团并担任过某些职务,如果你参加过某些志愿者协会的活动,最好都详细加以描述清楚,进一步增强商业计划书读者对团队画像的了解。

团队成员的第五个画像维度是要描述清楚团队成员中是否有多次创业经历的队员。创业失败过没有关系,只是要把创业经历介绍清楚,以前创业时做过什么项目,创业结果如何,挣钱了还是赔钱了都要描述一下,以增强商业计划书读者对团队创业经验的画像的认识。

团队成员第六个画像维度是要描述清楚每个团队成员都有较好的团队合作精神,团队协作能力强,每个人都满怀创业激情和创业梦想,全身充满创业的朝气。

团队成员第七个画像维度是要描述清楚团队成员中谁是团队的灵魂人物。谁是团队的领头人,这个人有哪些特点和特长,具备哪些能力,获得过哪些荣誉和奖励等。特别是要描述这个人的组织能力、协调能力、创新能力、策划能力和整合资源能力等方面。

2. 专业性描述

为了突出创业团队的能力,团队专业性的描述十分重要。如果创业团队的成员都不懂创业项目的专业,那么这个项目会做得很累很辛苦,甚至没有任何市场竞争力,创业团队成员是否具有专业性直接影响到创业项目能否顺利实施。专业性一般要求创业团队中至少要有 $1\sim2$ 人是比较了解创业项目领域的,基本具备实施创业项目的专业知识和专业能力。专业性是评估创业团队能力的重要指标,也是商业计划书读者重点关注的内容。专业性是创业项目成功的基础,创业项目只有专业性的保障,才有可能把项目做好。

3. 互补性描述

为了突出创业团队的能力，团队的互补性描述十分重要。我们知道，团队中的每个人不可能什么专业都懂，什么能力都强，不可能都是全能型的人才，创业团队如果只有专业性而没有互补性，这样的团队能力也还是不强，所以，创业团队需要具有互补性。一个创业团队或创业公司会有很多岗位，如公司战略、项目策划、产品研发、生产物流、人力资源、财务管理、市场营销等，一个人不可能什么岗位都胜任。擅长项目策划的不一定擅长产品研发，擅长产品研发的不一定擅长市场营销，擅长市场营销的不一定擅长财务管理。所以，一个创业团队需要团队成员在不同的专业岗位形成专业知识的互补和专业能力的互补。由于团队成员的工作年限和社会实践经验不同，对每个项目的理解和经验也不同，所以还需要成员之间在工作经验上形成互补。团队组建后马上就会面临成员之间的磨合问题，所以还需要团队成员在性格方面形成互补，以尽可能减少工作中的冲突。团队之间通过专业知识的互补、工作经验的互补、工作能力的互补、性格脾气的互补、做事风格的互补，从而可以显著提高团队的作战能力。

4. 协作性描述

为了突出创业团队的能力，团队的协作性描述十分重要。一个创业团队的能力提升除了具有团队的专业性和互补性外，团队成员具有协作性也十分重要。我们经常会听到团队精神、团队协作、团队协同这些词，这是体现团队能力的基本要素。一个创业团队如果每个成员都具备了团队精神和团队协作能力，那么在项目实施过程中就会起到团队协同的效果，获得 $1+1>2$ 的效果。团队的协作性不仅仅是一种团队精神，也是一种工作的态度，是团队成员的素质体现。为了更好地描述团队成员的协作性，可以结合具体例子进行描述，使内容描述更生动感性。

5. 执行力描述

为了突出创业团队能力，团队的执行力描述十分重要。一个团队的执行力是否强，关键在于团队成员的执行力。团队的执行力提升不仅需要团队中及时有效的沟通，还需要完整的策划、组织与协调；不仅需要做项目的专业性，还需要做事的专注性；不仅需要做事的快速敏捷与精准高质量高标准，还需要在做事中反复地总结与提炼，不断地提高与升华。执行力会体现在不同的项目实施过程中，如项目策划、产品研发、市场营销、财务管理等。

6. 创新力描述

为了突出创业团队的能力，团队的创新力描述十分重要。每个人是否有创新意识，是否曾经负责或参加过课题研究，是否已经有授权的专利、著作权或版权，是否有获奖证书或奖杯，这些证书和奖杯的内容尽可能描述清楚。团队中如果有成员编制过程序，开发过软件，参加过课题研究，研制过产品，申请或获得过知识产权，获得过一些竞赛的奖励荣誉，那么专家评委会认为这个团队具有一定的创新能力。反之，如果没有上述内容，就很难评判出这个团队的创新能力水平。

7.学习力描述

为了突出创业团队的能力,团队的学习力描述十分重要。现在已经进入了知识爆炸的时代,知识更新和技术创新的速度都十分快,有些知识半年或一年就会更新淘汰,有些技术一年或两年就会迭代升级,新知识、新技术、新模式、新管理、新业态层出不穷,让人眼花缭乱,如果不具备知识学习的能力很容易被社会淘汰。所以,创业团队的学习能力也需要稍加描述,以进一步突出创业团队接受新知识、新技术、新模式、新管理的能力,突出创业团队的学习能力,从侧面衬托出创业团队不会被社会涌现出的各种新知识、新技术、新模式所淘汰。

12.2.8 财务预测分析

商业计划书中的财务预测分析是指创业公司或项目对相关资金使用、经营收支及财务成果等信息整合的书面文件,反映公司预期的财务业绩。可以这样说,一份商业计划书概括性地提出了未来3～5年中创业公司需要完成的工作,而财务预测分析则是企业运营过程的价值化表现,风险投资者将会期望从财务预测分析部分来判断公司未来的经营财务利润状况,进而判断能否确保自己的投资获得预期的理想回报,同时,创业者也可以通过财务预测分析全面了解项目是否可行。因此,一份好的财务预测分析对评估创业公司所需的资金数量,增加取得风险投资的可能性具有十分重要的作用。如果财务预测分析不好,会给风险投资者留下创业者缺乏经验的印象,可能会降低创业公司的评估价值,同时也会增加创业公司的经营风险。

财务预测分析需要花费较多的时间来制作和分析,其中包括最重要的三大报表制作和分析,即现金流量表、资产负债表和利润表。流动资金是公司的生命线,因此创业公司在初创或扩张时,对流动资金需要有预先周详的计划和严格控制;利润表反映的是创业公司的盈利状况,它是公司在运作一段时间后的经营结果;资产负债表则反映在某一时刻的创业公司状况,风险投资者可以用资产负债表中的数据得到的比率指标来衡量公司的经营状况以及可能的投资回报率。此外,一些具体的财务数据信息也备受风险投资者的关心,如销售收入、销售成本、管理费用、销售费用、资金支付、债务利率、收入税率、应收账款、应付账款、存货周转和资产利用率等。财务部分除了需要给出3～5年的财务计划外,还需要分析盈亏平衡点,资金的来源和使用等。

很多创业者没有学过财务专业知识,不懂得如何填写财务报表,最好能请懂财务的专业人士帮助完成填写。创业者在进行创业项目的财务分析时,要将公司未来三年主要的财务指标描述清楚,如项目的投资总额是多少,公司预计每年的产品销售额是多少,产品的年毛利率能达到多少、每年的净利润有多少,项目投资回收期需要多长时间,项目的内部收益率是多少等。

创业者通过开展项目的财务数据统计和分析,可以全面了解创业项目的财务指标情况,了解创业项目的经营状况,掌握创业项目的投入与产出效果如何,并且可以通过财务数据的分析结果,来指导完善产品研发和生产管理,控制各项费用成本支出,知道哪些钱该花,哪些钱不该花,哪些钱可以少花;通过财务数据分析,可以知道创业项目盈利性的好坏,附加值的高低,这个创业项目是否值得做;通过财务数据分析,可以看出公司经营业绩的发展情况,需要多长时间公司可以盈利,需要多长时间公司可以达到 50 万元、100 万元甚至 500 万元的营业收入;通过财务数据分析,可以清楚地知道投资回收期是多长时间,知道何时可以收回投资;通过财务数据分析,按照设定的市盈率,就可以计算出未来公司的估值是多少,对于后面的项目融资也十分有帮助。

一个创业项目好不好,通过产生的现金流就可以看出来。如果公司能够持续地产生正现金流,并且增长率也很大,说明这个项目的盈利能力较强;如果公司不能产生正现金流,一年甚至两三年都是负现金流,看到的全部是公司的资金投入而没有收入产出,那么这个创业项目就有点问题,就存在财务盈利风险,投资这个项目就要慎重。

所以,学会财务分析十分重要。资产负债表、利润表以及现金流量表见表 12.2、表 12.3 和表 12.4。

表 12.2　资产负债表　　　　　　　　单位:万元

项　　目		第一年	第二年	第三年
流动资产	库存现金			
	银行存款			
	交易性金融资产			
	应收账款			
	流动资产合计			
非流动资产	固定资产			
	减:累计折旧			
	固定资产净值			
	无形资产			
	减:累计摊销			
	无形资产净值			
资产合计				
负债及权益				
流动负债				
应收账款				
短期借款				
负债合计				
所有者权益				
实收资本				
盈余公积				
未分配利润				
所有者权益合计				
负债及所有者权益				

表 12.3　利润表　　　　　　　　　　　　　　单位：万元

项　目	第一年	第二年	第三年
一、主营业务收入			
减：营业成本			
减：营业税金及附加			
二、商品销售利润			
三、主营业务利润			
加：其他业务利润			
减：销售费用			
减：管理费用			
减：财务费用			
四、营业利润			
加：投资收益			
加：营业外收入			
减：营业外支出			
五、利润总额			
减：应交所得税			
六、税后利润			

表 12.4　现金流量表　　　　　　　　　　　　单位：万元

项　目		第一年	第二年	第三年
加：现金流入	期初余额			
	提供商品、提供劳务产生的现金流入			
	其他现金流入			
	投资活动产生的现金流入			
	现金流入合计			
减：现金流出	材料采购支出			
	直接人工支出			
	销售费用支出			
	管理费用支出			
	财务费用支出			
	购置设备支出			
	营业税金及附加			
	现金支出合计			
	所得税支出			
	现金流量净额			
	加：银行借款			
	减：偿还银行借款			
	期末余额			

12.2.9　融资与资金使用计划

　　创业启动的资源有很多，比如：技术、创意、团队等，当然还需要有创业资金，有创业资本。资金就像是企业的血液,维持着企业的正常运营。如果没有足够的资金,企业就很难维持正常的业务开展,就很有可能倒闭。大学生要想自主创业,需要有足够的创业资金。创业者在启动创业项目前,一定要估算一下到底需要多少创业资金,计划用在哪些方面,然后再想清楚有哪些筹措资金的渠道或途径,需要通过什么办法和手段去筹措创业资本。

1. 创业资金估算

创业资金需要多少,主要取决于创业项目在运营过程中可能会发生哪些项目的资金支出。一般来说,创业公司的资金支出主要包括以下十项费用:房租费用、人员费用、设备费用、材料费用、办公费用、通信费用、差旅交通费用、公关业务费用、公司注册费、其他费用。由于很多新成立的创业公司产品不成熟,还需要进一步开发和完善,可能会在 6 个月或 12 个月的时间里公司都没有资金收入,全部都是资金投入而没有产出,所以创业资金估算还是要做更充分的设想和打算,尽可能估算多一些,留出一点富余。

2. 创业资金筹措途径

随着国家大力倡导"大众创业、万众创新"和创新创业的生态环境越来越好,大学生筹措创业资金的渠道也越来越多,初创公司筹措创业资金可以重点考虑以下三个途径:

(1) 创始人自筹资金。创业团队自筹创业资金是最常用的做法,也是最容易实现的融资途径。创业项目合伙人可以按照创业启动资金的总额,根据各自的出资能力进行出资,认购股份。

(2) 大学生创业信用贷款。大学生可以根据国家颁布的大学生创业信用贷款政策,向学校和银行提交相关创业资料,申请创业贷款,筹到第一笔创业资金。目前,大学生创业贷款根据地区的不同,贷款额度可以从 5 万元到 40 万元不等。

(3) 天使投资。天使投资主要是寻找早期的创业项目,对大学生的创业项目,不论是已经落地的注册公司的创业项目,还是没有落地只是建立创业团队的优秀项目,天使投资都会关注,特别是种子轮和天使轮的天使投资,是大学生寻求创业投资的重要途径。为了争取到与投资人面对面的项目交流,创业公司一定要做好创业策划,制作一份高质量、高水准的商业计划书。一定要在商业计划书中描述清楚项目的产品与服务、项目特点和竞争优势、核心竞争力、商业盈利模式、技术壁垒门槛、创业团队以及股权机构设置是否清晰合理、项目融资需求和资金使用计划等。

12.2.10　风险控制与资本退出

市场经济下,每一个风险投资者都关心投资风险与收益。风险投资者与普通投资者的主要差别在于风险投资者面对着巨大的风险,但有可能获得高额或巨额收益。尽管失败率很高,但依然有很多投资者热衷于进行风险投资,除了巨额回报外,投资风险是可以通过科学系统的知识、方法和手段加以控制的也是造成投资人对风险投资热情的主要原因。因此,风险投资者会非常重视和研究商业计划书中有关风险分析的部分。他们想尽可能地搞清楚创业公司可能会面对的风险种类和程度,特别是创业公司将采取何种措施和方案去降低或防范风险。

此外,风险投资者并不是为了投资而投资,他们都希望最终能通过资本退出方式获得高额回报。因此,创业者需要详细告诉风险投资者,他们的投资将以何种方式退出,能获得多少预期回报。

1. 创业风险的种类

为进一步深入剖析创业风险,并进行有针对性地管理,可以按照创业风险的内容进行分类。具体可以分为技术风险、市场风险、财务风险、管理风险、环境风险等。

（1）技术风险。

技术风险是指由于技术方面的因素及其变化的不确定性而导致创业失败的可能性。包括开发风险、转化应用风险和技术寿命风险。高新技术的成功开发和投入,必定会给投资者带来满意的回报,但是,由于种种不确定因素导致的技术开发受阻、投入受阻和技术迅速被更替,都会导致风险投资的失败。

（2）市场风险。

市场风险是指在创业的市场实际环节,由于市场的不确定性而导致创业失败的可能性。这些不确定环节可以包括新产品、新技术与市场需求不适应,市场接受时间的不确定性,产品的市场扩散速度的不确定性,市场竞争能力和战略的不确定性,以及新产品的生产设计能力与市场容量的不匹配等。市场风险是导致新技术、新产品商业化、产业化过程中断甚至失败的核心风险之一。

（3）财务风险。

财务风险是指因资金不能适应需求而导致创业失败的可能性。财务风险集中体现在两方面:一是当创业公司发展到一定阶段时,随着经营规模的扩大,对资金需求迅速膨胀,能否及时获得后续资金的支持,将直接关系其扩张和成长的快慢;二是风险投资对所投项目的作用,有一定的时效性。创业公司要快速具备一定的流动性、周转率,才能不断地获取项目在高成长阶段的利润,避免在融资不到位的情况下丧失运营能力。

（4）管理风险。

管理风险是指在创业过程中因管理不善而导致创业失败所带来的风险。其主要影响因素包括以下三方面:第一,创业者素质。创业者素质的高低对于创业活动成功与否起到决定作用。创业者应具有强烈的创业精神和创新意识,还需要具有献身精神和强大的信念,能吃苦耐劳,还需要有凝聚力,能领导整个团队共同发展。第二,决策风险,创业过程中不能仅凭个人的喜好、经验或运气来做决策,需要实现民主和集中相结合的决策模式。第三,组织风险。组织结构必须伴随创业公司迅速发展而不断调整,组织结构不适合企业发展往往会成为创业公司潜在危机的根源。

（5）环境风险。

环境风险是指由于所处的社会环境、政策、法律环境变化或由于意外灾害发生而造成创业失败的可能性。

2. 创业风险的防范

（1）技术风险防范。

创业公司往往都拥有自主的核心技术或差异化的产品，这些都是初创企业获取核心竞争优势的来源。但是技术水平领先往往都是暂时的，在某些领域甚至是不进则退。因此，保持技术领先对创业公司来说极其重要。创业公司技术风险防范和控制应注重以下几个方面：

① 深入挖掘研发人员潜力，不断完善和扩展现有产品。

② 不断研发新产品，有节奏地不断推出新产品，防范模仿者和新进入者。

③ 紧盯当前科学技术发展前沿，不断引入新的研发理念和思路，吸引顶尖人才进入研发团队。

④ 注重知识产权的申请和保护，避免盗版产品影响公司品牌形象。

（2）经营风险防范。

企业经营风险包括日常经营中各项业务的风险，主要有采购风险、销售风向、生产风险、技术创新风险、人事风险等。创业公司主要是对以上集中风险进行防范与控制。其具体的一些防范策略如下：

① 通过各种渠道，加强企业和产品宣传，逐步树立企业形象。

② 强化销售队伍和售后服务，保持与核心企业客户的良好合作关系。

③ 快速推进下一代系列产品的开发，从而相对减少对单一产品的依赖。

④ 宣传公司的产品和特色，使企业快速成长为行业内知名公司。

⑤ 积极营造良好的工作环境，改善福利待遇，稳定队伍，吸引更多科技人员和高素质人才来企业工作。

（3）市场风险防范。

企业市场风险包括市场需求风险、市场进入风险、市场价格风险、市场战略风险等。面对这些风险，其具体防范策略如下：

① 在加强产品销售的同时，建立一套完善的市场信息反馈体系，针对核心客户制定合理的产品销售价格，增加企业的盈利能力。

② 加快产品的开发，增加市场的应变能力，对后进入者设置门槛。

③ 实行品牌战略，以优质的产品稳定客户和价格，以消除市场波动对本企业价格的影响。

④ 进一步提高产品质量，降低产品成本，提高产品的综合竞争力，增加产品适应市场变化的能力。

⑤ 进一步拓宽思路，紧跟市场发展方向。

（4）财务风险防范。

财务风险是指企业用现金偿还到期债务的不确定性。企业财务风险管理的目标在于了解风险的来源和特征，争取预测、评价财务风险，进行适当的控制和防范，为企业创造最大的收益。创业公司财务风险防范和控制应注意以下 4 个方面：

① 提高创业者的风险意识，保证财务计划的合理合法。

② 提高企业的财务实力,提高企业抗风险能力。

③ 加强财务风险管理,建立财务评价体系,采取各种手段和措施,对风险进行控制和处理。

④ 建立科学的财务预测机制,提前安排融资计划,使融资和筹资相联系。

(5) 人员风险防范。

人员风险是指创业公司在创业初期,由于风险大、报酬低,许多初创者和研发人员可能会脱离团队,给创业公司带来巨大风险和损失。初创企业的核心资源就是人才,如果失去这些管理者和研发人员可能会导致企业垮台。创业公司人员风险防范和控制应注重以下几方面:

① 创业公司应该树立信念和培养信心,稳定核心创业者团队。

② 确定创业公司发展目标和商业计划,并加大与创业团队核心人员的沟通和交流,为创业团队人员发展提供清晰思路。

③ 根据创业公司运营和融资情况,在合适的条件下可以通过现金和股份形式激励和凝聚创业团队。

3. 资本退出的基本形式

风险投资是一种追逐高风险、高利润、高回报的金融资本。风险投资者的目的并不是为了获取股息而长期持有所投资公司的股份(经营企业获取稳定收益是实业家和普通投资者做的事情),而是为了通过资本退出方式获取高额回报。这就要求创业公司给出资本退出的预期方式,为投资者带来丰厚的利润。目前,资本退出方式主要有四种:首次公开上市、并购、回购和清算。

(1) 首次公开上市退出。指创业公司通过挂牌上市方式让风险资本退出。采用首次公开上市这种退出方式,不仅可以保持创业公司的独立性,而且还可以获得在证券市场持续融资的渠道。

(2) 并购退出。指创业公司通过被其他公司兼并或收购,从而使风险资本退出。许多风险投资者可能会采用股权转让的方式退出投资。虽然并购退出的收益不及首次公开上市,但是风险资金能够很快从所投资公司中退出,并快速进入下一轮投资循环。因此,并购也是资本退出的重要方式之一。

(3) 回购退出。指创业公司的管理层通过购回风险投资者手中的股份,使资本退出的一种方式。最大优点是创业公司能被熟悉公司的人完整地保存下来,创业者可以掌握更多的主动权和决策权,有利于今后公司的可持续经营和决策,因此回购对创业公司更为有利。

(4) 清算退出。清算退出是针对风险投资失败项目的一种退出方式。尽管损失不可避免,但还是可以收回一部分投资,以便用于下一个投资循环,避免风险投资者深陷泥潭。因此,清算退出虽然是迫不得已,但确实避免风险投资者深陷泥潭的最后选择。

12.2.11 其他说明

商业计划书包含了风险投资者要了解的各种信息,需要在有限的篇幅之内表达创业公司未来 3～5 年经营计划的所有内容。创业者可能前期已进行了大量的市场调研,设计和撰写了精致的新产品说明书,运用模型和方法测试了市场容量,制定了大量的公司章程,但是这些内容都没有必要呈现在商业计划书正文中,因为它们会让商业计划书的内容显得冗长,很难突出重点,甚至影响阅读的连贯性。因此,需要把这些非必要内容和相关支撑材料放在其他说明里,为商业计划书的正文内容提供翔实的补充材料。具体可以包括:主要合同资料、信誉证明、图片资料、财务报表、分支机构列表、市场调查结果、主要创业者的履历、技术信息、生产制造信息、宣传资料、工作时间表、平面布局、相关数据的测算和解释、相关获奖或专利、授权使用书、政策文件、其他方面的信息(联系方式等)。

12.3　商业计划书演示

12.3.1　演示内涵与功能

演示也被称为路演(Road Show),原指一切在马路上进行的演示活动。它是演示者向他人推荐创意、想法、观点的一种主要表达方式。公司或创业者为获取融资经常使用演示这种表达方式向风险投资者进行推荐并与之沟通。目前,由于商业计划演示能在较短时间内传递大量信息,其已成为创业者用来与风险投资者交流的主要工具。

商业计划演示的过程具体来说就是把静态的商业计划书内容制作成可视化文档(PPT、活动挂图、视频等),并通过演示者充满信息含量和感染力的展示,把复杂的问题变得通俗易懂,旨在增强交流、引起共鸣,给风险投资者留下深刻的印象,从而使其接受观点,并进入下一步的深入沟通和合作。该过程涉及众多环节和核心问题,比如商业计划演示的一般逻辑、演示过程设计和沟通交流等。

商业计划演示除了能用于吸引风险投资外,还具有许多其他功能。比如梳理创业思路产品发布、渠道招商、成交客户、凝聚人心、吸引人才、影响股东等。美国苹果公司联合创办人史蒂夫·乔布斯就是一位演示专家,他把商业计划演示运用到每次苹果新产品的发布会中,通过一系列图片和简单文字引导大家认知新产品的来源、能解决什么"痛点"问题、具备哪些功能、实际运用效果等。此外,每位创业者和大学生都需要学会演示技巧,因为在未来的创业和工作过程中,都有大量的演示机会去推销和传递自己的想法、创意和项目,这也是进行有效信息沟通的一种基本职业技能。

12.3.2　演示的商业逻辑

从风险投资者对商业计划认知的角度来考虑,最简单的商业计划逻辑和风险投资者最想梳理清楚的三大问题是:干什么、怎么干、如何撤。而商业计划书就精准地回答了这三大问题。

从"干什么"的角度来说,这类问题解决的是让风险投资者对创业项目有一个初步认知和基本判断,比如创业项目是解决什么人的什么"痛点"问题,采取什么解决方案,是否有投资价值等。该类问题可以说是商业逻辑中最重要的问题,它可以让风险投资者决定是否有兴趣与创业者进一步深入沟通。此外,"怎么干"可以调整,而"干什么"即项目的想法和创意是轻易不能改变的。如果"干什么"获得了风险投资者的肯定,那么我们就可以继续提出"怎么干"的一系列问题,这就包括产品、市场、团队等内容。最后,如果"干什么"和"怎么干"都没问题,那就要告诉风险投资者"如何撤"的问题,而这些问题涉及发展规划、财务和融资计划、资本退出方式等。具体延伸出来的 12 个商业计划演示逻辑点(简称为"三大问题与 12 个逻辑点")如图 12.2 所示。

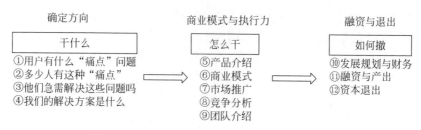

图 12.2 商业计划演示三大问题与 12 个逻辑点

"干什么"主要是确定创业项目的方向性问题。首先,要讲清楚该项目可以为用户或客户创造的价值到底是什么,怎样提供这种价值? 所以商业逻辑的第一点就是要单刀直入地分析用户有什么"痛点"问题(逻辑点一),因为没有什么比让风险投资者认可用户存在创业者所指出的"痛点"更有说服力了。对企业的项目要讲客户"痛点",对消费者的项目要讲用户"痛点",平台性质的项目要讲清楚平台两方的"痛点"。既然我们把发现的问题叫"痛点",而不是叫"痒点"或者其他什么名词,那就是要把点落在"痛"上,就必须是真"痛",就需要一针见血,能够通过文字和数据描述清楚,能转化出结果。其次,需要关注有多少人有这种"痛点"问题(逻辑点二),也就是说市场规模究竟有多大,未来扩展的可能性有多大? 这里主要回答和市场机会相关的问题。风险投资者可能会担心这个需求是非典型性的需求,或者说比较边缘化,可以理解为虽然很"痛",但是需求量不大。再次,还要进一步确定这些"痛点"是必须立刻解决的(逻辑点三),而不是伪需求。最后,看到了"痛点",就要演示解决方案了(逻辑点四)。演示者在讲解解决方案时要注意两点:一是要尽可能提供一个简单直接的解决方案,因为风险投资者通常相信简单、直接、有效的产品,容易实现商业闭环,并且容易被快速放大;另一个注意点是解决方案要跟前面提到的"痛点"在商业逻辑上形成映射关系,也就是说所提出的方案能够解决前面提出的那些"痛点"问题。

"怎么干"主要解决商业模式和执行力的问题。"干什么"部分已经给出了投资项目的方向,接下来就需要回答解决方案所蕴含的商业模式和执行力的问题。

第一,由于商业模式通常比较抽象,所以我们需要先交代清楚产品与服务的具体形态(逻辑点五),这样比较有利于帮助投资者更准确地理解商业模式。那么,产品究竟什么样? 用户会不会喜欢,会不会购买呢? 为了不挑战风险投资者的理解力,产品与服务的介绍一定要尽量直观,也就是尽量借助产品截图或场景图来展现。同时,要把核心功能或使用方式交代清楚。如果产品非常复杂,那就使用一些关键功能的展示图来辅助说明用户如何通过产品得到核心需求的满足。

第二,在产品与服务介绍的基础上,需要明确给出创业项目的商业模式(逻辑点六)。

介绍产品与服务背后是一个怎样的价值系统在支撑整个的用户体验,最终又会在哪个环节、靠什么方式赚钱?商业模式介绍其实需要阐述两方面的信息,首先要介绍商业模式所构建的价值系统是怎样的一个体系。这个价值系统会由哪些要素构成,如何形成商业的闭环就是商业模式要交代的事。在此基础上,你还需要向风险投资者交代你在整个价值系统中的哪些环节赚钱,也就是你的盈利点在哪里。也就是说,价值系统加上盈利点,两者相结合才是关于商业模式的完整介绍。

第三,如果方向、商业模式都没问题了,接下来风险投资者关心的就是执行力问题。风险投资者关心的第一点是这个产品与服务能不能在市场推广出去(逻辑点七),也就是说能不能把它卖出去并产生收入。所以接下来要说明的就是,在营销推广方面有什么独特的方式来解决快速启动的问题,以及如何跑得更快。假如项目在推广上已经产生一定的效果,建议放一些能够证明你推广能力的数据。例如用户量、获取客户成本、用户活跃程度等相关数据,这些对证明你的执行力都非常有说服力。

第四,证明执行力的第二个点是竞争力(逻辑点八),也就是能否在激烈的竞争中脱颖而出并且一直立于不败之地。为了回答这个问题,风险投资者需要知道该项目所阐述的产品与服务都有哪些有代表性的竞争对手,凭什么存活下来并且还能做大做强,产品与服务到底具备哪些核心竞争力和优势。大部分创业者在竞争分析时通常做得不够深入,建议把竞争分析的功课做得越到位越好。此外,在此部分要突出创业项目的亮点,即风险投资者是否能通过优势分析抓到项目执行上的闪光之处。

第五,上述部分阐述清楚了创业项目的基本内容,接下来风险投资者就会关注执行力的第三个点——创业执行团队的现状(逻辑点九)。创业团队是不是足够优秀,有什么长板和短板,在这部分创业者应该尽量突出团队成员的特色、团队成员之间的互补性,以及每个团队成员都有哪些漂亮的业绩,而不仅仅是告诉风险投资者每个团队成员的从业经历。

"如何撤"主要阐述项目的融资和退出问题。如果前面的内容叙述得清晰易懂,并且项目足够好,那么风险投资者应该已经对创业项目具有浓厚的兴趣。接下来就应该详细说明一下和融资相关的事情。首先,风险投资者会关心项目的发展规划和财务信息。具体包括项目处于什么发展阶段,过去和未来每个阶段的目标是什么,未来的财务计划是什么。这部分内容应包含四方面关键信息和指标:①公司的关键发展指标有哪些;②创业以来不同阶段的发展情况怎样;③未来目标的阶段性分解(早期项目应做12~18个月目标分解,此外,可以加上未来2~5年的年目标);④与项目发展规划匹配的财务计划。这些信息和指标可以提高项目未来价值实现的可信度。此外,建议创业者认真评估过每个目标的达成可能性后再呈现给风险投资者,不要过于激进,以免遭到风险投资者的质疑。其次,需要明确告诉投资者需要多少投资额,这些钱的具体用途,这笔钱能花多久,以及能达成什么目标和产出。不同阶段和不同领域的项目达成的目标和产出各有不同。可以告诉风险投资者当拿到这笔钱后公司可以产生多少交易量或获取多少客户,也可以让风险投资者相信公司获得融资后项目可以占领多少市场份额等。最后,依据项目发展规划和财务计划,告诉投资者所设计的退出计划。资本退出可以是某个具体的方式,也可以是有选择的方案。

12.3.3　演示的注意事项

每位风险投资人或评审者几乎都参与过上百场的创业项目推荐会,具有丰富的评审经验。演示不是一种普通演讲,不能仅仅追求演讲的效果。演示者一定要把握商业计划演示与普通演讲的区别,更多关注三方面事项:

1. 站在"他"的角度出发设计演示内容

在创业项目推荐会和创业大赛中,许多创业者在商业计划演示时喜欢站在"我"的角度表达观点。例如,技术出身的创业者喜欢花大量的时间讲解技术原理和先进性。而市场出身的创业者喜欢把市场营销环节放大说明。基本是想说什么就说什么,而不去考虑"他"的感受,即风险投资者真正想要和急于了解什么。此外,演示过程设计者一定要明白风险投资者几乎不可能都是演示项目所属领域的专家,某些专业问题说得过多对风险投资者来说基本等于嚼蜡。比如在对项目产品的介绍中,创业者希望从研究者的角度来讲解产品研发机理、设计思维等,但是在短暂的演示过程中,风险投资者则更加关心产品的功能和特点,以及如何解决消费者的"痛点"问题。

2. 多从"利"的角度设计演示

商业计划演示不同于一般的演示,它是涉及"利"的演示。演示过程设计者要多考虑风险投资者的利益和风险,所阐述的每个观点和主题必须连接风险投资者的利益,否则演示者说的就都是正确的废话。例如,许多创业者非常关心在融资过后如何形成生产力扩大营销队伍等,但是很少有人去正面回答这些投入如何获取回报,能获取多少回报,而这正是风险投资者非常关心的问题。

3. 演示必须以"简"为目标

商业计划演示时间非常短暂,如果创业者不能快速简单地说清楚创业项目的商业思路,风险投资者会认为创业者还没完全吃透该创业项目,投资这个项目会非常危险。所以,要想获得风险投资者的青睐,商业计划演示必须删繁就简,惜字如金,让听者无须过多的思考,即听即懂。例如,在创业项目推荐会和创业大赛现场经常会出现这种情况,在指定时间内,演示者由于说得过多导致不能完成演示的全部内容,只好放映完 PPT。究其原因还是创业者不能以"简"为目标去阐述项目,最终让评审者无法做出正确评价。

12.4　商业计划书在创新创业大赛中的应用

为了贯彻落实《国务院关于大力推进大众创业万众创新若干政策措施的意见》有关精神,共同推进大众创业万众创新蓬勃发展,国务院同意建立由国家发展改革委员会牵头的推进大众创业万众创新部际联席会议制度。各级政府、省市和地区积极贯彻落实中央精神,推动创业教育、传播创业理念、提升创业技能、促进创业就业,各种主题的创新创业大赛如雨后春笋,层出不穷,声势浩大,蓬勃开展,如:中国国际"互联网+"大学生创新创业大赛、"挑战杯"中国大学生创业计划竞赛等等。随着各类创新创业大赛如火如荼开展,高校学生积极报名参加,创新创业精神和技能得到培养和锻炼。在创新创业大赛中,报名参赛的项目和参赛过程应注意以下事项。

12.4.1　创新创业大赛常见的八大问题

1. 项目优势描述不清

创新创业大赛中遇到的第一个问题就是参赛者在提交的项目材料中项目优势描述不清晰。很多参赛者的项目还不错,创意新颖,技术先进,但是不注意描述项目的优势,不知道该如何完整地介绍和突出项目的优势。其实,项目的优势可以围绕以下几方面去描述。

1) 技术优势

如果参赛项目属于科技类的项目,你一定要从技术优势方面去考虑、去挖掘和提炼。项目技术水平的高低可以按照国际领先、国际先进、国内领先、国内先进、填补空白等五个等级判断和描述。如果项目技术水平可以达到国际领先和国际先进,那这个项目的技术优势就相当明显,就一定要在项目材料中表述清楚。为了提供技术优势的证据,最好把技术查新报告,以及已经申报或已经获得授权的专利或软件著作权等知识产权证书名称和编号写上,并在项目材料的附件中附上知识产权的复印件。

2) 质量优势

参赛项目的产品和服务的质量优势是需要考虑的另一个维度。那么如何体现质量优势呢?可以从产品的质量精度、使用寿命和使用功能等角度去考虑。项目产品的质量和性能相对同类产品在精度、寿命和功能方面是否具有优势,产品精度较其他同类产品精度高出多少等级,产品使用寿命较其他同类产品的寿命长出多少年限,产品的功能较其他同类产品增加了哪些功能,这些优势相对梯度有多大,哪些是绝对优势,哪些是相对优势,都可以好好地梳理和凝练一下。

3) 性能优势

如果参赛项目最终为客户提供的服务是一款产品,那么是产品就离不开产品性能。项目可以围绕产品性能的好坏,产品性能的多少,产品性能的升级迭代等方面,加以详细描述和介绍。如产品性能处于哪个产品阶段,是属于高性能还是低性能,是属于多性能还是简单性能,是已经有不同性能的产品系列还是为性能的升级迭代预留下空间,这些内容都可以详细介绍。总之,是要围绕项目产品性能,挖掘出性能的优势来。

4) 环保优势

如今,企业提供的所有产品服务部十分注重环保,那么也可以围绕环保方面分析一下项目优势如何。产品所使用的材料是否环保,产品加工过程是否绿色,产品包装材料是否无毒、无害、无污染、可降解,如果产品在这些方面符合环保性,那就一定要重点描述一下,突出产品的环保优势。

5) 安全优势

如果参赛项目涉及食品、玩具、电子和家居等与人们生活密切相关的产品服务,那么安全性的描述就十分重要,要尽可能突出项目安全性的优势,如:食品安全卫生、材料无毒无害,没有电磁辐射,家居环保等。

6)成本优势

产品的制造成本低或许是需要重点考虑的成本优势。创业者在思考项目创意时,往往是在技术和产品成本方面具有优势。为了更完整清晰地描述产品成本优势,需要围绕设计方案、关键技术、加工工艺、生产流程、生产效率、原辅材料、物流包装、人员工资等方面去介绍项目的生产制造成本,最后再和现在市场上同类产品的成本做个对比分析,以进一步突出成本优势。

7)价格优势

产品销售价格可以体现项目价格优势。很多创业项目由于技术先进,服务模式创新,人工成本低,采购成本低,使得产品的制造成本很低,这样在销售时,就可以采用薄利多销的低价策略,价格优势就比较明显。

8)服务优势

服务优势也是需要考虑的一个维度。很多创业项目都是大学生的创业实践项目,大学生走向社会开展创业实践,都会以真诚、真心、热心和热情的态度,为客户提供真挚的服务,不仅对客户笑脸相迎,还会态度真挚诚恳;不仅对客户真诚友善,还会为客户创造增值服务;不仅对客户在价格上让利,还会在交付周期上尽可能为客户提供快捷服务,最终取得客户的信任。如果我们在为客户服务时,能够做到真心、诚心、热心、关心和爱心,能够给客户提供性价比高的快捷服务,能够时时想着为客户的创造增值服务,那么我们就有一定的服务优势。

9)团队优势

团队优势一定是要全面认真思考的一个维度。创业项目开展得是否顺利,很重要的一点就是团队的能力。在团队能力优势方面,要尽可能围绕专业知识、专业技能、实践经验、团队成员曾经获得过的荣誉,以及团队之间的互补性去描述,要突出团队的研发能力、执行能力、协同能力、创新能力、项目规划能力、资源整合能力、拼搏精神和创新创业的毅力。

2. 项目特色突出不够

创新创业大赛中遇到的第二个问题就是参赛者在提交的项目材料中项目特色描述不清晰,项目特色突出不够。在大学生报名参赛的项目中,会看到许多项目涉及领域和问题都很相似。很多参赛者在描述自己的创业项目时过于简单,没有突出项目的特色和特点,没有提炼出项目的亮点,这样很难获得理想的成绩。其实,项目的特色可以围绕以下几方面去描述。

1)性能特色

项目特色的第一个维度是产品性能特色。在介绍项目产品时,千万不要简简单单地介绍产品,一带而过,而是要介绍产品都有哪些性能或功能,特别是围绕产品的性能特色去描述。要描述清楚这个产品的性能是怎样的,相比其他同类产品有哪些新的功能和更好的性能,这些功能和性能给用户带来哪些新的体验,满足用户哪些服务需求。

2）服务特色

项目特色的第二个维度是服务特色。在介绍项目服务时,不要只是简单地介绍怎么给客户服务,而要尽可能地描述清楚采用哪些服务模式、采用哪种服务手段和采用了哪种服务策略,这种服务模式是否具有创新性和颠覆性。如果服务模式具有创新性,那要说清楚创新性表现在哪里,创新点是什么;如果服务模式具有颠覆性,那要说清楚颠覆性是如何体现的。

3）技术特色

项目特色的第三个维度是技术特色。在介绍项目时,一定要清晰地描述是采用哪些关键技术来研制产品开展服务的,这些关键技术的技术水平如何,这些关键技术是否领先市场同类产品所使用的技术,这些技术是否具有迭代性,这些技术是否具有专利或软件著作权等自主知识产权。

4）价格特色

项目特色的第四个维度是价格特色。在介绍项目时,除了从原辅材料采购成本、生产制造成本、设计成本等方面去分析描述外,还要尽可能围绕大学生自主创业人工费用低、房租可以获得政策性补贴等进行描述,重点突出产品与服务价格较市场上同类产品与服务的价格低的价格优势。

5）设计特色

项目特色的第五个维度是设计特色。在介绍项目时,要从产品设计的角度去描述产品。产品的形状是什么,规格是什么,产品有多大尺寸,有多少重量,产品都使用了哪些颜色,都选用了哪种材料,结构设计是怎样实现创新性的,能够带来哪些效果,起到什么作用。

6）环保特色

项目特色的第六个维度是环保特色。在介绍项目时,要从产品的环保角度去考虑和描述项目产品是否具有环保特色。项目产品是否具有节能环保的特点,对人身体是否无毒无害,对大气和环境是否安全,产品所用材料是否可降解,是否可回收再次利用。

7）安全特色

项目特色的第七个维度是安全特色。在介绍项目时,可以从产品使用的安全性角度去考虑。产品对用户是否安全,是否有防漏电措施,是否会划伤皮肤从而造成感染,是否采取了防霉、防潮、除菌的措施。特别是对儿童用品和老年人用品,更是要考虑到对使用者的安全性。

8）便捷特色

项目特色的第八个维度是便捷特色。在介绍项目时,可以从产品使用的方便性和便捷性去描述。市场上的很多产品用户拿到后使用起来不是很方便,产品使用说明书描述得不够清晰、不容易懂,用户完全掌握和使用需要花费很长的时间。还有一些产品由于产品设计得不合理,用起来不太顺手,不是很方便。

3. 项目团队不擅包装

创新创业大赛中遇到的第三个问题就是参赛者在提交的项目材料中不善于包装项目

团队,不能突出创业团队的创新服务能力。在创新创业大赛中,很多项目还是不错的,但是由于参赛者不善于包装团队,导致最终成绩不理想,使得这些项目无缘比赛大奖。那么应该如何描述团队,应该如何包装团队呢? 一般来说,创业团队的包装可以从团队成员画像及团队的专业性和互补性等方面去描述。

1) 攻读专业

团队的描述首先就是要描述清楚团队成员的专业技术背景情况。每个成员所在学校或毕业的院校名称是什么,是还在上学的大学生还是已经毕业的大学生,主修的专业是什么,选修的专业是什么,是本科生,还是硕士或是博士。特别是对于科技型的参赛项目,团队的专业技术背景十分重要,一定要和项目领域相关。

2) 获奖荣誉

每个团队成员曾经获得过的荣誉十分重要,这是反映团队成员素质的重要方面,最好能在团队介绍时将每个人所获得过的奖励和荣誉完整描述。这就像在一个系统中,每一个组件都能够各司其职,都能胜任岗位需求,这样团队这个系统才能够成功运转,实现其功能和价值。

3) 社会实践

每个团队成员的社会实践情况也是评委十分关注的内容,参加过社会实践的同学一般比没有参加过社会实践的同学更有社会经验。在描述团队成员时,最好把每个人曾经参加的社团组织情况,参加志愿者协会情况,参加社会企业实习情况,以及参加其他社会实践情况统统介绍清楚。如果团队中有已经毕业的同学,最好再将他曾经工作过的单位和从事过的岗位描述一下。

4) 创业经历

创业经历对于一个创业团队也十分重要。现在有很多参赛选手都是二次或多次创业,他们在创业实践中积累了一定的创业经验,锤炼了不怕创业失败的意志,这些经历对于一个创业团队十分重要,多次创业失败的人在吸取以前创业失败教训的基础上,再次创业时更容易获得成功。

5) 工作经验

团队中的人如果有工作经验对于创业团队也十分重要。如果团队中的成员有工作过几年的,并且在一些大公司、知名企业工作过,就会了解一些公司的运作模式和管理模式,知道一些公司规章制度建设和项目管理方法,这些工作经验对于创业公司的运作十分有用。

6) 双创精神

创新创业精神是创业团队不可缺少的内容,每个人投身到双创实践中,都需要具备创新的意识和创业拼搏的精神。创业活动不是一帆风顺的,创业路上困难重重,荆棘丛生。每个创业者都需要不断培养创新创业精神,才有可能在遇到困难时坚持下去,最后取得创业成功。

7) 互补性

创业团队除了需要具有专业性外,团队的互补性也十分重要。创业成员每个人不可能都是全才,不可能什么专业知识都懂,不可能什么能力都具备,不可能什么工作经验都有,这就需要成员之间在专业知识、专业技能、管理方法、性格脾气和经营资源等方面形成互补,以弥补创业团队每个人的不足和短板。通过团队的互补性,来实现创业团队能力的极大提升。

4. 市场计划规划不全

创新创业大赛中遇到的第四个问题就是参赛者在提交的项目材料中市场计划描述的不完整。很多创业项目在介绍项目实施的市场计划时,这部分内容描述得过于简单,公司制定的发展战略模糊或根本没有,公司采用的市场营销战略过于简单很不完整,这就让评委觉得这个创业项目没有比较理想或完整的市场规划,这样的创业项目在实施中一定会遇到很多问题和困难,创业就会道路曲折,困难重重。对于参赛的选手,如果能把以下几方面的问题描述清楚,那么,评委就能大致了解你是如何操作和实施这个创业项目的。

1) 发展战略

公司发展战略是市场计划需要研究的重要内容。创业公司从创建成立,就要围绕公司的发展愿景和服务宗旨以及发展目标制定好公司的发展战略。企业发展战略有很多,创业公司都可以拿来借鉴,如技术领先战略、技术模仿战略、差异化战略(蓝海战略)、成本领先战略、市场细分战略、兼并重组战略、多元化战略、知识产权战略、标准战略、股权战略、品牌战略等,作为一个新成立的创业公司,由于人员规模少,资金不充裕,产品不成熟,品牌不健全,市场竞争能力很弱。所以,建议创业公司尽量不要进入竞争激烈的红海市场,而要在蓝海里寻找市场机会,采取差异化的市场战略。对于科技型项目,还建议公司要注意自主知识产权保护,同时采用知识产权战略,及时申报自主知识产权,形成技术壁垒,修建技术的护城河。创业公司除了采用单一的公司发展战略外,还可以采用组合发展战略,即可以把差异化战略、知识产权战略和市场细分战略等组合应用。

2) 研发策略

研发策略是创业公司必须考虑的市场规划内容。初创企业的产品一般都不是很成熟,需要经过一段时间来不断改进和完善,并制定出生产和研发的规范和标准,同时还需要完成样品样机、小试和中试,所以,一般产品的研发都有产品和技术迭代升级的过程。为了更好地开展产品研发,公司一定要围绕产品原料使用、产品关键技术、产品功能和性能、产品的质量与标准、产品的尺寸重量和规格、产品的外形设计和机构设计、产品的研发成本和制造成本,产品的应用领域和范围等,制定产品的研发策略和研发计划。

3) 营销策略

营销策略是市场计划需要研究的重要内容。创业公司在做市场计划时一定要考虑清楚采用什么样的营销策略来研发、生产和销售产品,要确定公司定位是什么,产品定位是什么,价格定位是什么,客户定位是什么,要考虑清楚线下营销怎么做,线上营销怎么做;要规划垂直营销怎么做,整合营销怎么做;要思考清楚连锁营销怎么做,品牌营销怎么做;要设计情感营销怎么做,馈赠营销怎么做。营销策略不是单一策略,而是一套组合策略,随着 5G 时代的到来,如何用好互联网＋市场营销策略更为关键,很多新的服务模式、新的服务业态将在互联网＋的基础上不断产生。在线支付、网络营销、虚拟设计、远程直播还只是互联网时代的开始,未来随着人工智能技术的升级与应用,人工智能＋市场营销将会在很多领域中开展应用,基于大数据的人工智能精准营销将是价值的发掘地。

4) 产品策略

产品策略是市场计划需要研究的重要内容。公司要针对市场的竞争对手,在产品技术、产品性能、产品检测、产品质量、产品管控、产品包装、产品仓储、产品物流、产品创新等方面制定出公司的产品策略,从产品差异性的角度考虑切入市场。

5) 价格策略

价格策略是市场计划需要研究的重要内容。通过成本定价、需求定价制订定价的原则,按照高端客户、中端客户和低端客户不同的目标客户体,结合零售和团购的不同形式,制定有针对性的价格策略。

6) 渠道策略

渠道策略是市场计划需要研究的重要内容。正所谓"渠道为王",谁拥有了销售渠道,谁就拥有了市场。要写出项目拟通过哪些销售渠道,拟借助哪些销售平台,拟发展哪些合作伙伴,来快速建设公司的销售网络,实现渠道为王的目标,落实渠道的策略。

7) 宣传策略

宣传策略也是市场计划必须考虑的问题。目前对于创业公司可以用到的宣传媒体包括四大媒体:电视媒体、网络媒体、平面媒体和户外媒体,公司如何利用这些媒体开展产品宣传和公司形象宣传,需要完整描述。

5. 商业模式模糊不清

创新创业大赛中遇到的第五个问题就是参赛者在提交的项目材料中商业模式描述不清晰。很多同学在介绍项目的商业模式时,只是简单地介绍了一下产品销售过程,并没有十分清楚地描述项目是如何通过清晰的盈利途径,采用特殊的挣钱方法去获取利润,也没有能够突出商业模式的创新性和创新点。无论采用的是传统的销售方式,还是利用互联网+的销售模式;无论采用产品销售+咨询的服务模式,还是采用贴身式的保姆服务模式;无论采用产品销售模式,还是采用技术转让服务模式,在项目的商业盈利模式陈述中,都一定要描述清楚。在介绍项目的商业盈利模式时,重点是要提炼出这里面的创新性有哪些,创新点在哪里,商业模式是否具有颠覆性,能够颠覆以往原有传统的商业模式做法。

6. 创业启动资金过大

创新创业大赛中遇到的第六个问题就是参赛者在提交的项目材料中创业资金过大,理想与现实相差很远。作为在校大学生和毕业没几年的年轻人创业项目,一般不建议创业项目启动资金过大,但是在大赛时,有相当一部分参赛的团队把创业启动资本设定为1000万元以上,而自己不出资期或只能出资20万~30万元,余下的900多万元计划从银行贷款获得,可他们不知道作为一家商业银行是不会给既没有东西抵押也没有东西质押的创业公司提供这么多创业贷款的;还有的创业团队一张嘴启动资金就是2000万元或3000万元,然后说这些钱准备向风险投资募集,可他们不知道风险投资只投资比较成熟的公司,而不会投资这些产品和商业模式不成熟的初创公司的。所以,从现实性、落地性、可行性和安全性等方面考虑,初创公司的项目启动资金设定在 100 万元以内比较合适,最多不要超过 200 万元。

7. 三年规划不切实际

创新创业大赛中遇到的第七个问题就是参赛者在提交的项目材料中三年规划不切合实际。很多参赛作品在市场占有率、市场覆盖率、年销售额和年利税额等方面进行描述时,预期计划与现实相差很大,如市场份额、销售额等数据没有详细测算,夸大其词,不符合实际。

8. 风控分析不够全面

创新创业大赛中遇到的第八个问题就是参赛者在提交的项目材料中风险分析和控制措施的描述不全面、不完整。作为创业公司会存在很多的风险,包括技术风险、市场风险、财务风险、管理风险、环境风险等五大风险,但是很少有参赛团队可以把这些风险完整地分析和描述清楚,能够同时提出应对各项风险的措施的参赛者就更少了。一个连自己创业项目的风险都分析不清楚,风控措施都提不出来的创业团队,一旦进入创业实施阶段就会遇到很多问题,遇到很多难以逾越的坎,这时候创业的失败率就会非常高。

12.4.2 商业计划书突出九方面

一般创业大赛项目路演的时间都比较短,汇报时间从 5 分钟到 10 分钟不等,而商业计划书的内容又十分多,要在这么短的时间内完整地表述清楚项目内容,对于路演者十分不易。为了做好项目路演,我们在项目汇报时,要能突出以下九方面:

1. 规范性

商业计划书是由很多内容模块组成的,虽然网上有很多商业计划书的编写模板,但是模块内容都不完全一样。一般来说,商业计划书的模块应该包括:摘要、项目目标、商业机会与行业分析、技术产品与服务、商业模式、创业团队、财务政策分析、融资与资金使用计划、风险与对策、其他说明等内容。在做项目路演汇报时,要能按照模块的完整性和规范性去陈述,围绕每个模块,提炼重点内容。对于一些关键的模块内容,在 PPT 中一定要有描述,以保证商业计划汇报的完整性和规范性。例如,在项目产品描述时,就要把和产品有关的材料、技术、性能、质量、价格、专利、生产、工艺、检测、设计、尺寸等介绍清楚,要把产品在科技性、适用性、成本性、功能性、安全性、便捷性、环保性、廉价性等方面的特色介绍清楚,要把产品在技术、质量、安全、价格和知识产权等方面的优势介绍清楚。

2. 创新性

现在的创业大赛都加上了"创新"一词,创业项目要突出创新性。所以创业大赛中,创业项目的创新性就显得尤为重要。如何在项目的创新性方面深入挖掘亮点,是参赛获胜的关键。创新性有很多表现形式,如:技术创新、产品创新、设计创新、应用创新和集成创新等,参赛者需要针对自己的项目,好好挖掘一下项目的创新点。在技术创新方面,要关注项目是否采用了新的先进技术,是否解决了关键技术问题,是否采用了新的技术工艺,是否研制出一个新的配方,是否研究确定了一个新的参数,从而实现了技术创新;在产品创新方面,要关注项目是否研制出一款新产品,是否具有新功能,从而实现了产品创新;在设计创新方面,要关注项目是否采用了工业设计、平面设计、结构设计、外观设计、虚拟现实设计、概念设计等手段,从而实现了产品的设计创新;在应用创新方面,要关注项目是否在新的领域、新的人群、新的地域、新的学科里开展新的应用,从而实现了应用创新;在集成创新方面,要关注项目是否由很多技术组成,由很多功能模块组成,从而实现了产品的集成创新。

3. 盈利性

创业项目要想持久生存下去,就要有良性的现金流,就要有利润,这就要求项目能盈利。好的创业项目一定是盈利性高的项目,那么如何呈现出项目的盈利性呢?可以通过一些常用的财务指标来表述。如项目每个月、每季度或每年的现金流有多少,收入和支出相抵是正值还是负值,项目的年销售额是多少,形成的利润额是多少,每年的销售额递增率是多少,每年的利润增长率是多少。

4. 融资性

创新创业大赛评审组委会都希望获奖的项目可以拿到融资,获得天使投资的资金支持,这就要求参赛项目要具有融资性,能否获得投资机构的投资是项目获奖的基本条件或必要条件。那么,如何衬托出这个项目具有融资性呢?可以从投资人的角度去思考。一般的天使投资最关心创业团队、核心技术、产品特色、服务优势、商业服务模式、财务指标,以及项目估值等重要内容。这就要求在包装项目时,重点把这些方面的内容写清楚,写出亮点,写出特色。

5. 示范性

创新创业大赛获奖的项目还要具有示范性。这就要求在包装项目时,要从示范性的角度去思考,突出项目的示范作用。那么如何判断项目是否具有示范推广效果呢?这就要看项目实施后能否在高校、在地区、在行业内推广,不仅仅是一般性推广,而且还能大面积推广。通过支持该项目立项获奖,作为示范,供别人去思考和复制。

6. 带动性

获奖的项目还应该具有带动性的效果,通过立项支持,可以带动学校其他同学、身边朋友等一起创业,可以带动本社区的人一起创业,可以带动某个领域的创业活动积极开展。

7. 政策性

能够获奖的项目一定是符合国家产业政策的项目,一定是在政策的风口里。所以,参赛的项目最好选择属于国家产业政策支持方向的项目,选择地方政策和产业政策支持的项目,这些项目一定要和政策的扶持方向相一致。

8. 真实性

在项目描述中会有很多市场调研数据和财务数据,这些数据必须真实可靠,不能想当然随便说。凡是市场调研数据一定要有数据的来源说明,否则就没有根据,这点十分重要。对于统计数据也要有依据,尽可能引用权威机构统计的数据。描述的财务数据一定要有数据推理过程,不能直接给数据结果。

9. 落地性

创新创业大赛组委会希望获奖的项目可以落地,可以注册为一家实体公司,可以通过辅导和被孵化后做大做强,甚至能成为未来的独角兽公司。这就要求参赛的项目,不能仅仅是为了参赛,而是为了更好地创新创业,落地实践。

12.4.3　关注评审九大要点

在各类创新创业大赛中,评委老师对商业计划书及路演的评审各有侧重,但是无论哪一类大赛,评委最关注的要点主要归纳为以下九点,建议参赛学生将这九点在路演时汇报清楚。

1. 创业团队

创业团队是创业项目实施能否成功的关键,所以每位专家评委都会关注项目路演时创业团队的能力情况。在项目路演时,要用1～2页的PPT将项目团队的专业性、互补性、协作性、创新力、执行力和学习力等陈述清楚。在团队的陈述中,还要突出具有"四老"特征,即老同学、老朋友、老同事、老战友,这样团队成员在今后的业务开展中磨合期会短一些。

2. 产品与服务

项目的产品与服务是专家评委最关心的内容,也是项目路演时需要完整陈述清楚的内容。很多同学容易出现项目内容汇报不完整、项目产品汇报不清楚的问题。在路演汇报时,要描述清楚项目具体的产品,提供的具体服务,这个产品有哪些技术含量,有多少知识产权,有没有技术壁垒,产品的研发采用了哪些科学知识,采用了什么原理,是通过什么途径研制出来的,产品具有哪些功能,能为什么样的用户群体提供什么样的增值服务。项目产品在技术方面、性能方面、成本方面、设计方面、应用方面有哪些特色,项目为用户提供服务时在价格方面、效率方面、便利方面、安全方面等都具有哪些竞争优势。另外,还需要围绕产品与服务的特色和优势详细描述。产品与服务的特色与优势是汇报的重点。

3. 市场痛点

在进行路演汇报时,要求一定要将项目的创意来源和起因介绍清楚,包括市场的环境如何,存在哪些痛点问题,有哪些市场服务需求,这些痛点是刚性的还是非刚性的,是紧迫的还是不紧迫的,这些痛点的强度有多大,是很痛还是一般痛,或者是隐隐作痛,这些市场痛点能带来多大的市场服务需求,有多大的市场机会,能否围绕解决这个痛点来做这个创业项目。一般来说,可以围绕市场价格、产品质量、产品性能、产品安全、服务质量等角度来分析市场痛点。

4. 市场空间

在路演汇报时,还应向评委汇报清楚经调查和分析后的市场概况和市场容量情况。如果一个创业项目没有市场,或市场空间不大,那么这个项目就做不大,项目的估值就上不去,项目就很难拿到融资;而如果评委看到项目的市场容量较小后,这个项目的打分就会较低。所以,进行市场痛点的分析后,要从直接市场、间接市场、潜在市场和培育市场的角度去分析未来项目的市场空间有多大。

5. 竞品分析

竞品分析主要是要将本项目与竞争对手进行对比,分析出项目的优势劣势,证明本项目将会在市场中占有一席之地。竞争对手一方面包括目前市场中已有的竞争对手的数量,另一方面也包括行业中排在前10名的竞争对手的产品、技术、服务、成本、品牌、资金等方面的情况。竞品分析时,要找出对标的竞争者,围绕一些涉及项目产品与服务的具体内容去对比分析,评估一下我们和竞争者之间的优劣情况。

6. 商业模式

在路演中,评委们最关心项目是如何盈利,是靠什么方法和渠道去盈利,这种商业盈利模式是否很新颖,是否很独特,是否很创新,是否具有颠覆性。这种商业模式与传统的商业模式有什么不同,其构思和规划的精巧之处在哪里。所以,在路演中,要清晰地描述项目是采用什么样的方法和渠道,通过什么样的具有创新性的商业模式,来实现盈利的。

7. 市场策略

在项目路演时,市场策略的描述也十分重要,要向专家评委介绍项目的公司战略和市场策略。公司战略一般比较容易介绍,作为创业公司,大多采用差异化战略,走蓝海战略的道路,躲避激烈的市场竞争,在市场的空隙中寻找机会。市场策略需要介绍清楚项目的产品策略、价格策略、渠道策略、促销策略和宣传策略是怎么做的。

8. 风险分析

很多创新创业大赛的评委都是投资人,他们对项目的风控内容最为关心。应围绕项目的技术风险、市场风险、财务风险、管理风险、环境风险等可能存在的风险进行分析,并提出风险应对措施,给出防范风险的预案。需要注意的是,风险一定是客观存在的,千万不要回避风险分析。全面的风险分析,可以使我们更加清楚地了解项目可能存在的风险。只要我们提前制定预防风险的措施,可以防控风险的发生,评委就会更认可我们对风控全面的分析,会更加看好我们这个创业团队。

9. 投资回报

作为创业计划和创业实践项目,一定是要有收益的,项目能够创造多少收益,直接决定着该项目的好坏。一般来说,我们应将项目的年销售额、年利润率、年毛利率、年销售增长率、年利润额增长率、投资回收期、投资回报率等关键财务指标说清楚。由于是创业公司,可能会存在创业第一年的财务指标不理想的情况,可以将创业第二年、第三年的财务指标写在 PPT 中,这样就可以将每年的财务指标动态变化情况清楚地呈现给专家评委。

参 考 文 献

[1] 熊彼特.经济发展理论[M].何畏,易家详,译.北京:商务印书馆,1990.

[2] 德鲁克.创新与企业家精神[M].蔡文燕,译.北京:机械工业出版社,2009.

[3] 克里斯坦森.创新者的窘境[M].胡建桥,译.北京:中信出版社,2014.

[4] 波特.竞争战略[M].陈晓悦,译.北京:华夏出版社,2013.

[5] 布鲁斯.创业计划书:从创意到方案[M].陈忠卫 等译.北京:机械工业出版社,2016.

[6] 李家华.创业基础[M].2 版.北京:清华大学出版社,2015.

[7] 丁栋虹.创业学[M].上海:复旦大学出版社,2014.

[8] 张玉利.创新与创业基础[M].北京:高等教育出版社,2017.

[9] 张玉利,杨俊,等.创业管理(行动版)[M].北京:机械工业出版社,2021.

[10] 郑刚,陈劲 编著.创新者的逆袭 2[M].北京:北京大学出版社,2020.

[11] 郑刚,陈劲 编著.创新管理(精要版)[M].北京:北京大学出版社,2021.

[12] 陈劲,郑刚.创新管理:赢得持续竞争优势[M].3 版.北京:北京大学出版社,2016.

[13] 陈劲.新时代的中国创新[M].北京:中国大百科全书出版社,2021.

[14] 陈劲,赵炎,邵云飞,等.创新思维[M].北京:清华大学出版社,2021.

[15] 曹裕,陈劲.创新思维与创新管理[M].北京:清华大学出版社,2017.

[16] 刘升学,陈善柳,胡杨.大学生创新创业基础[M].成都:电子科技大学出版社,2020.

[17] 王艳茹.创业基础如何教:原理、方法与技巧[M].北京:清华大学出版社,2017.

[18] 张振刚 陈志明.创新管理:企业创新路线图[M].北京:机械工业出版社,2013.

[19] 辽宁省普通高等学校创新创业教育指导委员会.创造性思维与创新方法[M].北京:高等教育出版社,2013.

[20] 汪建成.创新导论[M].北京:清华大学出版社,2020.

[21] 周苏.创新思维与 TRIZ 创新方法[M].2 版.北京:清华大学出版社,2018.

[22] 赵大伟.互联网思维独孤九剑[M].北京:机械工业出版社,2019.

[23] 杨京智.大学生创新创业基础(大赛案例版)[M].北京:人民邮电出版社,2020.

[24] 郑懿,熊晓曦.大学生创新创业基础(微课版)[M].北京:人民邮电出版社,2020.

[25] 姚波,吉家文.大学生创新创业基础(项目式)[M].北京:人民邮电出版社,2020.

[26] 苗苗,沈火明.创新创业创青春[M].北京:机械工业出版社,2019.

[27] 邓立治.商业计划书原理、演示与案例[M].北京:机械工业出版社,2019.

[28] 黄华.如何赢得创新创业大赛[M].北京:化学工业出版社,2020.

[29] 叶文倩.基于习近平科技创新观的大学生创新精神培养路径研究[R].杭州:浙江大学,2021.

[30] 高常青.TRIZ[M].北京:机械工业出版社,2018.

[31] 赵辉.系统创新方法概论[M].北京:科学出版社,2012.

[32] 创新方法研究会.创新方法教程[M].北京:高等教育出版社,2012.

[33] 刘训涛.TRIZ 理论及应用[M].北京:北京大学出版社,2011.

[34] 王传友.TRIZ 新编创新 40 法及技术矛盾与物理矛盾[M].西安:西北工业大学出版社,2010.

[35] 成思源.技术创新方法[M].北京:清华大学出版社,2014.

[36] 徐起贺.TRIZ 创新理论实用指南[M].北京:北京理工大学出版社,2011.

[37] 蒂蒙斯.战略与商业机会[M].北京:华夏出版社,2002.

[38] 姜彦福,高建,程源,等.全球创业观察 2002 中国报告[M].北京:清华大学出版社,2003.

[39] 布鲁斯·巴林杰,杜安·爱尔兰.创业管理：成功创建新企业[M].张玉利,等译.北京：机械工业出版社,2006.

[40] 杰弗里·蒂蒙斯,小斯蒂芬·斯皮内利.创业学案例[M].6版.周伟民,吕长春,译.北京：人民邮电出版社,2005：159-165.

[41] 张玉利,陈寒松,薛红志,等.创业管理(基础版)[M].北京：机械工业出版社,2017.

[42] 刘昀,刘冰,蔡利民,等.创新创业基础[M].北京：高等教育出版社,2019.